Instructional Psychology:
Improving Students' Learning

教学心理学：
助力学生学习

王小明◎著

上海教育出版社
SHANGHAI EDUCATIONAL
PUBLISHING HOUSE

序

    21世纪初，我国基础教育领域开启了一场范围广、力度大、持续时间久的课程改革。随着改革的不断推进，教育理论与实践中未得到充分探讨的一些问题浮现出来。就教学领域而言，诸如知识在达成育人目标中的地位与作用、学生的自主探究与教师的教学活动的关系、教学如何以学习者的学习为中心、教师在职培训的高耗低效等问题，逐渐成为教学研究者和实践者无法回避的困扰。对这些问题的研究和探讨，是保证课程改革健康发展的必要条件。但教育领域的问题通常很复杂，教育学科又是一门由多个分支学科构成的综合学科，对上述有关教学问题的探讨，不能仅仅依赖某一门或某几门学科，不同的教育分支学科在认识和解决教育问题上都有其独特的理论工具和研究手段，它们在课程与教学改革中的作用都应得到重视和发挥。教学心理学作为一门根植于当代心理科学和教学实践的新兴学科，以基于证据的理念，对教学活动中的诸多理论和实践问题进行不断的探索，形成了独特的认识。发挥教学心理学在我国教学改革中的作用不仅必要，而且可行。

    在我国，有关教学的研究主要由教学论这门学科承担。近年来，我积极主张区分两种取向的教学论。一种取向的教学论主要基于哲学思辨和经验总结形成和发展起来，我称之为哲学取向的教学论；另一种取向的教学论以科学心理学为基础，注重采用实证研究的手段来开展教学研究，我称之为科学取向的教学论。我国教育领域有关教学的研究以哲学取向的教学论为主，科学取向的教学论的发展相对薄弱。这本《教学心理学：助力学生学习》著作，不仅系统整理了教学心理学创建至今50余年的发展历程和研究成果，而且从理论上分析和总结了我国教学领域的热点问题和教师的教学经验，从书中体现的研究内容和方法来看，正是我所讲的科学取向的教学论，这对于科学取向的教学论的发展壮大，对于丰富我国教学论的研究都有着积极的推动作用。

    国运兴衰，系于教育；教育兴衰，系于教师。作为从事教育工作的教师，其专业水平直接影响育人的效果。教师教学水平的提升，仅靠教学实践经验是不够的，还要在此基础上反思、总结和提炼这些经验，从中进行有效学习。唯有如此,教师的教学能力才能得到发展。教学心理学兼具描述性和处方性,既能为教师提供描述教学现象、分析教学问题的理论工具,也能为教师提供有效干预并影响学生学习的手段和措施,从而为教师审视其教学实践经验、提升其教学水平奠定相关的知识基础。学会运用这些知识基础分析、提炼和完善教学实践,是教师专业成长的必由之路。

　　教学心理学虽然创建的历史不长,但其理论和研究贴合教学实践,对我国教学实践的指导和引领价值尚有待充分发挥。本书是一本教学心理学方面的专著,希望其出版能够带动和引领我国教学心理学的发展,为教学研究和教学实践的科学化,贡献其学科智慧!

皮连生

2023 年 8 月

前　言

　　20 世纪 60—70 年代,国际上诞生了一门强调学习研究与教学研究紧密结合的学科——教学心理学,对教学如何促进和支持学生的学习进行科学的研究。在研究的具体内容上,教学心理学主要关注学生在学校教育情境中习得的结果,学生习得这些结果的心理机制,能有效支持和促进学生习得这些结果的教学措施,以及对学生习得结果的测量与评价。这门学科的创建与发展,对于开发基于研究证据和学生学习的心理机制的教学以及推动教师的专业发展,均有着重要的指导价值。

　　本书是一本关于教学心理学的著作,在全面介绍教学心理学发展状况的基础上,致力于凸显教学心理学对教师专业发展的价值。全书共九章,依据教学心理学的研究框架,按"目标—学习—教学—评价"的思路逐步展现教学心理学的研究图景。第一章简要阐述教学心理学的含义、研究内容、研究方法以及创建与发展历程。第二章全面描绘了学生在学校教育情境中习得的学习结果,在介绍主要的学习结果分类理论基础上,结合我国教育实际,提出了适合我国教育情境的学习结果分类体系。第三章从个体认知和社会文化两方面介绍了学生学习的心理机制。第四、第五、第六章重点介绍了有效促进学生学习的教学措施,包括教学内容的有效呈现,明确指向学生学习机制的教学策略,以及针对特定学习结果类型的教学模式。第七、第八章阐释了如何评价学生习得的学习结果,尤其强调如何借助评价手段来有效诊断学生的学习困难,以及在此基础上通过补救教学来促进学生的学习。第九章聚焦教师学习这一主题,参照教学心理学的研究框架,从教师学习的结果、教师学习的心理机制、促进教师学习的教学举措三方面,阐释教师的专业学习与专业发展问题。

　　本书的前身是《教学论:心理学取向》(上海教育出版社 2005 年版),当时是以我国教学论的结构体系来组织和呈现教学心理学的有关内容。为更好地彰显教学心理学的特色以及最近 20 年来教学心理学的新发展,书名调整为《教学心理学:助力学生学习》,结构安排上基本遵从教学心理学的研究框架,内容上除了介绍教学心理学的发展脉络外,还结合我国的教学实际,聚焦教学如何有效促进学生学习这一主题，重点呈现教学心理学新的研究成果。

本书的主体内容曾在中小学教师在职培训和师范生培养过程中进行过多轮试教，并根据学员反馈进行了相应调整和完善，以求在确保内容的理论引领性的同时，增强内容的实践亲和性。对于立志从事教师职业的读者、致力于提升专业水平的在职教师、探求教学规律的研究者，本书是一本适合个人研修的著作。

本书的完成得益于皮连生教授的引领和指点，特致谢忱！由于笔者水平有限，书中错误疏漏之处在所难免，敬请广大读者批评指正！

王小明

于华东师范大学课程与教学研究所

2023 年 7 月

目　录

第一章

教学心理学概论

自学校在人类社会出现以来,教学就是学校的中心工作。古今中外的许多教育家在实践教学的同时也对教学作了许多总结和反思,由此推动了对教学的专门研究。本章聚焦心理学家从心理学的立场对教学的研究——教学心理学,首先阐释教学心理学对教学的界定,而后介绍教学心理学的研究内容,最后介绍教学心理学的发展历程。

第一节　教学的定义

从研究的角度看,教学是一个重要的教育概念,不同学科的学者对这一概念有着自己的解释。本节在介绍我国教育学、教学论学科对教学界定的基础上,重点阐释心理学对教学的界定。

一、教育学对教学的界定

根据我国教学论研究专家李定仁和徐继存的研究,我国教育学界对教学概念的解释或界定可以分为四种类型。[①]

第一种解释是从教师、教育者的角度来界定的,典型的表述是,"教学是传授知识技能""教学就是经验的传递""教学是教师根据社会需要,按照确定的教育目的,通过向学生传授知识,完成教学任务的双边活动"。显然,这里的教学强调"传授"或"传递"知识经验,强调教师是教学的主体,学生的"学"在这种界定

[①] 李定仁,徐继存.*教学论研究二十年*.北京:人民教育出版社,2001:51-56.(以下对教学的界定,如未加指明,均引自该书。)

中没有体现出来。

第二种解释是从学生学的角度来界定的,典型的表述如"学生在教师指导下在掌握知识过程中发展能力的活动;在此基础上,增强体质并形成一定的思想品德""教学是一种以教材为中介,学生在教师指导下掌握知识的认识活动""教学是指学生在教师有目的、有计划的指导下,积极主动地掌握系统的文化科学基础知识,同时发展智能和体力,并形成一定思想品德的活动"。这类表述的一般格式是"学生在教师指导下从事的……活动",教学活动的主体是学生,教师在这种活动中起指导作用。

第三种解释是从教师和学生协同活动的角度来界定的,典型的表述是:"教学是教师教和学生学的统一活动。在这一活动过程中,教师有目的、有计划地传授、培养和教导,学生积极主动地掌握一定的知识和技能,发展体力和智力,形成一定的思想品德。双方各尽所能,共同完成社会赋予的培养有用之才的神圣使命。"这类解释中,在坚持教学是师生双方共同活动的前提下,还存在细微的分歧。有的侧重从教师一方来界定教学,例如:"教学是教师的教和学生的学所组成的一种教育活动。通过这种活动,教师有目的、有计划地引导学生迅速掌握人类长期实践积累起来的文化科学知识,发展学生的智力和体力,培养学生的道德品质和世界观,使他们成为社会所需要的人。"有的侧重从学生一方来界定,例如:"教学是教师的教和学生的学的共同活动。学生在教师有目的、有计划的指导下,积极、主动地掌握系统的文化科学基础知识和基本技能,发展能力,增强体质,并形成一定的思想品德。"还有的侧重从这种共同活动的结果来界定,例如:"教学就是通过教师的指导启发和学生的积极学习,使学生逐步掌握系统的科学知识与技能,并在此基础上发展学生的认知能力的过程;在这一过程中,交织着培养共产主义思想品德和发展体力的活动。"总之,上述这些解释认为,教学不是教或学的单方面活动,而是两方面的有机统一,不存在以谁为主的问题,两者在教学中的地位同等重要,是并列的关系。

第四种解释是从教师教和学生学的角度来界定的,典型的表述如:"教学即教师引起、维持、促进学生学习的所有行为方式。教学是教师行为而不是学生行为;教师行为包括主要行为(如呈示、对话、辅导等)和辅助行为(如激发动机、教师期望、课堂交流和课堂管理等)两大类别。"[①]这种解释认为,教师和学生的

---

①　袁振国.当代教育学(试用本).北京:教育科学出版社,1998:158.

活动不是并列的关系,而是有层次之分的。教师的教是高层次活动,学生的学是低层次活动,教师的教对学生的学实施有效的控制。

在对上述四种解释进行综合评价时,李定仁和徐继存指出:"围绕着'教学生学'以及作为其背景的教与学'共同活动'的教学含义进行的各种研究及其取得的成果,表明在对教学概念的界定上,目前已达到相当高的理性、综合的层次。"[①]这说明,后两种对教学的解释,应当是我国教育界当前对教学本质认识的最高水平。

从上述对教学的各种解释中,不难归纳出我国教育学者对教学这一概念的原型认识。首先,教学涉及教师的教和学生的学两种活动的关系,这种关系可以是并列的,也可以是有高低层次之分的。其次,教学的结果或目标涵盖德、智、体三方面。德主要指学生的思想品德,智主要指基本知识、基本技能以及能力、智力等因素,体主要指学生的体质。

二、心理学对教学的界定

长期以来,心理学研究的重点是动物与人类的学习,对教学问题的关注较晚,大致始于 20 世纪 60 年代末,有关教学概念的明确界定出现得更晚。下面介绍几个比较权威的教学(instruction)的定义。

布鲁纳(Jerome Seymour Bruner)1966 年的界定。他认为,"教学终究是一种促进或塑造成长的努力"。[②]

加涅(Robert M. Gagné)和迪克(Walter Dick)1983 年的界定。他们认为,教学是"经过设计的、外在于学习者的一套支持内部学习过程的事件"。[③] 在 2005 年的时候,加涅等人又将教学定义为"嵌于有目的活动中的促进学习的一套事件"。[④]

赖格卢斯(Charles M. Reigluth)2009 年的界定。他认为,教学是"为促进学

---

①　李定仁,徐继存.教学论研究二十年.北京:人民教育出版社,2001:56.

②　Bruner, J. S. (1966). *Toward a theory of instruction*. London: The Belknap Press of Harvard University Press, p.1.

③　Gagné, R. M., & Dick, W. (1983). Instructional psychology. *Annual Review of Psychology*, *34*, 261 - 295.

④　[美]加涅,R.M.,等.*教学设计原理*(第 5 版).王小明,庞维国,等译.上海:华东师范大学出版社,2007:3.

习而有意做的任何事情"。①

梅耶(Richard E. Mayer)2011年的界定。他认为,教学是"教育者为促进学生学习而对学习环境加以操控的过程"。② 这一定义中,"对学习环境的操控"相当于教学方法,操控的目的是帮助学生进行学习。

梅里尔(M. David Merrill)2013年的界定。他认为,教学是"一种刻意地安排学习环境以便学生获得特定知识或技能的努力"。这一定义指出,教学是有着明确目的的活动,其目的就是促进学习(promote learning)。梅里尔还对"促进"一词的含义专门作了解释:促进就是让学习更有效率、更有效果、更为投入。③

从代表性的教学定义来看,国外心理学家对教学的本质已形成较大程度的共识,那就是,教学是为促进学生学习这一目的而做的任何事情,教学是依存于学生的学习中的,刻画教学与学习两者关系最常用也最贴切的词就是"促进"。

三、教育学与心理学的教学定义比较

将我国教育学对教学的定义与国外心理学家对教学的定义作比较,不仅有助于认识这两种定义的异同,也有助于进一步明确教学的本质。

首先,这两种定义都区分了教学两方面的活动:学生学习的活动以及学生学习活动之外的活动或事件。在这两种活动的关系上,这两种教学的定义有区别。教育学的教学定义用"统一活动""协同活动"来描述这两种活动,但对于"统一""协同"的关系到底如何展开则未作具体阐释。心理学的教学定义中明确规定了这两类活动的关系,虽然描述其关系的用词不尽相同,但大都不外如下几个词:"促进""帮助""支持",即学生学习活动之外的活动要促进或支持学生的学习活动,而不只用"统一""协同"这类含义宽泛而不够明确的词。相比之下,心理学的教学定义中对这两种活动的关系的描述更为单一和明确。

其次,教育学的教学定义大都将学生学习活动之外的活动称为"教师教的活动",心理学的教学定义中,只有梅耶的定义明确指出教师的活动,其余两个

---

① Reigeluth, C. M., & Carr-Chellman, A. A. (2009). *Instructional-design theories and models* (Vol. III). New York: Taylor and Francis Group, p.6.

② [美]梅耶,R.E. 应用学习科学:心理学大师给教师的建议. 盛群力,等译. 北京:中国轻工业出版社,2016: 52.

③ Merrill, M. D. (2013). *First principles of instruction*. San Francisco: Pfeiffer, p.6.

定义均未明确将这类活动称为教师的活动。加涅的说明或许有助于解释这一差异。加涅认为,教学中影响学生学习活动事件的主体不仅仅指教师,教科书能呈现这些事件,甚至学生自己也能呈现这些事件(这种情况被加涅称为自我教学)。① 可见,心理学的教学定义中未明确指明教师教的活动,其意图是扩大学生学习活动之外的活动范围,这些活动既包括教师在课堂上组织实施的一系列活动,也包括学生通过预先设计好的教学材料(如教科书、课件、网络教程)进行的学习活动。此外,咨询、广告、亲子互动、新闻等非正式教育情境中发生的有意识影响受众的活动也被纳入这类活动,这也使得心理学的教学定义比教育学的定义更宽泛。

最后,在要求学生习得什么这一问题上,教育学与心理学对教学的定义差别不大。在教育学对教学的定义中,对学生习得什么有明确规定,通常涉及知识、技能、能力、体质、思想品德等结果。心理学对教学的定义中没有明确规定学生习得什么,仅有梅耶在对教学定义的补充解释中说,教学的目的是促进学习者的知识发生变化,这里的知识不仅包括事实、概念、程序、策略,还包括信念(与情感相关)、社会交往知识(指导学生完成社交任务)、动作知识(指导学生完成体能任务)。② 可见,梅耶讲的知识是一个含义宽泛的概念,其具体内容与上述教育学的定义中开列的学习结果相当。此外,加涅一直主张学生在学校教育中习得的是言语信息、智慧技能、认知策略、动作技能、态度五类学习结果(参见本书第二章),因而可以认为,虽然加涅等人在教学定义中没有列出学生习得的是什么,但在描述学生习得的内容时,必定要借助上述五类学习结果。不难发现,在"教学要促进学生习得什么"这一问题上,教育学与心理学有关教学的定义没有根本性的差异。

四、教学定义中的教学与建构问题

自 20 世纪 90 年代以来,世界教育界出现了一股建构主义思潮,其核心观点认为,学习的实质是学生自主建构意义的过程,这种建构过程可以由学生个体实施,也可以由学生群体共同实施。与这一观点相一致的发现学习、探究学习、合作学习,因突出以学生为中心、强调学生的自主探索而成为建构主义积极倡

---

① [美]加涅,R.M.,等.教学设计原理.皮连生,等译.上海:华东师范大学出版社,1999:3.
② [美]梅耶,R.E.应用学习科学——心理学大师给教师的建议.盛群力,等译.北京:中国轻工业出版社,2016:17,57.

导的教学方法。

建构主义思潮对世界各国的教育实践产生了重大影响。一方面,这一思潮对于强化学生在学习中的主体地位,减少教师对学生学习的过度控制,都有积极作用;另一方面,建构主义的倡导者不适当地将教学视为其观点的对立面,认为教师的教学替代、排斥或压抑了学生的建构活动。在建构主义思潮被推崇的鼎盛时期,很多教育工作者认为要把课堂还给学生,教师不能在课堂上直接讲授,甚至给学生提示、指导也不行,否则就违背了建构的原则。教学(instruction)与建构(construction)成了对立的双方。

不过,对建构主义思潮的一些误解误用很快得到心理学家的纠正。心理学家指出,建构主义坚持的"学生的学习是一个主动建构的过程"这一核心观点,是对学生学习过程的描述,是一种有关儿童如何学习的哲学,不是对教师教的描述,也不是建议教师完全放手让学生自己去建构知识和理解。[①] 对此,布兰斯福德(John D. Bransford)等人指出:"有关建构主义知识理论的一个常见错误观念……是教师从不应当直接告诉学生任何事情,相反,应当总是允许他们自己建构知识。"这一观点混淆了教法的理论和知晓的理论。这里,"教法的理论"指的就是教学理论,"知晓的理论"指的就是学习理论。将"学习是知识的建构"这一"知晓的理论"混同于关于教学的理论,就得出教学也是学生自己的建构活动,教师不应当告知学生什么的结论。[②] 赖格卢斯也认为,有必要明确学习与教学或建构与教学的区别。学生自主建构知识讲的是学生学习的规律,而教学则要促进这种建构活动。"如果教学要促进学习,它必须促进学生的建构活动;如果教学不促进学生的建构,那么它就不是教学。此外,如果建构是学生的活动,那么我们就需要一个不同的术语来描述教师(或其他主体)所做的促进建构的活动。虽然有很多术语可用来描述这种活动,但'教学'一词比其他术语更常被使用。"[③]可见,从心理学对教学的定义来看,建构主义积极倡导的学生的建构活动所描述的仅仅是学生学习的一种规律,不能以此为据否定和排斥教学的意义和价值。

① Lefrancois, G. R. (1999). *Psychology for teaching* (10th ed.). Wadsworth, pp.229－230.
② 王小明.(2013).西方教育心理学对建构主义的评析.*基础教育*,1,97－102.
③ Reigeluth, C. M., & Carr-Chellman, A. A. (2009). *Instructional-design theories and models* (Vol.III). New York：Taylor and Francis Group, p.6.

五、本书对教学的界定

在回顾和比较教育学与心理学对教学定义的基础上,本书秉承心理学对教学的界定思路,将教学定义为教育工作者为促进学生学习而有意采取的一切活动。在这一定义中,"教育工作者"既包括教师,也包括教育活动中的教辅人员、管理人员等。用"有意"来修饰教育工作者采取的活动,目的是强调这些活动有明确的目的性,而且是设计的结果。"促进学生学习"是定义中最为关键的,如果教育工作者有意采取的活动的实际意图不是促进学生的学习,就不能称这种活动为教学。

本书有关教学的这一定义,与我国优秀教育工作者自发形成的教学观念十分接近,因而也易于为教育工作者所接受和认可。这里举两个代表性的例子予以说明。我国教育家叶圣陶先生曾对教学问题作过深入研究,对教学的本质有独到见解。他指出:"各种学科的教学都一样,无非教师帮着学生学习的一串过程。"[①]特级教师于永正曾就教师的课堂教学实质阐述自己的见解:"教师在课堂上所做的各项工作,都是为了配合学生,帮助学生学习,而不能反过来认为学生在课堂上的各项活动是为了配合教师。"[②]这两位优秀教育工作者在阐述教学的本质时使用的"帮着学生学习""配合学生,帮助学生学习"这样的字眼,与心理学揭示教学本质时使用的"促进""支持"等用词十分接近。

"促进学生学习的活动"是一个包容性较广的观念,能将不同视野下的促学活动纳入其中。以相对较小的视野来看,"促进学生学习的活动"主要聚焦学校的课堂,即教师在课堂上采取的诸如调动学生兴趣、讲解内容、提问、反馈、测验等活动,这些活动的目的是促进学生的学习。这类教学活动,英语表述为"teaching",相当于我国的"课堂教学"或课堂上的"师生互动"。

以相对较广的视野来看,"促进学生学习的活动"不仅包括教师课堂上的活动,还包括课堂活动之前教师根据学生实际情况确立目标,准备课堂活动所需要的各类教学材料,以及根据学生的学习规律来规划课堂上教师与学生的活动等诸多活动。此外,课堂活动之后进行的诸如对学生学习的测评,以及教师根据测评结果对之前安排的各项活动的质量和效果的反思与改进,也属于促进学生学习的活动。这些涉及课前、课中、课后的多种促学活动,英语

[①] 叶圣陶. 叶圣陶语文教育论集.北京:教育科学出版社,1980:20.
[②] 于永正. 于永正:我怎样教语文.北京:教育科学出版社,2014:28.

表述为"instruction"，加涅等人称之为"教学系统"，建构主义者称之为"学习环境"。[①]

　　盖奇（Nathaniel L. Gage）和伯林纳（David C. Berliner）描述的教学过程模型（见图1-1），有助于更直观地说明上述观点。[②] 图中从"启动教学序列"到"结束教学序列"的整个过程描述的就是"instruction"，图中"选择并运用教学方法"阶段描述的就是"teaching"，这一阶段主要是在课堂上完成的。

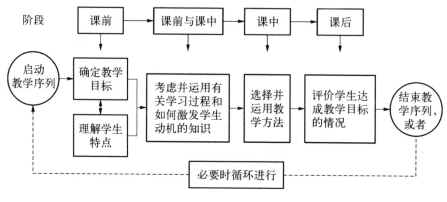

图1-1　教学过程模型

第二节　教学心理学的学科性质

一、教学心理学的研究任务

　　教学心理学（instructional psychology）关注的主要是从教学中进行的学习。人的学习大致可分为两类：一是不需要教学就可进行的学习，日常生活中的"吃一堑，长一智""摸着石头过河"描述的就是这类学习；二是从教学中学习（learning from instruction），这是学校教育情境中学生学习的主要形式。

　　从这一基点出发，不同的研究者对教学心理学的性质作出了界定。如雷斯

──────────

　　① ［美］加涅，R.M.，等.教学设计原理（第5版）.王小明，庞维国，等译.上海：华东师范大学出版社，2007：18，20.

　　② Gage, N. L., & Berliner, D. C. (1998). *Educational psychology* (6th ed.). Boston：Houghton Mifflin Company，p.30.

尼克(Lauren B. Resnick)1981 年认为,教学心理学关注内部心理过程以及它们的发展是如何通过教学得以促进的。[①] 加涅(Robert M. Gagné)和迪克(Walter Dick)1983 年认为,教学心理学利用学习研究和理论产生的知识,尽力将构成教学的具体事件与学习过程和学习结果联系起来。[②] 斯诺(Richard E. Snow)和斯旺森(Judy Swanson)1992 年从狭义和广义的角度对教学心理学作了界定。狭义的教学心理学是人类在经过明确设计的旨在促进学习的情境中进行学习的科学,其目的是理解知识技能的习得并设计出有效教学处理的原则;广义的教学心理学是教育心理学,包括学生在不同学习情境中认知、意动和情感的发展,在这些方面的个体差异,不同领域的知识结构,教师和教学的性质,学习的社会组织以及所有这些因素的测量和评价。[③] 德科尔特(Erik De Corte)1996 年认为,教学心理学研究人类在多种教育和教学情境中学习的过程与结果,研究适于引发并保持上述学习过程(这些学习过程的目的在于获得胜任能力)的环境的性质与设计,研究在指定领域进行熟练学习、思维与问题解决的倾向。[④] 梅耶也认为,教学心理学是对教学处理如何导致学生发生变化的科学研究,是教育心理学的一部分,关注教学与学习的关系。[⑤]

这些界定虽然表述不尽相同,但都认同一点,那就是教学心理学要研究教学处理(或教学事件)如何促进学生的学习,这也是与教学的界定相一致的。这一观点可以从学习的角度看,也可以从教学的角度看。从学习的角度看,教学心理学研究的是学习,是教学促进下的学习或是从教学中进行的学习,因而教学心理学有时又被称为关于从教学中学习的理论(a theory of learning from instruction)。从教学的角度看,教学心理学要研究教学事件、教学处理、教学情境的设计,不过这些设计是以促进学生学习为目的的,教学心理学有时又被看作一种教学理论。

---

① Resnick, L. B. (1981). Instructional psychology. *Annual Review of Psychology*, 32, 659–704.

② Gagné, R. M., & Dick, W. (1983). Instructional psychology. *Annual Review of Psychology*, 34, 261–295.

③ Snow, R. E., & Swanson, J. (1992). Instructional psychology. *Annual Review of Psychology*, 43, 583–626.

④ De Corte, E. (1996). Instructional psychology: Overview. In E. De Corte & F. E. Weinert (Eds.), *International encyclopedia of developmental and instructional psychology*. Pergamon, p.33.

⑤ Mayer, R. E. (1996). History of instructional psychology. In E. De Corte & F. E. Weinert (Eds.), *International encyclopedia of developmental and instructional psychology*. Pergamon, p.29.

二、教学心理学的研究内容

最早勾勒出教学心理学研究内容的是美国匹兹堡大学的格拉泽（Robert Glaser）和雷斯尼克。他们在 1972 年提出，教学心理学由五方面研究内容组成：（1）描述想要达到的知识状态；（2）描述一个人的起始状态；（3）为转化起始状态而采取的行动或可以实施的条件；（4）评估每个行动导致的状态的转化；（5）评价预期的终点状态是否达到。换一种表述就是：（1）分析某一知识领域的任务特性；（2）诊断学习者的特征；（3）设计教学环境；（4）评估具体的教学效果；（5）评价一般化的学习结果。[①] 后来，雷斯尼克又将教学心理学的研究内容简化为三个方面：（1）确定要习得的性能；（2）描述习得的过程；（3）干预的原则。[②]

1992 年，斯诺和斯旺森在格拉泽和雷斯尼克研究的基础上，将教学心理学的研究内容确定为五个方面：（1）描绘出欲达到的终点状态，或某一领域中的教学目的；（2）描绘出教学之前，学习者具备的与目的有关的初始状态；（3）阐明从初始状态到预想状态的转化过程；（4）确定促进这种转化的教学条件；（5）评价学生的作业表现及教学效果。[③]

在美国教学心理学家格拉泽、雷斯尼克、斯诺等人的直接影响下，[④]比利时卢汶大学的德科尔特等人于 2004 年将教学心理学的内容体系勾画为四个相互联系的方面：（1）胜任能力（competence，国内很多学者译为"素养"），即教学目标，具体指学生在某一学科需要习得的胜任能力；（2）学习（learning），主要解释学生习得胜任能力的学习过程；（3）干预（intervention），主要描述支持胜任能力习得过程的教学干预的指导原则；（4）评价（assessment），主要回答评价学生胜任能力掌握情况所需要的测评工具。[⑤] 他们用这四方面研究内容的英文名称首

---

① Glaser, R., & Resnick, L. B. (1972). Instructional psychology. *Annual Review of Psychology*, 23, 207 – 276.

② Resnick, L. B. (1983). Toward a cognitive theory of instruction. In S. G. Paris, G. M. Olson, & H. W. Stevenson (Eds.), *Learning and motivation in the classroom*. Hillsdale: Lawrence Erlbaum Associates, p.6.

③ Snow, R. E., & Swanson, J. (1992). Instructional psychology. *Annual Review of Psychology*, 43, 583 – 626.

④ Verschaffel, L., Dochy, F., Boekaerts, M., & Vosniadou, S. (Eds.) (2006). *Instructional psychology: Past, present, and future trends*. Amsterdam: Elsevier, p.xii.

⑤ De Corte, E., Verschaffel, L., & Masui, C. (2004). The CLIA-model: A framework for designing powerful learning environments for thinking and problem solving. *European Journal of Psychology of Education*, XIX (4), 368.

字母合来指称其教学心理学内容体系,即 CLIA 模型。

从不长的研究历史看,教学心理学家对教学心理学的研究内容基本达成了共识:简单地讲,是雷斯尼克提出的三方面研究内容;细致地讲,是德科尔特等人提出的四方面研究内容;全面地讲,则是斯诺和斯旺森提出的五方面研究内容。

需要指出的是,教学心理学的五方面研究内容只是教学心理学家构想出来指导其发展的纲要,并不是说教学心理学目前在这五个方面都已得到均衡且成熟的发展。事实上,教学心理学五方面研究内容的发展是不平衡的。如雷斯尼克在 1981 年就认为,当时的认知教学心理学大体上是一门描述性的科学,旨在分析表现,而不是为改进表现提出有力的建议。在评论她和格拉泽 1972 年勾画的教学心理学的五方面研究内容时,她指出,教学心理学现在大部分集中于前两方面,研究最多的是描述各个领域中熟练表现者的过程。对于有助于转化学习者最初状态的教学行为,认知教学心理学少有提及。虽然有人在这方面做过一些研究,但形成的教学处方大都是非常一般的教学原则,还需要在多个学习领域进一步研究。对于评价具体的和一般的结果,雷斯尼克指出,教学心理学已掌握了所需要的大部分工具,至少在理论上有可能使用经认知任务分析识别出的目标和中间知识状态的描述,来形成测量成功教学的方法。[①]

到了 1989 年,格拉泽和巴索克(Miriam Bassok)在评论教学心理学的进展时,根据当时的研究状况指出,教学心理学以下三方面的研究有了明显进展:(1) 对想让学生习得的胜任性表现(知识与技能)的描述;(2) 对学习者知识与能力的起始状态的分析;(3) 对可在教学场景中完成的学习过程,即从起始状态向目标状态转化的阐明。而且,这三方面的进展也不平衡,最欠发展的仍是对学习过程的研究。[②] 可见,教学心理学的发展仍不成熟,其理论体系仍有待发展和丰富。

三、教学心理学的研究方法

教学心理学主要研究教学处理如何导致学生的学习结果发生变化,即在教学处理与学生的学习之间找到因果关系。比如,我们如何知道教育工作者有意

---

① Resnick, L. B. (1981). Instructional psychology. *Annual Review of Psychology*, 32, 659–704.

② Glaser, R., & Bassok, M. (1989). Learning theory and the study of instruction. *Annual Review of Psychology*, 40, 631–632.

安排的某项活动(如要求学生在阅读教科书后用自己的话总结书中所讲的内容)确实能够促进学生的学习(如学生理解并记住了所读材料的要点)。解决诸如此类的问题事关教学的效果和效率,是教学心理学研究的重要课题。

对这类寻找因果关系的问题,心理学家以及一些教育工作者主张基于实证研究来回答。具体来说,所谓实证研究,首先是随机化的对照实验,[①②]即把参加实验的学生随机分为实验组和控制组,实验组学生在学习时接受教师安排的某种教学活动(如要求做总结的活动),控制组学生在学习时接受另一种教学活动(如单纯阅读的活动),而后对两组的学习效果进行检测和对比,如果发现实验组的学习效果明显优于控制组,就可以认为,教师有意安排的教学活动(如要求学生做总结的活动)有效促进了学生的学习,或者说,证实了要求学生做总结的活动对促进学生学习的效果,可以以此为依据在教学实践中推荐使用这种教学措施。

但是,单个随机化对照实验的结果还难以构成有力的科学证据来支持某种教学活动的促学效果,因为科学的一个重要特点是可重复性,即从某个对照实验得出的发现要能为其他研究者所重复。如果有更多的重复研究反复多次证实了某种教学活动的促学效果,那么我们就更有把握将其作为规律而在实践中加以运用。而获得这种可重复性证据的一个基本方法,是对围绕某一问题的研究进行元分析,[③]即在收集多个重复研究的基础上,对某种教学活动促学效果的可重复性和总体效果作出判断。

如有这样一个教学活动:学生自学完某段学习材料后,要求他们把这段材料教给同学。这种教学活动对学生的学习有促进作用吗?为此,梅耶等人收集了1983—2013年间做的19项对照实验进行元分析。这些实验通常要求一组学生学完材料后,进行对他人的教学活动,要求另一组学生单纯阅读材料以应付考试,不进行对他人的教学活动。这些对照实验主要以大学生为研究对象,实验要求参试者学习的内容涉及历史、生物(自然选择)、多普勒效应、人类的视觉

---

① [美]梅耶,R.E.应用学习科学——心理学大师给教师的建议.盛群力,等译.北京:中国轻工业出版社,2016:54.

② Centre for Educational Research and Innovation (2007). *Evidence in education: Linking research and policy*. Paris: OECD Publications, p.44.

③ Gage, N. L., & Berliner, D. C. (1998). *Educational psychology* (6th ed.). Boston: Houghton Mifflin Company, p.23.

与听觉系统等。对学习效果的检测主要是学生对所学内容的理解，也有少部分的应用。分析结果发现，19 项研究中有 17 项证实，与控制组相比，学生把所学内容教给别人，能明显促进他们对所学材料的理解，只有 2 项研究得出相反的结论。根据这一分析结果，我们可以更有把握地认为，要求大学生把学习的材料教给别人，能有效促进他们对材料的学习，[①]这也验证了"若要学得好，除非亲自教"这句话。

元分析的结果不仅有助于确立促学效果良好的教学活动，也有助于否定许多教育工作者主观认为有良好促学效果的教学活动。如基于发现学习的教学活动不仅为建构主义所推崇，也为一些教育工作者所认可，他们认为这种教学活动可以有效促进学生的学习。但近年来一项有关发现学习效果的元分析，收集了半个世纪有关发现学习效果的研究，得出如下结论：有 580 项对照研究发现，对学生进行明确教学的效果优于纯粹的发现学习（完全由学生独立发现，教师不提供任何指导）；有 360 项对照研究发现，有指导的发现学习的效果优于纯粹的发现学习。[②] 总之，该项元分析的结果表明，无指导的纯粹的发现学习无助于学生的学习，在教学实践中选择和设计促进学生学习的教学活动时，应当基于这些科学研究，选择对学生进行明确教学或让学生进行有指导的发现学习的教学活动。

总之，教学心理学主张运用实证研究的证据来探求教学处理与学生学习之间的因果关系。这些证据标准可用美国行政管理和预算局（Office of Management and Budget，OMB）、美国国家科学院（National Academy of Sciences，United States，NAS）以及坎贝尔协作组织（Campbell Collaboration，一个在社会科学中提倡基于证据的政策的非营利组织）认同的标准来描述：（1）随机控制的实验是金标准；（2）较多的研究优于较少的研究，即某种理论或观点被证实的次数越多越好；（3）轶事性案例是最弱的证据形式。[③] 考虑到教学心理学通过科学研究尤其是实验研究来揭示教学活动的规律这一特点，近年来教学心理学又被称为"教学科学"（science of instruction），强调教学的科学性

---

① Fiorella, L., & Mayer, R. E. (2015). *Learning as a generative activity: Eight learning strategies that promote understanding*. New York: Cambridge University Press, pp.151－166.

② Alfieri, L., et al. (2011). Does discovery-based instruction enhance learning? *Journal of Educational Psychology*, 103(1), 1－18.

③ Israelite, L. (2015). *More lies about learning*. Alexandria: ATD Press, pp.31－32.

在于通过可以验证的证据来研究如何帮助人学习。[1][2]

笔者在上一节有关教学的界定中之所以加上"有意"一词，是为了突出教育工作者采取活动的目的性和设计性。教学心理学基于证据的研究方法又拓展了"有意"一词的含义，即教师在选择和设计某项活动时，应当具有"该项活动能有效促进学生学习的作用"这一意识，教师可以从自己的教学经验中，从有关教学的科学研究中，或者根据教学专家或教学管理人员的要求与建议形成这种意识。在形成这种意识的多种途径中，从有关教学的实证研究中得来的意识是最可靠的，也是最经得起检验的，因而有关教学的科学研究的价值就在于，它有助于教师形成清晰的"某种教学活动能有效促进学生学习"的意识，并指导教师选择和设计促学的教学活动。

四、教学心理学与相关学科的关系

从上述有关教学心理学的界定中可以看出，教学心理学是一门综合学科，与教育心理学、学习心理学、教学论、教学设计都有密切关系。对于这些学科之间关系的考察，或许有助于我们更明确教学心理学的性质。

（一）教学心理学与教育心理学

教育心理学是应用心理学原理和方法研究学校情境中学习与教学的基本心理学规律的科学，[3]而教学心理学则研究教促进学的规律，显然，两者有密切的联系。至于具体关系，一种观点认为，教学心理学等同于教育心理学，如上文提及的斯诺和斯旺森就持这一观点，认同这一观点的还有平特里奇（Paul R. Pintrich）等人，他们认为教学心理学最初是指教学设计中强调的一些问题，如程序学习、行为目标、配有经常测验的模块化教学。随着行为主义影响的衰退，教学心理学的含义扩大了，几乎与教育心理学同义。[4] 另一种观点认为，教学心理学是教育心理学的一部分，如上文提及的梅耶的观点。

本书认为，教学心理学总体上是教育心理学的一部分，但相较于教育心理

① ［美］梅耶，R.E. 应用学习科学——心理学大师给教师的建议. 盛群力，等译. 北京：中国轻工业出版社，2016：54.

② Clark, R. C., & Mayer, R. E. (2016). *E-learning and the science of instruction: Proven guidelines for consumers and designers of multimedia learning*. New Jersey：Wiley, p.7, p.50.

③ 皮连生. 教育心理学(第四版). 上海：上海教育出版社，2011：13.

④ Pintrich, P. R., et al. (1986). Instructional psychology. *Annual Review of Psychology*, 37, 611-651.

学,教学心理学有其独特的特点。首先,教学心理学对学校教育情境中学习的结果或教学目标做了专门和系统的研究,教育心理学虽在其学习心理和教学心理部分涉及有关教学目标的部分内容,但不够系统,也没有将学习结果列为单独的主题进行阐释。其次,教学心理学强调学习论与教学论的紧密结合,主张有关教学的措施要基于并能有效地引发、支持、促进学生学习的心理机制,这种"以学定教,以教促学"的特点在教育心理学中的表现并不是很突出,因为教育心理学虽然也包括学习心理(包括学习理论)和教学心理的内容,但这两部分内容更多的是并列关系,在两者的紧密结合上着力不够。

(二) 教学心理学与学习心理学

布鲁纳 1966 年对教学论与学习论特点的区分有助于我们认识教学心理学与学习心理学的关系。布鲁纳指出,学习论是描述性的,教学论是处方性的(参见本章第三节的有关论述)。就教学心理学而言,加涅认为它具有处方性的特点,即教学心理学要尽力识别出使学习保持和迁移最优化的教学条件。[①] 而雷斯尼克则认为,教学心理学既是描述性的,也是处方性的,因为它既要解释教学为什么起作用或不起作用,也要提出为得到更好的结果应当做些什么。[②] 由于教学心理学既要描述学生要达成的教学目标和达成目标的过程,也要提出促进学生学习的干预措施和评价学生目标达成情况的手段,因而雷斯尼克对教学心理学兼具描述性和处方性的判断是与教学心理学的目的、内容相符合的;而学习心理学则侧重于揭示学生学习的心理学规律,是描述性的。

(三) 教学心理学与教学论

教学论是我国教育学科的一门重要分支学科,以探讨教学的一般规律或客观规律为己任,[③④]从学科使命上来看,教学论和教学心理学是一样的,但在完成使命的途径与方法上,两者还是有区别的。首先,教学心理学在探讨教学规律时,奉行紧密结合学生学习的规律来探讨教学的规律,即教学的各项措施要能有效针对或引发学生的学习过程;而教学论则没有特别参照学生学习的规律来

---

① Gagné, R. M., & Dick, W. (1983). Instructional psychology. *Annual Review of Psychology*, 34, 261 - 295.

② Resnick, L. B. (1983). Toward a cognitive theory of instruction. In S. G. Paris, G. M. Olson, & H. W. Stevenson (Eds.), *Learning and motivation in the classroom*. Hillsdale, NJ: Lawrence Erlbaum Associates, p.6.

③ 徐继存,等.*教学论研究*.福州:福建教育出版社,2020:9.

④ 杨小微.*现代教学论*.太原:山西教育出版社,2010:10.

开展教学规律的研究，即使有部分教学论的著作涉及学生学习的内容，这些内容与研究教学规律的部分通常也是并列关系，两者的联系较为松散，紧密结合的关系并不明显。其次，教学心理学极大地依赖实验研究、元分析的方法来开展教学规律的研究，而教学论研究使用的方法多样，包括文献法、观察法、思辨研究法、行动研究法、经验总结法、案例研究法、实验法、叙事研究法等，[①②]研究方法虽然多样且包括实验研究法，但总体上仍以质性研究为主，这与教学心理学明显不同。

（四）教学心理学与教学设计

加涅和迪克意识到教学心理学与教学设计的区别和联系。他们认为，教学心理学对用来教的程序与这套程序在促进人类表现的行为后果之间的因果关系作出了理性描述，而教学设计模型以识别出设计教学凭借的有效程序为目的，没有必要就教学事件与学习过程的因果关系作出描述。但教学设计的中间阶段，如选择教学策略、选择媒体、开发教材则显然以一种或多种教学心理学为基础。[③] 洛伊克（D. Joost Lowyck）和艾伦（Jan Elen）则区分了作为研究领域的教学设计和作为活动的教学设计，前者是寻找教学设计决策的科学基础，后者是系统描述教学设计者所从事活动的顺序。他们认为，教学心理学与作为研究领域的教学设计有直接关系，可以在这一研究领域中将描述性的研究结果转化为正常教学场景的有效处方。[④] 显然，教学心理学是教学设计的重要理论基础，而教学设计则更侧重设计和实施具体的教学步骤与方法，或者说教学心理学关注教学活动的"为什么"层面，教学设计则关注教学活动的"怎么做"层面。

（五）教学心理学与学科心理学

学科心理学是指在阅读、写作、数学、科学、历史之类的学校学科中开展的学习与教学的科学研究。受认知心理学有关专门领域知识研究的影响，学科心理学认为学生的学习具有专门领域性，在不同的领域（就学校教育情境而言，是

---

① 徐继存,等.教学论研究.福州：福建教育出版社,2020：376 - 385.
② 迟艳杰.教学论.北京：高等教育出版社,2009：286 - 305.
③ Gagné, R. M., & Dick, W. (1983). Instructional psychology. *Annual Review of Psychology*, 34, 261 - 295.
④ Lowyck, D. J., & Elen, J. (1996). Instructional psychology. In E. De Corte & F. E. Weinert (Eds.), *International encyclopedia of developmental and instructional psychology*. Pergamon, p.722.

在不同的学科中),学生的学习规律有所不同,因而不能停留于一般性地研究学生的学习和教师的教学,而要深入到具体学科中,研究学生在某一特定学科(如数学)中学习的规律以及如何根据这些规律有意识地安排相应的教学。[1] 梅耶在谈及学科心理学的研究时指出,学科心理学首先要清晰地界定某一学科及其目标任务,而后还要确定学习者如何习得达成目标所需要的各种认知过程,以及如何帮助学习者学习。[2] 可见,在研究的性质和内容上,学科心理学都与教学心理学保持一致,只不过学科心理学将研究的触角伸及具体的学校学科,可以将学科心理学看作学科化了的教学心理学。需要指出的是,我国一些包含"语文教学心理学""数学教学心理学"等名称的学科心理学方面的教材或著作,有些是以普通心理学的体系来组织内容,有些是以学科内容的体系来组织内容并辅以心理学的理论和研究来进行论述,其实质是"学科教学+心理学"的组织思路,并不是这里探讨的"学科+教学心理学"的组织思路。

第三节 教学心理学的创建与发展

雷斯尼克指出,构建教学论的努力虽然根植于今日的认知心理学,但这并不是心理学家第一次探讨这一问题,心理学前辈的努力对于我们明确教学心理学的目标及其有待发展的地方十分有益。[3] 本节首先论述教学心理学发展的学科背景,而后介绍教学心理学发展的重要推动者。

一、教学心理学发展的学科背景

教学心理学是对教学处理如何影响学生学习的科学研究,其突出特征是将有关教学的研究与学习的研究紧密关联起来,因而从学科发展的角度来看,教学心理学的出现应当是有关学习的研究与有关教学的研究建立密切联系的自然结果,但这种联系的建立之路并不平坦。

---

[1] 王小明. 学习心理学. 北京：开明出版社, 2012：27.

[2] Mayer, R. E. (2004). Teaching of subject matter. *Annual Review of Psychology*, 55, 737–738.

[3] Resnick, L. B. (1983). Toward a cognitive theory of instruction. In S. G. Paris, G. M. Olson, & H. W. Stevenson (Eds.), *Learning and motivation in the classroom*. Hillsdale：Lawrence Erlbaum Associates, p.6.

　　在心理学这一大的学科背景下,有关学习的研究与有关教学的研究最初是以单向应用的方式关联起来的。① 在科学心理学创立之后,德国心理学家艾宾浩斯(Hermann Ebbinghaus)运用科学实验的方法对人类心理现象展开研究。当时的研究目标是寻找人类心理活动的一般规律,研究的重点是人类学习的一般规律。研究中多以动物为研究对象,以人为研究对象的研究大多是在心理学实验室中,让参试者学习一些人为的任务,如记忆无意义音节等。当时的心理学家认为,心理学有关学习研究结果的恰当运用会改进所有学校的教学。② 桑代克(Edward Lee Thorndike)就是这一观点的积极提倡者。他积极地将心理学的研究结果应用于教学,曾研究过阅读、数学的教学问题,并创立了教育心理学。克伯屈(William Heard Kilpatrick)曾形象地描绘桑代克:"他的理论就是他的锤子,他四处观望,最后决定将锤子砸在数学这门课程上。"③在这一时期,心理学的研究成果被直接应用到教学中,教学是有关学习心理研究成果的接受者。但是,当时有关学习的心理学理论一方面还不够完整,另一方面与学校教育实践相去甚远,因此其应用并未取得多大成功。

　　此后有一段时间,心理学家沿袭有关学习心理研究的传统,仍热衷于在实验室中研究学习,严重忽视教学的研究。而在教育情境中开展的有关教学的研究则热衷于比较不同教学方法的实际效果,完全忽视心理学家在实验室开展的学习研究。20世纪50—60年代,在计算机科学、信息论、控制论等新兴学科的推动下,心理学界爆发了一场认知革命,诞生了一门新的心理学分支学科——认知心理学,认知心理学的诞生启发心理学家从信息加工的角度研究学习涉及的内在心理机制。在认知心理学创立初期,心理学家仍热衷于在实验室中运用人为的问题开展研究,不过其研究重点放在诸如思维、问题解决之类的内部心理过程而不是外显的行为上,而且研究的问题都是知识含量低的问题,一般不需要多少专业知识,根据经验和常识进行思考就可以解决。如布鲁纳等人1956年研究了人工概念的习得问题,西蒙(Herbert Alexander Simon)等人研究了河内塔等问题解决活动中的搜索策略,如手段-目的分析等。这时的心理学家仍

　　① ［美］梅耶,R.E.应用学习科学——心理学大师给教师的建议.盛群力,等译.北京：中国轻工业出版社,2016：8.

　　② Mayer, R. E.（1993）. Educational psychology：Past and future. *Journal of Educational Psychology*, 85, 351–353.

　　③ 王小明.(1999).学科心理学的过去、现在与未来.宁波大学学报(教育科学版),2,27–32.

希望寻找一般的学习心理学原则。称这一时期有关学习的研究为"实验室的认知心理学研究"更恰当。

认知心理学早期的研究虽然采用了一些比较先进的研究方法研究人类的高级心理活动规律,但由于研究问题多是人为的,因而研究的生态效度差。同时,人工智能科学家在认知心理学研究成果的基础上,设计了一些计算机程序来模拟人类的智能,如西蒙等人开发的通用问题解决者就是突出的例子。计算机采用了认知心理学研究发现的搜索方法,而且具备几乎无限的搜索能力,但在解决问题时,要在对所有可能的选择进行搜索之后才能作出最佳的选择。人类在解决问题时并未采取这种全面搜索的策略,而是利用专门化的知识结构进行判断和选择。这些新发现推动认知心理学家开始关注专业知识的重要性。1965 年,荷兰心理学家德赫罗特(Adrianus Dingeman de Groot)对国际象棋大师进行了研究,从而揭开了认知心理学研究专业知识的序幕。认知心理学家从此开展了对不同专业领域学习、思维、问题解决等方面的研究。研究中发现,教学问题尤其适合开展认知心理学研究。一方面,不同学科的问题不大有人为性;另一方面,不同学科都涉及不同专业知识的运用,这对于深化和验证认知心理学的研究十分有利,于是这方面的研究蓬勃发展起来。他们关注的问题从以前的"人们如何习得概念""人们如何解决问题",变成"人们如何习得物理概念""人们如何解决数学问题"。此时的认知心理学可以称为"教学的认知心理学",因为许多教学程序通常是用认知心理学的术语来描述的,如短时记忆、长时记忆、语义编码、提取等。[1] 于是,认知心理学有关学习的信息加工机制的研究与教学的研究走到了一起。[2] 与早期单向的关联不同的是,这一时期学习的研究与教学的研究之间是一种互惠互利的关联关系:有关学习的理论关注的是学习者在真实的教学情境中的学习(如学生如何学习阅读,如何解决数学问题等);有关教学的研究则要关注教学处理如何或为何能影响学生学习,这就需要借助有关学生学习的研究和理论来解释,[3]在有关学习的研究与教学研究紧密关联的大背景下,教学心理学的出现才顺理成章。

---

[1] Gagné, R. M., & Dick, W. (1983). Instructional psychology. *Annual Review of Psychology*, 34, 261 - 295.

[2] Resnick, L. B. (1981). Instructional psychology. *Annual Review of Psychology*, 32, 659 - 704.

[3] [美]梅耶,R.E. *应用学习科学——心理学大师给教师的建议*.盛群力,等译.北京:中国轻工业出版社,2016:8 - 9.

二、教学心理学的发展历程

教学心理学主要是在心理学这一母体学科中逐渐孕育成熟的,其孕育、创建与发展离不开诸多心理学家的持续努力。

(一) 教学心理学的孕育

教学心理学最初是在心理学尤其是教育心理学中孕育的,心理学以及教育心理学研究的问题是后来教学心理学发展的基石,或者说,一些心理学家、教育心理学家的思想中已经蕴含教学心理学的思想或体系。

1. 桑代克

桑代克(Edward Lee Thorndike)是美国心理学家,他于 20 世纪初创立了教育心理学。在教学心理学的形成上,他也作出了奠基性的贡献。桑代克首先根据其联结主义心理学思想,将教学的目标描述为"联结"(bonds),这是指刺激与刺激之间或者刺激与反应之间的联系。此外,桑代克还提出联结习得理论,这一理论可以用他提出的三大学习定律来描述,即练习律、效果律和准备律。练习律指对某个刺激-反应的联结不断予以重复,可以增强联结的强度;如果缺少练习或重复,则联结的强度倾向于被削弱。效果律指对某个刺激作出某种反应之后得到满意的后果,则刺激与反应之间的联结倾向于增强;如果没有得到满意的后果,则联结强度不会得到增强。准备律指有机体做好或具有形成刺激与反应联结的准备,这时进行刺激与反应联结的学习才会有效,反之是无效的。桑代克提出的效果律也暗含干预的理论,那就是教员在组织练习时,要利用奖励增强正确的联结,削弱不正确的联结。此外,桑代克还较为深入地研究了学业测量与评价。他开发了一些测量阅读能力和算术能力的量表,提出"凡是客观存在的事物都是有数量的,凡是有数量的东西都是可以测的,测量事物就是弄清楚其存在的量有多少"的论断,推动了心理测量与评价的发展。[①] 从当今教学心理学的内容体系来看,桑代克的教育心理学思想涉及教学目标、学习规律、测量与评价等教学心理学的内容体系。

2. 斯金纳

斯金纳(Burrhus Frederic Skinner)是行为主义心理学的杰出代表,他主张研究外在的可观察的行为,反对研究内部的不可捉摸的心理过程和结构。据此,

---

① Hilgard, E. R. (1996). History of educational psychology. In D. C. Berliner & R. C. Calfee (Eds.), *Handbook of educational psychology*. New York: Simon & Schuster Macmillan, p.995.

他主张完全根据可观察的表现来界定所要教的能力,这一思想后来被发展成行为目标陈述技术(参见本书第二章)。此外,斯金纳还提出一个有力的学习理论——学习是通过强化实现的,这一观点与桑代克类似,但斯金纳还认为,学习中错误行为导致的消极后果是可以避免的,即有机体可以进行"没有错误的学习",这主要通过小步子的连续接近目标来实现(即塑造技术)。在此基础上,斯金纳提出著名的程序教学:首先将教学目标分解为小的部分,然后细心安排每部分的学习顺序,对每一小步进行认真教学直至学生掌握,这样一步一步地达到预先确定的教学目标。可以说,斯金纳在教学目标、学习过程、教学措施方面,提出了与桑代克不大相同的主张。

3. 韦特海默

韦特海默(Max Wertheimer)作为格式塔心理学的代表人物,对教育十分关注,经常深入学校进行研究。在教学目标上,韦特海默认为,教学应以原理和结构化的知识为目标,这一点与桑代克和斯金纳强调行为的立场完全不同,因而韦特海默的思想被视为早期的认知教学理论。不过,格式塔学派在习得和干预的理论方面并未有多少建树,他们只是在干预方面有过一些提法,如发现法要比直接告知和展示的方法更利于基本原理的学习,突出关系结构特征的教学呈现十分重要等。这些思想对后来的研究者如布鲁纳等人产生了重要影响。

4. 皮亚杰

皮亚杰(Jean Piaget)是瑞士心理学家,他以研究儿童的认知发展著称,对教学几乎没有研究,只是后来许多研究者从他的研究中引申出许多教育含义,并标榜自己是皮亚杰主义者,因而这批皮亚杰主义者的发挥确立了皮亚杰对教学心理学发展的影响。在教学所要发展的能力上,皮亚杰主义者认为应当是一般的逻辑推理能力,这是思维的结构基础,皮亚杰本人更多的是用运算来表示并研究了运算发展的不同阶段。在习得机制上,皮亚杰提出相互作用和平衡化的思想。相互作用指的是儿童的生物天赋与其所处的合适的社会生态环境相互作用才能促进能力的发展。平衡化指同化和顺应两种互补的过程,儿童凭借这个过程才能逐渐构建和发展出解释环境刺激的图式,而平衡化的过程是由认知冲突引起的。在教学干预上,皮亚杰的理论只提供了一般的指导,那就是给儿童创设一个良好的环境,让儿童在其中与他人和环境自由地相互作用,少让儿童进行操练,多让他们去探索、发现和建构。教育领域兴起的建构主义思潮就主要从皮亚杰这里汲取营养。

(二) 教学心理学的创建

教学心理学的创建不是一蹴而就的,而是经历了一个过程,布鲁纳和西蒙两人为教学心理学的创建做了很好的铺垫,加涅和格拉泽正式创建了教学心理学这门学科。

1. 布鲁纳和西蒙推动了教学心理学的创建

布鲁纳是美国著名的教育家、心理学家,他于 1966 年出版了《教学论》(*Toward a theory of instruction*)一书,呼吁建立一门专门研究教学的学科,他称之为教学论。首先,布鲁纳对教学论作了界定,他认为,教学论是一种关于成长与发展如何经由不同手段得以促进的理论,要构建这样一种理论,就需要先对成长(growth)的含义、限制与机会进行研究,建立一门"成长的科学"。[①] 但当时心理学已经形成许多有关学习与发展的理论,于是布鲁纳又随即论述了创建教学论的必要性。他指出,学习与发展的理论是描述性的(descriptive),而不是处方性的(prescriptive),它们只是描述了事实(如大多数 6 岁儿童还未具备可逆性的观念),教学论关注的则是希望教的内容如何最佳地被学习者习得,致力于改善学习而不是描述学习(如教学论要阐明让儿童获得可逆性观念的最佳手段)。在此基础上,布鲁纳进一步论述了教学论的性质。他认为,教学论是处方性的,它阐明了最有效地获得知识或技能之方法的规则,也提供了评判任何教与学的方式的准则;教学论还是一种规范性的(normative)理论,它建立了高度概括的标准并陈述了达成标准的条件,如教学论不应具体阐明有效学习三年级算术的条件,因为这些条件可以从更一般的数学学习观点中推演出来。[②] 此外,布鲁纳还提出教学论的特点或组成部分。他认为,教学论要涉及如下四个方面:(1) 教学论应当具体阐明能最有效培养个体学习(一般性的学习或特殊类型的学习)倾向的经验;(2) 教学论必须阐明组织大量知识的方式,使学习者易于掌握;(3) 教学论应当详细描述呈现所学材料的最有效的序列;(4) 教学论必须详细规定学习和教学过程中奖励和惩罚的性质和步调。[③]

---

① Bruner, J. S. (1966). *Toward a theory of instruction*. London: The Belknap Press of Harvard University Press, p.1.

② Bruner, J.S. (1966). *Toward a theory of instruction*. London: The Belknap Press of Harvard University Press, p.40.

③ Bruner, J. S. (1966). *Toward a theory of instruction*. London: The Belknap Press of Harvard University Press, pp.40 - 42.

布鲁纳有关创建教学论的阐述对教学心理学家创建教学心理学产生了积极影响。教学论要以学生成长的理论或学习与发展的理论为基础,而且要与该理论基础保持一致的思想,被教学心理学家继承和发挥,并具体体现在教学心理学各组成部分的研究中;布鲁纳有关"教学论是处方性的,学习论是描述性的"论述,被教学心理学家借用来阐明教学心理学的特点;布鲁纳构想的教学论的组成部分虽然在内在逻辑性上不如教学心理学家构建的教学心理学的组成部分,但他提出知识的结构、学习材料的序列以及奖惩的运用等问题,是教学心理学一直致力研究的课题。

西蒙是美国经济学家、认知科学家,他没有提出过明确的教学心理学主张,不过他的《人工科学》一书对教学心理学的诞生起到了催化作用。在该书中,西蒙区分了两种科学:关于自然物体和自然现象知识的自然科学;关于人工物体和人工现象知识的人工科学。① 他根据对不同学科的考察,提出要建立一门人工科学或关于设计的科学,以创造出人工物。工程设计、建筑设计、社会系统设计以及作曲,这些表面看来毫不相干的活动,在西蒙看来都是创造人工物的设计活动。教学要围绕教学目标来安排干预措施,因而这种活动本质上属于西蒙的设计活动。在西蒙大力呼吁建立人工科学的背景下,心理学家也更有信心地迈开构建教学科学的步伐。

2. 加涅和格拉泽创建了教学心理学

加涅是美国教育心理学家,他和罗韦尔(William D. Rohwer Jr.)1969 年在《心理学年鉴》(Annual Review of Psychology)上发表了《教学心理学》一文,这是历史上第一次使用"教学心理学"这一术语。此外,加涅在长期研究学习条件的基础上,构建了一个新的教学心理学体系:在教学目标上,将其归结为涉及认知、态度、动作技能三个领域的五种学习结果;在教学过程上,根据学习与记忆的信息加工模型提出九阶段的教学过程;在教学措施上,阐明了每类学习的过程和有效学习的条件,为教学方法的选择提供了科学依据;在教学结果的测量与评价上,主张教师对预期的学习结果作出明确陈述,不仅以此指导教学顺序的安排、教学媒体的选择等,而且可用来指导教学结果的测量与评价。② 格拉泽是美国匹兹堡大学的心理学教授,早在 1972 年,他和雷斯尼克就勾画出教学心

---

① [美]西蒙,H.A.人工科学.武夷山,译.北京:商务印书馆,1987:7.
② [美]加涅,R.M.学习的条件和教学论.皮连生,等译.上海:华东师范大学出版社,1999;代中译本序,16-17.

理学的五方面研究内容,后人虽有所发展,但基本框架并未超出格拉泽等人的描述。1978 年,格拉泽主编的"教学心理学进展"丛书出版,这被认为是教学心理学成为一门独立学科的重要标志。迄今为止,格拉泽主编的"教学心理学进展"丛书已出版五卷,及时介绍了国际上教学心理学的前沿动态。对此,加涅和迪克评论说,格拉泽在界定教学心理学领域方面作出了许多贡献。①

(三) 教学心理学的发展

教学心理学自创建之后,关注教学的教育心理学家、认知心理学家秉持教学促进学生学习的核心思想,不断开展相关的理论和实践研究,充实了教学心理学的内容框架。

1. 奥苏伯尔

奥苏伯尔(David P. Ausubel)是美国教育心理学家,他在学习论与教学论的结合上作出了突出贡献。奥苏伯尔尤为关注有意义的接受学习,认为这是学生在学校教育情境中进行学习的主要方式,他还提出同化理论来解释学生如何用自己的原有知识经验来同化或吸收新的知识。在描述学生的学校学习的同时,奥苏伯尔还提出先行组织者的教学技术以及从一般到个别、逐渐分化、综合贯通的教材组织原则,以有效支持和促进学生的有意义学习。他和诺瓦克(Joseph D. Novak)、汉尼森(Helen Hanesian)合著的《教育心理学:认知观点》开创了学习论与教学论统一的先河。②

2. 安德森

美国认知心理学家安德森(John R. Anderson)根据哲学家赖尔(Gilbert Ryle)1949 年对"知什么"与"知如何"的划分,积极主张加强研究知识,并区分了知识的两种类型:陈述性知识与程序性知识。他还进一步解释并研究了这两类知识在学习者头脑中的表征方式以及这两类知识的习得规律:陈述性知识是以命题与命题网络形式表征的,用激活扩散理论来解释陈述性知识的习得;程序性知识是以产生式与产生式系统的方式表征的,用知识编辑的理论来解释陈述

---

① Gagné, R. M., & Dick, W. (1983). Instructional psychology. *Annual Review of Psychology*, 34, 261 - 295.

② [美]奥苏伯尔,D.P.,等.*教育心理学——认知观点*.佘星南,宋钧,译.北京:人民教育出版社,1994:13 - 17,序.

性知识如何经过编辑转化为产生式表征的程序性知识。[①]　此外,安德森还根据程序性知识表征为产生式的思想开发了基于计算机的智能辅导系统,来教学生习得计算机编程和数学方面的技能。该系统先将学生要习得的技能分解为一系列的产生式,而后由计算机为学生呈现问题,在学生解题过程中提供提示和反馈,促进学生掌握每一条产生式进而达到技能的掌握水平。[②]　安德森有关知识分类、表征、习得及教学的研究和开发工作,用新的知识观充实和发展了教学心理学的教学目标、习得规律、教学干预等方面的研究。

3. 梅耶

自 20 世纪 90 年代以来,梅耶(Richard E. Mayer)及其合作者围绕多媒体学习研究,为教学心理学的发展作出了突出贡献。首先,在描述期望学生习得的内容上,梅耶将学生习得的内容统一到认知心理学的知识这一概念上(参见本书第二章)。其次,梅耶还根据认知心理学的研究,描绘了学生从多媒体中学习的过程与机制,充实了教学心理学有关学生学习规律的研究。此外,梅耶还根据学生学习的机制尤其是多媒体学习机制,基于随机控制的实验研究的证据,提出有效设计多媒体教学材料的 12 条原则,如一致性原则、符号标志原则、冗余原则、空间接近原则、时间接近原则、分隔原则、前训练原则、通道原则、多媒体原则、生成原则、拟人化原则、语音原则,[③]充实了教学心理学有关教学处理的内容。

上述三位对教学心理学的发展起重大推动作用的心理学家均来自美国,虽然美国是当今教学心理学研究最发达的地方,但来自世界其他国家的心理学家对教学心理学发展的推动作用也不容忽视。例如:英国心理学家巴特利特(Frederic Charles Bartlett)在 20 世纪 30 年代对图式的研究,使得图式这一概念被后来的一些教学心理学家用于描述学生习得的学习结果;苏联心理学家维果茨基(Lev S. Vygotsky)有关言语和社会性互动在学生发展上作用的研究,拓宽了教学心理学的研究视野;澳大利亚的教育心理学家斯韦勒(John Sweller)根据

---

①　[美]Gagné, E. D., Yekovich, C. W., & Yekovich, F. R. 教学心理学:学习的认知基础. 岳修平,译. 台北:远流出版事业股份有限公司,1998:第 4,6,7,9 章.

②　Anderson, J. R. (2000). *Learning and memory: An integrated approach* (2nd ed.). New York: John Wiley & Sons Inc., pp.407 - 411.

③　Mayer, R. E. (2011). Applying the science of learning to multimedia instruction. In J. P. Mestre & B. H. Ross (Eds.), *The psychology of learning and motivation: Cognition in education* (Vol. 55). San Diego:Academic Press, pp.77 - 108.

认知心理学对人类信息加工机制的研究提出的认知负荷理论,不仅在更细致的层面揭示了学生学习的心理机制,而且为教学材料的设计提供了理论上的指导;[1]比利时的教学心理学家德科尔特不仅结合数学学科阐释了教学心理学的内容框架,[2]而且主持编写了《教育大百科全书:教育心理学》,推动教学心理学研究成果的国际整合。梅耶对此评论说,教学心理学是一个国际性的研究领域。[3]

① Sweller, J., Ayres, P., & Kalyuga, S. (2011). *Cognitive load theory*. New York: Springer.

② De Corte, E. (2007). Learning from instruction: The case of mathematics. *Learning Inquiry*, *1*, 19 - 30.

③ Mayer, R. E. (1996). History of instructional psychology. In E. De Corte & F. E. Weinert (Eds.), *International encyclopedia of developmental and instructional psychology*. Pergamon, p.29.

第二章

教学目标

从广义教学的角度看，教学始于教学目标的确定。可以说，教学目标是教学的龙头，起到纲举目张的作用，研究教学目标是研究整个教学的起点和基础。本章论述三个有关教学目标的重要问题：教学目标的性质、教学目标的分类框架以及教学目标的陈述。

第一节　教学目标的性质

一、教学目标的含义

（一）教学目标的定义

教学目标（instructional objective）是预期的学生学习结果。这就是说，教学目标关注的是经过教学之后，期望学生学到的东西，即教学之后学生能够有所"得"。学生新学到的东西可以是知识，也可以是技能，还可以是态度。可以从内容与表现两方面来描述教学目标。内容（content）是指某一专题的实质，通常体现为人类积累下来的知识经验；表现（performance）是指学生对内容能做些什么，如学生对内容进行记忆、理解、运用，或者喜欢某一内容等。教学目标就是期望学生对某一内容能作出相应的表现。

教学目标的定义中涉及"学生""结果""学习""预期"这四个关键词，要深入理解教学目标，就要明确这些关键词的含义。

1. 学生

教学目标规定的主体是学生而不是教师，是预期经过教学后学生表现出的行为而不是教师的行为。这一点很多人容易混淆：教学既然主要是教师在教，其目标就应当是教师能做什么。如果将教学目标改为学习目标，似乎不易混淆。其实,教学目标和学习目标在含义上是一样的,只是不同人的使用偏好而已。

2. 结果

教学目标是学习的结果而不是学习的过程。教学目标要规定经过教师教学和学生学习的一系列过程以后,最终要学生达到什么标准,或者能够做些什么,即关注学习的结果(product)而不是学习的过程(process)。[1] 将教学目标理解成学习的过程容易产生误解,因为一种学习过程可能导致多种不同的学习结果;同一种学习结果也会由不同的学习过程所致。[2]

3. 学习

教学目标是学习的结果而不是发展的结果。要理解这一论断,首先要明确学习与发展的心理学含义。学习是由经验引起的能力或行为倾向的相对持久的变化。[3] 这一变化是由后天经验引起的。发展的概念比较宽泛,既包括由后天经验和学习引起的变化,也包括由自然的生理成熟引起的变化。如在青春期,青少年不仅在体征上出现一些变化,而且在心理特点上也出现不同于小学生和成年人的一些特点,这些变化主要是由自然的生理成熟引起的,不是由系统教学或学生学习引起的,这些变化是发展的结果而不是学习的结果。教学目标是在学习结果的意义上来界定的。

4. 预期

"预期"一词包含两种含义,可以用与其相对的词语来凸显其含义。首先,教学目标是预期的而不是已实现的学习结果。就是说,学生在教学之前并不具备这种学习结果,或者说还不能表现出学习结果规定的行为,但这一结果又是目标制定者认为学生经过一定的学习过程在未来可以达到的。这一解释粗看起来似乎没有多大意义,但在具体的学科教学中强调这一点非常重要。有些目标制定者常将学生已实现或达成的学习结果作为目标,如在语文教学中,常会出现同样的内容和学习要求被不同年级的教师反复教的现象。如一个"扛"字,幼儿园老师在教,小学老师也在教,甚至初中老师还教。[4] 这样,至少初中老师

---

① Linn, R. L., & Gronlund, N. E. (2000). *Measurement and assessment in teaching* (8th ed.). New Jersey: Prentice Hall, p.55.

② Gronlund, N. E., & Brookhart, S. M. *设计与编写教学目标*(第八版).盛群力,等译.北京:中国轻工业出版社,2017:15.

③ 王小明. *学习心理学*.北京:中国轻工业出版社,2009:3.

④ 张志公. *语文教学论集*.福州:福建教育出版社,1981:27.

定的学习"扛"字的目标就不是预期的学习结果,而是已经实现的学习结果,不宜再作为教学目标对待。其次,教学目标是在教学之前就预料到的结果,不是未预料到的结果。这就是说,在教师教学影响之下的学生的学习会得到一些教师预料到的结果,也会得到一些教师未能预料到的结果。教学目标是指事先预料到的学习结果,但这并不否认在不同学生身上会产生一些教师预料不到的、带有学习者个人独特性的学习结果。① 用我国教育工作者常探讨的预设与生成现象来说,预设的学习结果属于教学目标,意外生成的学习结果则不属于教学目标,但这并不意味着意外生成的结果是错误的或者是很重要的。

(二) 教学目标与相关概念的关系

厘清教学目标的含义,除了深入阐释教学目标定义中涉及的关键词语外,还需要阐明教学目标与相关概念的关系。

首先,需要将教学目标与教学活动、教学评价区分开来。② 如"学习××课文第三自然段"常被很多教师列作教学目标。课上学习某段课文属于教师安排的教学活动,而教学目标关注的则是学生学完该段课文后得到什么(如学完之后学生能识别出承接段落,或者能正确读出若干个生字的音),学习课文的教学活动是达成目标的手段,将达成目标的手段作为目标本身对待是不合适的。又如,"学生能通过第三单元的测验"描述的是学生在某一测验上的表现,这是一种评价活动,由于没有解释清楚学生在测验上针对什么内容作出什么样的表现,这一描述也不能作为教学目标对待。

其次,需要将教学目标与课程目标、教育目标区分开。教育目标是对教育要培养的人的总体描述,目标的达成通常需要数年的时间。如 2001 年《基础教育课程改革纲要(试行)》中"新课程的培养目标应体现时代要求。要使学生具有爱国主义、集体主义精神,热爱社会主义,继承和发扬中华民族的优秀传统和革命传统……具有适应终身学习的基础知识、基本技能和方法"的表述,以及发展学生核心素养,落实立德树人根本任务的目标,都属于教育目标。课程目标是指预期学习者修习完一门课程之后达成的目标,达成这类目标通常需要数月的时间,如"能够正确认识人类历史发展的总趋势""能够按照时间顺序和空间

---

① [美]安德森,L.W.,等.*布卢姆教育目标分类学修订版——分类学视野下的学与教及其测评(完整版)*.蒋小平,等译.北京:外语教学与研究出版社,2009:16.

② [美]安德森,L.W.,等.*布卢姆教育目标分类学修订版——分类学视野下的学与教及其测评(完整版)*.蒋小平,等译.北京:外语教学与研究出版社,2009:14.

要素,建构历史事件、历史人物、历史现象之间的相互关联""能够通过对史料的辨析和对史料作者意图的认知,判断史料的真伪和价值,并在此过程中增强实证意识"描述的就是高中历史这门课程的部分课程目标。[①] 相比之下,教学目标关注的是日常教学在学生身上引起的预期变化,目标的达成一般需要数小时或几天时间。"学生能正确求出两个自然数的最小公倍数和最大公约数""学生能用自己的话说出太平天国运动失败的原因"描述的就是教学目标。综合来看,可将教育目标、课程目标、教学目标看作一个有关目标的连续体,一端是关注范围宽泛、达成时间较长的教育目标,另一端是关注范围具体、达成时间较短的教学目标。[②]

二、教学目标的功能

可以将教学目标在教学和教学设计中的作用概括为指导教学、指导测评和指导学习三种功能。

(一) 教学目标能指导教学的过程与方法的设计

教学目标一旦确定,教学设计者就可以根据教学目标的类型选用适当的教学过程和方法。例如:对于要求学生记忆特定历史事实的教学目标,可以选择重复教学法、教学测验法等;对于要求学生掌握概念的教学目标,可以选择从多个概念的例子中概括出概念特征的教学方法。判断某种教学方法的优劣,关键要看其能否有效达成相应的教学目标,离开教学目标,单纯比较教学方法的优劣没有多大意义。

(二) 教学目标能指导教学结果的测量与评价

一节课、一个教学课题或一个教学单元结束后,教师应自编测验题,测量教学效果;当教师或学校领导听完某位教师的一节课后,可能要对所听的课作出评价。评价有许多标准,如现代化教学技术的应用情况,教师的思维是否清晰以及学生参与的程度,等等。不过,最可靠、最客观的标准是教学目标是否达到。教学结果的测量必须是针对目标的测量。例如,一节语文课可能有多种目标,如果教师的目标是侧重朗读技能训练,而测量的重点是阅读理解,就会造成目标和测量不一致,测验无效,评价也就缺乏可靠依据了。

---

① 中华人民共和国教育部.普通高中历史课程标准(2017 年版 2020 年修订).北京:人民教育出版社,2020:6.

② [美]梅耶,R.E.应用学习科学——心理学大师给教师的建议.盛群力,等译.北京:中国轻工业出版社,2016:58.

（三）教学目标能指导学生的学习

上课一开始，教师清晰地告诉学生学习的目标，不仅能引起学生的注意，使他们把注意力集中在要掌握的目标上，还能为学生以后评价自己的学习状况提供依据。据此，教师应根据学生年龄、学科内容特点，灵活采用不同的方式方法给学生呈现教学目标。例如，对小学低年级学生，教师不要生硬地在上课开始时宣布预先写好的几条目标，而应以生动的语言告诉学生，某个课题或某个教学单元学完以后，他们将能获得什么新本领，获得哪些新知识，以鼓励他们努力完成学习任务。对于中学生，教师可以直接向他们宣布教学目标，明确告诉他们，当学完某个课题或某个教学单元之后，他们应掌握哪些技能，会做什么事，或者会分析、说明什么问题，而且还应使学生逐步认识到，教师宣布的目标在课程或单元完成之后是一定要检查的，如果不能达标，是需要补教与补学的。时间一长，这样做有助于学生养成按时达成教学目标的习惯，提高学习的自觉性。

第二节　教学目标的分类框架

面对林林总总的教学目标，根据它们彼此之间在某些特征上的相似性进行归类整理，有助于教学工作者全面而有条理地认识和落实教学目标。目前，对教学目标进行分类的思路主要有两条：一是根据教学目标涉及的学科或内容领域来进行分类，如有关母语、外语、数学、科学、信息技术、公民、艺术等方面的教学目标，这种分类简单明了，而且随着社会的发展和新课程的设置，可以及时增减或合并教学目标的类型；二是根据教学目标的心理学本质来进行分类，如将教学目标分为知识、技能、态度三种主要类型。类似这样的分类能适用于多种不同学科，而且对划分出的主要目标类型，心理学通常都对其习得与培养的规律有所研究，因而这种分类不仅有助于我们更深入地认识教学目标，还有助于了解学生习得教学目标以及教师促进学生达成教学目标的规律。从这一点看，这种教学目标的分类与教学心理学的研究框架十分吻合，应当是教学心理学重点研究和关注的分类。

一、布卢姆等人的教育目标分类

最有影响的教学目标分类体系是布卢姆（Benjamin Samuel Bloom）等人在

20世纪中叶先后提出的,该目标分类体系名为"教育目标分类学",但在教育实践中运用时,应用者并未将其局限在教育目标的范畴,课程目标和教学目标上都有其相应的应用。作为有国际影响的教育目标分类体系,布卢姆的教育目标分类学不仅得到广泛应用,而且在应用过程中接受了检验、批评和不断修正。

(一)布卢姆教育目标分类学的最初版本

布卢姆教育目标分类学将教育目标分为认知领域、情感领域和心因动作领域。认知领域的教育目标分类学由布卢姆等人于1956年发布,后来,克拉斯沃尔(David R. Krathwohl)、布卢姆、马西亚(Bertram B. Masia)在1964年开发了情感领域的教育目标分类,辛普森(Elizabeth J. Simpson)和哈洛(Anita Harrow)分别在1966年和1972年开发了动作技能领域的目标分类框架,由此完成对认知、情感、心因动作三大领域的教育目标分类工作。对认知领域的教育目标,该分类学按由低到高的层次分为六级,分别是知识、领会、运用、分析、综合、评价。对情感领域的教育目标,依其价值内化的程度分为接受、反应、价值化、组织、价值与价值体系的性格化五级。对心因动作领域的教育目标,哈洛在1972年的分类是知觉、定向、有指导的反应、机械动作、复杂的外显反应、适应、创新等七级。

(二)布卢姆教育目标分类学(认知领域)修订版

时隔45年后,2001年由认知心理学家梅耶(Richard E. Mayer)、平特里奇(Paul R. Pintrich)、维特罗克(Merlin C. Wittrock),课程与教学专家安德森(Lorin W. Anderson)、克里克辛克(Kathleen A. Cruikshank)、拉斯(James Raths),测量评价专家克拉斯沃尔、艾雷辛(Peter W. Airasian)组成的专家组与中小学教师合作,完成对布卢姆1956年认知领域教育目标分类的修订工作。本书将该修订的结果称为"布卢姆认知目标分类学(修订版)"。在2001年认知领域教育目标的修订版中,修订者是从"课程之父"泰勒(Ralph W. Tyler)1949年有关教育目标的工作出发的。泰勒主张陈述目标应从内容和行为类别两方面来进行。修订者吸收了认知心理学的研究成果,用"知识"替代"内容",用"认知过程"替代"行为",从知识和认知过程两个维度对认知领域的教育目标作出描述和分类。这一分类有别于布卢姆等人在1956年分类中的一维分类,修订过的分类从知识与认知过程相结合的角度来描述和解释认知领域的能力,并从这一角度来衡量学习、教学与评价的一致性。

在新的分类中,知识维度中的知识是指教科书中呈现的、外在于学习者的知识,是学科专家在学科的专门问题上形成的共识。这些知识具体包括四类:

(1)事实性知识,指学习者在掌握某一学科或解决问题时必须知道的基本要素,包括术语知识和具体细节和要素的知识。(2)概念性知识,指某个整体结构中发挥共同作用的各基本要素之间的关系,包括类别与分类的知识、原理与概括的知识以及理论、模式与结构的知识。(3)程序性知识,指如何做事的知识,探究的方法,运用技能的准则,算法、技巧和方法的知识,包括具体学科技能和算法的知识、具体学科技巧和方法的知识、确定何时运用适当程序的知识。(4)元认知知识,指关于一般的认知知识和自我认知的知识,包括策略性知识、关于认知任务的知识(包括适当的情境性和条件性知识)、自我知识。

认知过程维度包括六类认知过程:(1)记忆,指从长时记忆中提取相关信息,包括识别和提取。(2)理解,指能够确定口头的、书面的或图表图形的信息中表达的意义,包括解释、举例、分类、总结、推断、比较、说明。(3)运用,指在特定情境中运用某个程序,包括执行和实施。(4)分析,指将材料分解为其组成部分并确定这些部分是如何相互关联的以及各部分同总体之间的联系,包括区分、组织、归因。(5)评价,指依据准则和标准来作出判断,包括核查和评判。(6)创造,指将要素整合为一个内在一致、功能统一的整体或形成一个原创的产品,包括产生、计划和生成。①

储存和体现在教科书中的、学习者之外的知识要与学习者自身执行的认知过程相结合,才能构成教学目标或学习结果。知识与认知过程相结合的结果可以用表 2-1 的两维表来表示。

表 2-1　布卢姆认知目标分类学(修订版)的两维表

知识维度	认知过程维度					
	记忆	理解	运用	分析	评价	创造
事实性知识						
概念性知识						
程序性知识						
元认知知识						

① [美]安德森,L.W.,等.布卢姆教育目标分类学修订版——分类学视野下的学与教及其测评(完整版).蒋小平,等译.北京:外语教学与研究出版社,2009:4-5.

在表2-1中，横行是不同的认知过程类别，竖列是不同的知识类别，表中的单元格是知识和认知过程的交汇处，表示的是预期学生对某一类别的知识采取什么样的认知操作，这样，不同的单元格就描述了不同的目标，而所有的目标也都可以置于某一个或某几个单元格中，从而有助于教育者更清楚地了解目标涉及的知识和认知过程。

(三) 梅耶对布卢姆认知目标分类学(修订版)的发展

梅耶是布卢姆教育目标分类学修订的主要参与者之一，他认同从知识与认知过程相结合的角度来明确教学目标，进而对教学目标进行分类的思想，但梅耶后来对上述思想作了一些修改，主要体现在对知识的概念以及知识的类型作了一些与布卢姆认知目标分类学(修订版)稍有不同的改动。首先，在知识的概念上，梅耶拓展了知识的含义，用其来指称"学习者可以学到的一切东西"，于是信念(与情感有关)、社会交往知识(指导完成社交任务)、动作知识(指导完成身体运动任务)也被纳入知识概念中。① 知识概念的拓展将布卢姆教育目标分类学最初版本涉及的认知、情感、心因动作三个领域都涵盖进去，知识成为描述教育目标的一个大概念。其次，在知识的类型上，梅耶区分出五种知识：事实性知识、概念性知识、程序性知识、策略性知识、信念。梅耶在知识类型中增加的信念这一类型，将有关情感评价或态度纳入其中。此外，梅耶还将他划分的知识类型与传统上对教育目标的"知识、技能、态度"分类作了对照，指出传统的知识与事实性知识和概念性知识对应；传统的技能与程序性知识和策略性知识对应；传统的态度与信念对应。可见，梅耶的修改致力于用知识与认知过程相结合的思想对教学目标进行全面的描述和分类。

二、加涅的学习结果分类

美国教学心理学家加涅在《学习的条件和教学论》一书中提出一种学习结果的分类，由于教学目标是预期的学生的学习结果，因而加涅的学习结果分类实质上是一种教学目标的分类。加涅将学生习得的各类学习结果用一个词来概括——性能(capability，也可译为"素养")，即后天习得的一种内潜的心理状态或心理品质，其存在是根据学习者外在的表现推测出来的。② 加涅将学生习得

---

① [美]梅耶，R.E. 应用学习科学——心理学大师给教师的建议.盛群力，等译.北京：中国轻工业出版社，2016：57，60.

② [美]加涅，R.M. 学习的条件和教学论.皮连生，等译.上海：华东师范大学出版社，1999：代中译本序，11.

的性能(即学习结果)分为如下五类。

(一) 言语信息

言语信息是运用语言陈述信息的能力。如学生能说出"π表示的是圆的周长与直径的比""北京是中国的首都",能写出"太平天国运动失败的主要原因",就说明学生具有相应的言语信息。言语信息不仅涉及对信息的记忆,更涉及对信息的理解,即学生能用自己的话进行阐释,而不是一字不差地复述出来。

(二) 智慧技能

智慧技能是个体运用符号与其周围环境相互作用的能力。如小学生习得了长方形的面积公式后,能用它来计算课本、课桌的面积,或者学生学习了英语规则动词变过去式的方法,能通过在动词之后加"ed"来写出某一动词的过去式。智慧技能一般涉及概念和原理的运用。中小学各学科中的概念、定理、定律、公式等的运用,都可归入智慧技能的范畴。加涅对智慧技能这种学习结果非常看重,认为它是构建大多数课程的重要基础。此外,由于智慧技能不能通过简单查阅或别人告知的方式获得,其习得过程也不必经过数年或数月的时间,因而加涅还主张将智慧技能作为教师设计教学时的主要参照点。[①]

加涅又进一步区分了智慧技能的四个亚类,即辨别、概念、规则和高级规则。辨别是指用眼、耳、鼻、舌等感觉器官觉察出事物之间差异的能力,又叫知觉辨别。如能听出舌前音与舌后音有所不同,凭手感能区分出两种丝绸的光滑程度不同,能用鼻子嗅出两种化学药品的气味不同等。概念是指根据一类事物的关键特征识别出该类事物例子的能力。如儿童能从大量餐具中识别碗和杯子,从大量动物中识别马,能根据定义判断给出的数是不是正确,都是其习得概念的表现。规则是指用概念之间的关系做事的能力,有时又称为原理。如圆的面积(S)等于圆的半径(r)的平方乘以π,即 $S=\pi r^2$。当学生会运用这个公式求圆的面积或半径时,他掌握的就是规则。高级规则是指学习者将若干简单规则组合而成的新规则,由于这类新规则通常是学习者问题解决后获得的,因而加涅又将这类智慧技能称为问题解决。如求环形面积的规则 $S=\pi(R-r)^2$ 可被看作一种高级规则,因为它是由圆面积的规则($S=\pi r^2$)和求差的规则(大图形面积减去小图形面积等于相差的面积)这两个简单规则组合而成的。加涅还认为,

---

① [美]加涅,R.M.,等.教学设计原理(第5版).王小明,庞维国,等译.上海:华东师范大学出版社,2007:12—13.

智慧技能的这四个亚类之间存在一种层次关系，即高级规则的习得以规则的掌握为前提，规则的掌握以概念的习得为前提，概念的习得以辨别能力为基础。这一思想对教师制定和实现教学目标很有指导价值。

（三）认知策略

认知策略是个体用于支配自身学习、记忆与思维活动的手段。认知策略作用的对象是学习者自己的思维、记忆等内部过程。如为了更好地记住马克思诞生的日期"1818 年 5 月 5 日"，一名中学生采用想象和谐音的方法，想象自己在吹喇叭，顺势将"1818,5,5"谐音成"一把一把，呜，呜"，从而牢牢记住了马克思的诞辰。这名中学生在记忆具体的历史日期时，就是借助想象和谐音的手段来调节自己的记忆过程，进而提高了记忆效果。像这类学生用来促进其记忆、思维和学习的方法就属于认知策略。

（四）动作技能

动作技能是涉及肌肉使用的，对行为表现准确、流畅、及时的执行。如学生在体育课上要学习的背越式跳高、立定跳远、广播体操等，都需要学习肌肉运动的模式，都是动作技能的典型例子。此外，音乐课上要学习的发音，书法课上要学习的握笔、运笔等动作，因为涉及学习口腔、声带、舌头、手、手臂肌肉的协调运动，也属于动作技能。动作技能与智慧技能的一个重要区别是，智慧技能可以在头脑内部执行，或执行时虽涉及肌肉运动，但这些肌肉运动是学生早已学会的，而动作技能则必须涉及肌肉运动的学习。

（五）态度

态度是影响个体对某类事物、人、事件的行为选择的内部状态。如对于哗哗流水的水龙头，个体能选择去关掉而不是视而不见，说明个体具有节约水资源的态度。态度是一种内在的反应倾向，它也要通过个体相对持久的行为表现来推断，我们可以从个体经常关水龙头、给老人让座的行为推测他们具有节约用水、尊敬老人的态度。

三、德科尔特等人的分类

德科尔特等人将学生在某一学科习得的结果用"胜任能力"（competence，国内学者近年来也译作"素养"）一词来概括。胜任能力既包括认知成分，也包括意动（conative）成分（涵盖动机和意志），由此看来，与"胜任能力"相比，"素养"是对"competence"一词更贴切的译法。德科尔特等人将学生习得的素养或胜任能力细分为如下五类。①②

第一，组织良好、可灵活提取的专门领域的知识基础，包括某门学科的事实、符号、算法、概念、规则。

第二，启发式方法，即分析和转化问题的搜索策略（如将问题分解成子目标、用图解的方式来表示问题），这些策略虽不能保证问题得到解决，但能大大提高找到正确解法的概率。

第三，有关自我的知识，具体可分为两类：一类是有关自己认知功能的知识，即元认知知识，如相信通过学习与努力，自己的认知潜能能够得到发展和改善；另一类是有关自己动机与情绪的知识，可用来有意识地改善意志活动的效率，如能意识到自己害怕在与数学有关的任务和问题解决上遭遇失败。

第四，自我调节技能，也分为两类：一类是调节自己认知过程或活动的技能，即元认知技能，如对自己解决问题的过程进行计划和监测；另一类是调节自己意志过程或活动的技能，可称为元意志技能，如维持自己解决某一问题的注意与动机。

第五，有关自我的积极信念，包括自己对某一学科及该学科的学习与问题解决的信念，对学习活动得以发生的社会环境的信念，如对于数学这门学科，学生会隐性或显性地持有一些对数学教育的主观看法，对自己作为数学学习者的认识，以及对数学课堂的社会环境的信念。

四、本书主张的教学目标分类框架

提出一个新的教学目标分类框架，既要吸收和体现当前教学心理学的教学目标分类，也要顾及我国教学研究与实践中既有的教学目标分类框架。基于上述考虑，本书主张并描述了如下这一教学目标分类框架。

（一）知识

在现代心理学中，知识有广义和狭义之分。广义的知识是指个体通过与其

---

① De Corte, E., Verschaffel, L., & Masui, C. (2004). The CLIA-model: A framework for designing powerful learning environments for thinking and problem solving. *European Journal of Psychology of Education*, XIX (4), 368 - 369.

② De Corte, E. (2007). Learning from instruction: The case of mathematics. *Learning Inquiry*, 1, 20 - 21.

环境相互作用后获得的信息及其组织,[①]通常可以分为描述世界是什么的陈述性知识和关于如何做的程序性知识。狭义的知识仅指陈述性知识。我国教育界长期流行的对知识的看法,其含义大致相当于陈述性知识。作为教学目标的一个类型,这里的知识是指陈述性知识。陈述性知识依其概括性和组织程度的不同,可以分为如下两类。

1. 单一的事实

这是相对单一、具体的陈述性知识,描述的是具体事物的状况,又称事实性知识。如 1 米＝100 厘米,man 的复数形式是 men,提出相对论的科学家是爱因斯坦,鲁迅原名周树人,美国首都是华盛顿,book 的中文意思是"书",等等。

2. 整体的知识

这是由一些具有概括性的观念,按一定关系组织成的有内在联系的知识体,相当于理论、模型等,也有的人称为概念性知识(conceptual knowledge)。现代心理学的图式和心理模型是常见的整体知识。[②] 图式是一类事物的一般知识结构,其中既包括这一类事物的共同成分,又一些空位,可以根据具体情况填入具体信息。如地理学科中关于某一国家或地区的知识就以图式的方式存在：每个国家或地区都可以从地理位置、地形特点、气候特点、矿产资源、经济状况等方面来描述,同时这些方面又是随具体国家或地区而变化的。如地形特点有高原、山地、平原、岛屿等方面的变化。关于某一国家或地区的知识就按照这一结构被组织起来。心理模型涉及某一系统的各组成部分以及各部分之间的因果关系。在自然学科中类似的模型更常见,如一节电池、两根导线、一只灯泡,连接起来构成一个照明系统,电池、灯泡、导线是其组成部分,而电流在三者之间如何运动、如何做功的知识就属于心理模型。

(二) 技能

在现代心理学中,技能就是程序性知识,一般包括如下三类。[③]

1. 智慧技能

智慧技能是个体运用符号与其周围环境相互作用的能力。加涅认为,智慧技能是中小学的主要学习内容,主要的形式是概念和规则。概念是运用一类事

---

① 皮连生.*智育心理学*(第二版).北京：人民教育出版社,2008：34.
② 王小明.*学习心理学*.北京：中国轻工业出版社,2009：99 - 121.
③ 皮连生.*学与教的心理学*(第五版).上海：华东师范大学出版社,2009：96.

物的关键特征对事物进行分类。如运用偶数的关键特征找出 10—20 之间的偶数,或根据沉积岩的特征判断采来的岩石中哪些属于沉积岩。规则是运用若干概念之间的关系对外办事,如运用密度、质量和体积三个概念间的关系求出一块木头的密度,或运用三角形面积公式求出一块三角形田地的面积。

2. 动作技能

动作技能是学习者运用身体动作来完成一定任务的能力。学习者需要学习的是身体的动作或肌肉应当如何运动。这一点不同于智慧技能,智慧技能虽然有时也要用身体动作,如计算时要动手,但这里的动作是早已学会且熟练的,不需要学习。而动作技能中要学习这些动作本身,如体育课上的投篮、体操等动作的学习以及语文学科中的发音、朗读、书写等的学习,都涉及身上不同部位(四肢、口腔、声带)肌肉的协调运动,属于动作技能学习。

3. 认知策略

认知策略是学习者对自己的学习和思维过程进行调节以提高学习效率的能力。与智慧技能相比,认知策略作用的对象是学习者头脑内部的思维和学习过程。智慧技能负责对外作用,认知策略负责对内调控。如记忆英文单词有一种关键词法,即学习者通过构建一个中介(可以是另一个词语或图像),将英文单词的发音和其中文的意义联系起来(如记忆"yellow——黄色",构建起"叶落"一词,它既与英文单词的发音相联系,也与中文的意思有关),这种方法就是学习者用来调节控制自己记忆过程的程序,属于认知策略。认知策略对于教会学生学习、培养学生的自主学习能力十分重要。

(三) 态度

态度是后天习得的、影响个人行为选择的内部状态,或者是"根据认知、情感、行为方面的信息对某一客体所作的总体评价"。[①] 态度与情感、价值观、品德都属于一类概念。情感是学生在对事物以一定标准进行认知评价后产生的情绪体验,其实质也是态度,如加涅的学习结果分类中的"态度",在布卢姆教育目标分类学中就被表述为"情感领域"。此外,根据克拉斯沃尔和布卢姆等人的观点,可以从价值内化的角度来描述态度,因价值内化水平不同,态度可以从轻微持有且不稳定到受到高度评价且稳定之间发生多种程度的变化。价值内化达

---

① Hewstone, M., Stroebe, W. & Jonas, K. (2012). *An introduction to social psychology* (5th ed.). Chichester: The British Psychological Society and John Wiley & Sons Ltd., p.173.

到高级水平的态度，也就是价值标准经过组织且成为个人性格一部分的稳定态度被称为品德，[①]因而态度、品德、价值观实质上是一样的。中小学各科教学中都以不同形式蕴含态度学习的内容。语文学科中集中体现为课文里榜样的示范作用，自然学科集中体现在科学家从事科学研究、进行科学发现的过程中。

(四) 整合的教学目标

上述三类教学目标可称为单一的教学目标，即某一教学目标很清楚地隶属于知识、技能或态度中的某一类。但在教学实践中，还有许多教学目标难以明确隶属于上述某一类型，而是涉及多种类型，这类目标可称为整合的教学目标。整合的教学目标在布卢姆和加涅的两个有影响的国际教育目标分类体系中都有所体现。在修订后的布卢姆教育目标分类学中，涉及分析、评价、创造三个高阶的认知过程的教学目标，通常需要结合多种知识，不单要求学生记忆事实性知识、理解概念性知识、运用程序性知识，而且要基于各种知识分析、评价、创造。[②] 加涅在区分五类学习结果之后也提出，存在一些合并了各种单一学习结果类型的教学目标，这些目标可能整合了言语信息、智慧技能、认知策略、动作技能、态度这些学习结果类型，加涅等人称之为"整合的目的"。[③]

例如，有关问题解决的目标就是整合的教学目标。所谓问题解决，是指在某种情境的初始状态和想要达到的目标状态之间存在障碍的前提下，运用一系列认知操作，将初始状态转化为目标状态的过程。认知心理学对问题解决的早期研究发现，问题解决能力是由结构化的陈述性知识、自动化的程序性知识和良好监控的策略性知识构成的。后来的调查研究发现，问题解决还涉及态度、动机等因素的影响，如学生解数学题时，如果抱有"数学题要么能在几分钟内做出来，要么就做不出"的态度，那么在尝试解决不成功的情况下，学生就会放弃努力。如果学生认为自己不具备解决化学题目的能力，那么他对于化学题目就不愿尝试，或者一遇到困难就放弃。如果学生对几何证明题十分感兴趣，那么他就会投入大量时间和精力于几何证明题中，并乐此不疲。可见，问题解决涉及学生已有知识、技能、策略、态度等因素的综合作用。梅耶也指出，数学问题

---

① 皮连生.学与教的心理学(第五版).上海：华东师范大学出版社，2009：146.

② ［美］安德森，L.W.，等.布卢姆教育目标分类学修订版——分类学视野下的学与教及其测评(完整版).蒋小平，等译.北京：外语教学与研究出版社，2009：82.

③ ［美］加涅，R.M.，等.教学设计原理(第5版).王小明，庞维国，等译.上海：华东师范大学出版社，2007：149.

解决涉及事实性知识、程序性知识、策略性知识、信念性知识等多种知识。[①] 这说明,将问题解决的目标归入单一的知识、技能、态度类别不合适,要将其作为整合的教学目标对待。

又如,有关批判性思维的教学目标也属于整合的目标。所谓批判性思维,是指个体基于证据得出结论和评价结论的能力与倾向。[②] 这一界定中的"能力"涉及得出结论和评价结论的思维过程,其性质属于程序性知识或策略性知识;其中思维的过程与思维的内容是紧密交织在一起的,离开思维的内容,思维的过程就难以进行,而思维的内容主要由关于思维对象的内容知识构成;[③]"倾向"则属于态度范畴,仅有得出结论和评价结论的能力,但面对具体的情境时不会主动使用这些能力(即缺乏使用能力的倾向),并不表明某人具备了批判性思维,因而批判性思维的教学目标整合了知识、技能和态度三方面的目标。

第三节　教学目标的陈述

一、教学目标陈述的意义与问题

(一)教学目标陈述的意义

教学目标是预期的学生的学习结果,清楚明确地表述这种预期的结果,对于教学的设计者、管理者以及利益相关方而言,都有诸多益处。首先,对教学设计者而言,清晰、明确的教学目标有助于他们更好地设计针对目标的教学,并随时追踪目标的达成情况。其次,教学目标的陈述清晰还有助于教师与教师之间、教师与教学管理者之间、教师与家长之间进行有效的沟通,准确地传达教学所要追求的结果。

教学目标的陈述实质上是要求教师用清晰的语言准确表述教学所要追求

---

① Mayer, R. E. (2008). *Learning and instruction* (2nd ed.). New Jersey: Merrill Prentice Hall, p.158.

② Eggen, P., & Kauchak, D. (2016). *Educational psychology: Windows on classrooms* (10th ed.). Boston: Pearson, p.362.

③ Willingham, D. T. (2008). Critical thinking: Why is it so hard to teach? *Arts Education Policy Review*, *109*(4), 21–32.

的结果。教学目标陈述的重点是将教学目标语言化。有人说,教学目标不必诉诸语言,可以是"心中有,纸上无"。这种看法一方面不利于教师、管理者、家长之间对教学目标的沟通和交流,另一方面也不利于教师深刻认识教学目标。教师在制定教学目标时,需要将思维的结果用语言这一外壳来表示,这一将教师心中正在形成的教学目标用清晰、规范、准确的语言(或言语)表述出来的过程,也是教师围绕教学目标展开的思维过程的继续,是教师进一步明确教学目标的过程。① 正如奥苏伯尔所指出的,言语化是思维过程的组成部分,用言语表达非言语的观念,可以使得这些观念更清楚、更明晰、更准确和更富有鲜明边界。② 未诉诸语言而只存留心中的目标,可能存在含糊之处,其含糊性会给接下来的教学带来不利影响。

(二) 教学目标陈述的问题

虽然教学目标的陈述对于教师做好教学工作十分重要,但在教学实践中,教学目标的陈述存在许多不尽如人意的地方,从而影响了教学目标作用的发挥。

第一,许多教师在陈述教学目标时的最大问题是目标陈述的含糊性。这种含糊性一方面体现在用表示心理状态的词语来陈述教学目标,如"感受""体会""理解""掌握""知道"等。对这些表示心理状态的词语,不同的人有不同的理解,而且个人心理状态难以观察,教师也无从知晓学生是否"知道"了,是否"理解"了。这样表述的目标难以让教师进一步明确教学目标的含义,也难以促进教师与其他人在教学目标上的交流。另一方面,这种含糊性还体现在教师使用一些含义不明确的修饰词,如"初步掌握勾股定理""进一步理解课文的教育意义",其中所用的"初步""进一步"等词语较之不使用这些词语的教学目标而言,在含义上到底有何区别,许多教师是不甚明确的。

第二,教学目标的陈述中容易出现的另一个问题是陈述的目标不切实际。如对某节课的教学目标陈述为"发展学生的批判性思维能力""培养学生动手操作能力",等等。实际上,学生很难在一节课甚至几节课后达成相应的目标。这类目标更适合作为课程目标或单元目标。

---

① Sawyer, R. K. (2014). *The Cambridge handbook of the learning sciences* (2nd ed.). New York: Cambridge University Press, p.10.

② [美]奥苏伯尔, D.P., 等. *教育心理学: 认知观点*. 佘星南, 宋钧, 译. 北京: 人民教育出版社, 1994: 98.

　　第三,许多教师误将学习的过程陈述作为教学目标的陈述。如"学习课文第三自然段""经历探索数量关系、用符号表示规律的过程"等,陈述的主要是学生课堂上学习的活动或过程,而经历了这些活动或过程之后学生习得的结果则被忽略了,这与教学目标的定义(预期的学生的学习结果)完全不符,因而陈述的内容不能作为教学目标对待。

　　第四,也有一些教师在陈述教学目标时,倾向于以教师为主体来陈述,如"帮助学生理解课文内容""使学生掌握解一元二次方程的公式"。由于教学目标是预期的学生的学习结果,因而应以学生为主体来陈述教学目标。使用诸如"帮助学生""使学生""培养学生"这类字眼来陈述教学目标时,暗含的主体是教师而非学生,这与教学目标的本义相矛盾。

(三) 解决教学目标陈述问题的思路

　　根据对教学目标性质的阐述,教学目标是预期的学生的学习结果,这类结果是学生的一种内在品质。不过,这种内在品质不会因其内在性、潜在性而不能测评,因为学生习得的这种内在品质会通过其行为表现而展现出来,因而可以经由学生表现出的行为来推断其是否已习得并具备了相应的品质。

　　由此看来,作为预期的学习结果的教学目标,既涉及内在品质,又与外显行为有关,因而要清晰地描述这种预期的结果,至少有如下三种思路:清晰地描述其外显行为;清晰地描述其内在品质;清晰地描述外显行为和内在品质。按上述思路,便有三种教学目标的陈述技术:用学生的外显行为来陈述教学目标;用学生的内在品质来陈述教学目标;从学生的外显行为和内在品质两方面来陈述教学目标。下面分别对这三种目标陈述技术加以介绍。

二、行为目标陈述技术

(一) 行为目标的构成与陈述要求

1. 行为目标的构成

　　完整的行为目标通常包括四个部分:(1) 学习者(audience),指教学目标的主体,即学生;(2) 行为(behavior),指学习者表现出的具体的、可观察的行为;(3) 条件(condition),指学习者行为发生的情境或条件;(4) 程度(degree),指达成的合乎要求的标准。

　　这四个部分可以按照其英文的首字母而简记为"ABCD"四部分。在具体陈述时,一般先陈述条件,而后陈述行为的主体(学习者),接下来陈述学习者的具体行为，最后陈述合乎要求的标准，即按照"条件—学习者—行为—程度"的格式来陈述。以下就是体现这一格式的典型的行为目标的陈述：

> 给出 20 个非一般形式的一元二次方程（条件），初中二年级学生（学习者）能写出这些方程的一般形式（行为），做对 18 题为合格（程度）。

2. 行为目标的陈述要求

行为目标的四个部分均有其陈述要求。在陈述学习者时，需要指明学习者的具体特征，如小学四年级学生、有听力障碍的 11 岁学生、修习独轮车课程的学生等。在学校或学区的层面来陈述教学目标时，清晰地指出学生的特点很有必要；但如果在相对长的一段时间（如一学期）内学生没有大的变化的情况下，在目标陈述中就可以简单陈述为"学生"，或者省略这部分。在陈述学习者的行为时，要用表示外显行为的动词（如写出、举例说明、说出、指出等）而不用表示内在心理状态的动词（如知道、领会、体验等）来描述学习者的行为，同时要用名词陈述行为的对象（主要是教学的内容），如"写出 go 的过去式和过去分词""说出中国的四大古典名著的名称"。在陈述行为发生的条件时，可以用肯定或否定的形式具体指出。肯定形式的陈述通常以"给出""提供""呈现"等词语开头，后面加上描述条件的具体内容，如"呈现一段人物动作的视频""提供剪刀、胶水和纸张"；否定形式通常以"不""没有"等否定词语开头来描述对学生行为的限制条件，如"不使用字典""在没有教师或同伴提示的情况下"。在陈述合乎要求的行为标准时，可以从量（做对 30 道题目，90％正确）、质（没有错别字和语病的短文）和时间（在 50 分钟内）三个维度来考虑。[①] 如教学目标"能用干净的抹布擦拭玻璃餐具，确保所擦拭的餐具在光线下检查时没有污渍、水渍和指纹"，就是从质的方面来陈述合乎要求的行为标准。

在实际陈述教学目标时，出于简洁性要求，除了"行为"这一成分，行为目标的其余三个成分在不产生误解的情况下可以省略。如"（能）读出'翡''嶙''峋'三个生字的音"就属于这类简化的行为目标，其中的"学习者""行为发生的条件""合乎要求的标准"都省略了，而且动词前面表示"能愿"的助动词"能""能够"或"会"在不影响表述通顺的情况下也可以省略。此外，当需要一起陈述多个教学目标（如一节课设置的多个教学目标）时，可以先陈述所有目标的共同部分（如

---

① Desberg, P., & Taylor, J. H. (1986). *Essentials of task analysis*. Lanham：University Press of America, p.A16.

"五年级学生能够"),再陈述不同目标涉及的行为动词和相应的内容。如对于一节地理课的多个教学目标可以这样陈述:[①]

五年级学生将能够:

(1) 标出街道位置;

(2) 定义纬度;

(3) 识别指南针的读数。

(二) 行为目标陈述技术与实际应用

行为目标陈述技术是由马杰(Robert Mager)提出来的,其核心思想是用学习者外显的、可观察的、可测量的行为来描述学习者经过教学后得到的结果。行为目标陈述技术采用"写出""说出"等表示具体、可观察行为的词语替代"知道""领会"等表示内部心理状态的、难以捉摸的词语,提高了教学目标的清晰性。但在实际教学中,教师还有陈述不同学习阶段、不同掌握程度目标的需求,在表达这种需求时,很多教师倾向于使用"进一步""初步""继续"等含义模糊的词语。行为目标陈述技术通过改变"条件"和"掌握程度"两个成分,可以有效且清晰地描述不同掌握程度的目标。

首先,通过陈述学生同样的行为发生的不同条件来描述不同掌握程度的目标。如"能复述课文内容"就是一个简洁的行为目标,其中没有明确说明行为发生的条件。通过添加不同的条件,可以刻画出学习者对该目标的不同掌握程度。

掌握程度 1:在阅读过课文且参照描述课文内容的关键词的条件下,学生能复述课文内容。

掌握程度 2:在阅读过给定课文的条件下,学生能复述课文内容。

这两个行为目标中,学生的行为都是一样的,但行为发生的条件不一样。第一个行为目标的条件为学生的复述行为提供了较大的支持;第二个行为目标的条件给学生复述行为的支持明显减少。支持力度较大的条件说明学生复述课文的行为在初级阶段,而支持力度较小的条件则说明学生复述课文的行为有了进步和提高(有些教师可能会用"继续""进一步"来描述这种进步情况),这样便将学生对目标的不同掌握程度刻画出来了。

其次,通过陈述合乎要求的不同标准来描述不同掌握程度的目标。针对学

---

① Desberg, P., & Taylor, J. H. (1986). *Essentials of task analysis*. Lanham: University Press of America, p.A8.

生在相同条件下作出相同的反应,设置不同程度的合乎要求的标准,也可以区分不同掌握水平的目标。如对于"给出 20 道两位数乘以两位数的计算题,学生能以列竖式的方法计算出正确答案,做对 15 道为合格",可以将其中的"做对 15 道为合格"改为"全部做对为合格",这样陈述的两个目标便从量的角度区分出了学生的不同掌握程度。

最后,也可以同时改变行为目标中的"条件"和"掌握程度"两部分来描述不同掌握程度的目标。请看如下两个按行为目标要求陈述的目标:

> 目标 1:给出 8 道要求巧算的计算题,学生能正确计算,选对巧算方法为合格。

> 目标 2:给出 10 道计算题和"能巧算的要巧算"的要求,学生能正确计算,选对巧算方法且计算正确为合格。

目标 1 和目标 2 的条件和掌握程度均不相同,相比之下,目标 2 对学生的要求更高,这样便明确区分出了两个不同层次的目标。

三、注重内部认知过程的目标陈述技术

(一) 行为目标陈述技术的不足

行为目标陈述技术主张用具体的、可观察的行为来陈述教学目标,这样做有助于解决教学目标陈述含糊的问题。不过,行为目标陈述技术也有其不足,这一不足与表示行为的动词关系很大。如一个简单的行为目标:学生能写出《丰碑》这篇课文的中心思想。从行为目标的陈述要求来看,这是典型的行为目标,其中使用的表示行为的动词(可简称为行为动词)"写出"不仅具体,而且可观察、可测量。但换一个角度看,这样一个看似清晰的行为目标又显得很模糊:学生是记住了教师呈现给他的中心思想后"写出"的,还是自己阅读课文、归纳概括后"写出"的?仅凭"写出"一词难以解答上述疑问。这说明,行为动词表示的外显行为背后的内在因素存在不同解释,因而要将教学目标陈述清楚,单纯依靠行为目标是不够的,需要引入其他的技术。布卢姆认知目标分类学(修订版)就为我们提供了一种这样的技术。

(二) 布卢姆认知目标分类学(修订版)的教学目标陈述技术

为解决教学目标陈述中使用表示内在心理状态的动词而使目标含义不清的问题,行为目标陈述技术主张用表示可观察行为的行为动词(如写出、列举、说出等)代替表示内在品质或心理状态的动词(如感悟、体会、知道、掌握等),而

布卢姆认知目标分类学(修订版)在解决上述问题时采用了另一种思路,即通过明确地界定表示内在品质或心理状态的动词的含义来使目标的陈述清晰化。由于布卢姆认知目标分类学(修订版)将教学目标看作知识与认知过程的结合体,因而在陈述目标时就需要将教学目标的这两种成分陈述出来。对于其中的"知识"成分,可用名词来陈述;对于其中的"认知过程"成分(相当于上文讲的内在品质或心理状态),可以用动词来陈述,教学目标陈述的一般形式可表示为"学生将能够或学会＋动词＋名词"。①

　　如上文所述,清晰陈述教学目标的一条思路是用含义清楚的术语来表述学生的内在品质或心理状态,对此,布卢姆认知目标分类学(修订版)主张,先明确地界定那些描述学生内在认知过程的动词的含义,而后清晰地陈述教学目标。学生达成教学目标后涉及执行的内在认知过程共有六大类,每一大类又分若干亚类,各大类及其亚类均用不同的动词以示区别(见表2－2)。②

表2－2　表示六类认知过程及其亚类的动词

1. 记忆——从长时记忆中提取有关信息
　1.1　再认(识别)——在长时记忆中查找与呈现材料相吻合的知识
　1.2　回忆(提取)——从长时记忆中提取相关知识

2. 理解——从口头、书面和图像等交流形式的教学信息中建构意义
　2.1　解释(澄清、描述、转化)——将信息从一种表示形式(如数字)转变为另一种表示
　　　　形式(如文字)
　2.2　举例(示例、实例化)——找到概念和原理的具体例子或例证
　2.3　分类(归类、归入)——确定某物某事属于一个类别
　2.4　总结(概括、归纳)——概括主题或要点
　2.5　推断(断定、外推、内推、预测)——从呈现的信息中推断出合乎逻辑的结论
　2.6　比较(对比、对应、配对)——发现两种观点、两个对象之间的对应关系
　2.7　说明(建模)——建构一个系统的因果关系

3. 运用——在给定的情境中执行或使用程序
　3.1　执行(实行)——将程序应用于熟悉的任务
　3.2　实施(使用、运用)——将程序应用于不熟悉的任务

---

　　①　[美]安德森,L.W.,等.布卢姆教育目标分类学修订版——分类学视野下的学与教及其测评(完整版).蒋小平,等译.北京:外语教学与研究出版社,2009:18.
　　②　改编自[美]安德森,L.W.,等.布卢姆教育目标分类学修订版——分类学视野下的学与教及其测评(完整版).蒋小平,等译.北京:外语教学与研究出版社,2009:51－52.

4. 分析——把材料分解为组成部分，确定各部分之间的相互联系，以及各部分与总体结构或目的之间的关系

    4.1　区分（辨别、区别、聚焦、选择）——区分呈现材料的相关与无关部分或重要与次要部分

    4.2　组织（发现连贯性、整合、列纲要、分解、画结构图）——确定要素在一个结构中的合适位置或作用

    4.3　归因（解构）——确定呈现材料背后的观点、倾向、价值或意图

5. 评价——依据标准或准则作出判断

    5.1　核查（协调、查明、监控、检验）——发现一个过程或产品内部的矛盾和谬误；确定一个过程或产品是否具有内部一致性；查明程序实施的有效性

    5.2　评判（判断）——发现一个产品与外部准则之间的矛盾；确定一个产品是否具有外部一致性；查明程序的恰当性

6. 创造——将要素组成内在一致的整体或功能性整体；将要素重新组织成为新的模型或结构

    6.1　产生（假设）——基于准则提出相异假设

    6.2　计划（设计）——为完成某一任务设计程序

    6.3　生成（建构）——生产一个产品

在运用表2-2中描述认知过程的动词陈述教学目标时，还应当考虑认知过程与知识结合成教学目标的方式。布卢姆认知目标分类学（修订版）提出，记忆、理解、运用三种认知过程与知识相结合的方式不同于分析、评价、创造三种认知过程与知识相结合的方式，因而在陈述具体的教学目标时，因认知过程的不同而有两种目标陈述格式："认知过程＋知识"和"（基于）知识＋认知过程＋对象"。

    1. "认知过程＋知识"的目标陈述格式

这种格式适合陈述与"记忆、理解、运用"三种认知过程有关的目标，这三种认知过程与知识结合时，知识是认知过程作用的对象。如"记忆事实性知识""理解概念性知识""运用程序性知识"就是常见的结合形式。在陈述具体的教学目标时，既需要用名词/名词短语陈述具体的知识，也需要用动词陈述认知过程或认知过程的亚类。如以下教学目标就是这种目标陈述格式的典型例子（划线的动词表示的是认知过程或其亚类）。

回忆米、分米、厘米三个长度单位的换算关系。

理解四冲程汽油机的工作原理。

　　正确<u>执行</u>使用托盘天平的步骤。

　　<u>解释</u>公式 $S=\pi r^2$ 的意义。

　2."(基于)知识＋认知过程＋对象"的目标陈述格式

　　这种格式适合陈述与"分析、评价、创造"三种较复杂认知过程有关的目标。根据布卢姆认知目标分类学(修订版)的观点,这三种认知过程与知识的结合方式不是将知识作为认知过程作用的对象,而是将知识作为认知过程执行的基础或依据,认知过程另有作用的对象,通常是一些产品、假设、观点等。在这种教学目标中,作为认知过程基础的知识通常是多种知识。[①] 如"能基于有关历史事实和历史唯物主义原理评价李鸿章"这一目标就是按上述格式陈述的。目标中"评价"一词表明目标中的认知过程是"评价","有关的历史事实"属于事实性知识,"历史唯物主义原理"属于概念性知识,这两类知识是执行"评价"这一认知过程的基础,"评价"的对象则是"李鸿章"这一历史人物。下面的目标就是这种陈述格式的一些典型例子(划线的动词表示的是认知过程或其亚类)。

　　　　根据活动主题、要求、人数等信息<u>设计</u>一个春游活动方案。

　　　　根据强化和惩罚的概念<u>区分</u>负强化和惩罚两个概念。

　　　　基于构图原理<u>评价</u>一幅美术作品。

　　在教师陈述的涉及"分析、评价、创造"的教学目标中,经常采用"认知过程＋对象"的格式,如"评价李鸿章""设计一个春游活动方案""区分有理数和无理数"等,这种格式为许多教师所熟悉,但缺失了构成目标的"知识"成分,这对于随后设计针对目标的教学与评价会带来不利影响。教师对达成这类目标时应教什么、应检测什么、应评价什么等问题会产生许多含糊之处。

　　根据这种目标陈述技术,在陈述教学目标时,教师仍然可以使用"理解""分析"等表示内在心理状态的动词,如"理解勾股定理""分析质数与互质两个概念的不同",不过目标中使用的"理解""分析"等动词要以布卢姆认知目标分类学(修订版)对这些动词的界定为准。如果教师在陈述教学目标时,对"理解""分析"等表示内在心理状态的动词都以布卢姆认知目标分类学(修订版)的界定为准,那么他们陈述的教学目标(尤其是其中使用的动词)的含义清楚且一致,不同教师之间可以进行有效交流。这样的目标陈述技术不仅解决了目标陈述中

---

　　① ［美］安德森,L.W.,等.*布卢姆教育目标分类学修订版——分类学视野下的学与教及其测评*(完整版).蒋小平,等译.北京：外语教学与研究出版社,2009：82.

的含糊性问题,还照顾到教师目标陈述的习惯(即习惯使用表示内在心理状态的动词)。不过,要用好这一技术,需要广大教师学习和掌握布卢姆认知目标分类学(修订版)的有关思想。

四、内在过程与外显行为相结合的目标陈述技术

(一) 理论依据

在用行为目标技术陈述教学目标时,会出现使用的行为动词暗含多种内部认知过程的问题。注重内部认知过程的目标陈述技术通过使用明确界定的表示内部认知过程的动词来解决这一问题。除了这种解决方法外,还有另一种方法,那就是在用行为动词陈述完外显行为后,再补充说明外显行为背后体现的内在心理过程,这种技术被称为内在过程与外显行为相结合的目标陈述技术。该技术主张从学习者内在过程与外显行为两方面来全面刻画学生习得的结果,其理论依据是学习与表现的关系原理:学习是学习者内在能力或倾向的相对持久的变化,这种变化可通过学习者外部行为的相对持久的变化表现出来。[①] 据此,要描述预期学习者身上发生的学习结果,可以从内在能力与倾向以及外部行为两方面来描述,外部行为是学习者内在能力或倾向的外显指标,两者是一内一外的关系,共同描绘经过教学后学习者习得的结果,这样也有助于克服上述行为目标仅关注学生外显行为而忽略内在过程的弊病。

(二) 目标陈述的格式

根据内在过程与外显行为相结合的目标陈述技术的理论依据,在陈述这类教学目标时,可以采用如下格式:[②③④]

学生	外显行为	以示(或以表明)	内在心理过程

①　王小明.学习心理学.北京:中国轻工业出版社,2009:3 - 5.

②　[美]德里斯科尔,M.P.学习心理学:面向教学的取向.王小明,等译.上海:华东师范大学出版社,2008:288 - 289.

③　Desberg, P., & Taylor, J. H. (1986). *Essentials of task analysis*. Lanham: University Press of America, p.A10.

④　Jacobsen, D. A., Eggen, P., & Kauchak, D. (2006). *Methods for teaching* (7th ed.). New Jersey: Merrill Prentice Hall, pp.79 - 82.

这一陈述技术借助"以示""以表明"之类的词语,表述了学生习得的学习结果的内外两方面及其相互关系。在陈述学生的外显行为时,要求按行为目标的要求,用具体的行为动词描述学生可观察、可测量的行为;在陈述学生的内在心理过程时,可以按照教师惯常使用的表示内在心理状态的、含义有些模糊的动词(如体验、了解、掌握等)。此外,要特别注意的是,陈述的外显行为一定是学生内在心理过程的可靠的或典型的行为指标。请看下面一个教学目标:

> 学习者能向给自己提供服务的劳动者说声"谢谢"以示尊重劳动者。

这一目标属于态度方面的目标,学习者要形成尊重劳动者的态度,但这种习得的态度是一种内在的倾向,难以观察和测量。不过,这种内在的态度一旦习得,会相对稳定地在学习者的外显行为上体现出来,而对劳动者说声"谢谢"(或对劳动者点头微笑),就是这类典型的外显行为。"说声谢谢"和"点头微笑"都是可观察、可测量的行为,这样的陈述既描述了态度这种内在的学习结果,又描述了学习者的外显行为。

有时,在陈述学生的外显行为时,可以加上"通过"一词,于是目标陈述格式变为"学生通过(外显行为)以示或以表明(内在心理过程)"。如"学生通过用自己的话解释闪电形成的过程以示理解了闪电形成的机制"。不过,在实际的目标陈述中,教师易于将这种陈述格式与其惯常使用的、包含学习过程的目标陈述(如"通过探索相似三角形的判定方法,感受数学活动的探索性与创造性")混淆,因而不建议使用这种陈述格式。

按内外相结合技术陈述教学目标的更多例子如下:

> 能在教室中指出平行四边形的例子以示理解"平行四边形"的概念。
>
> 能用画图或模型演示詹天佑使用的开凿隧道的方法以及"人"字形铁路的设计思路以示读懂了《詹天佑》这篇课文。
>
> 能在实验中就实验的进程与同伴交流以及合作完成实验以示具有交流合作的意识。
>
> 三年级学生能划出给定句子中的所有名词以示理解"名词"这一概念。

五、三种目标陈述技术的选用

上述三种目标陈述技术的目的是一样的,就是将教学目标用含义清楚的语句表述出来,以指导教师的教学、测评以及与教学相关人员在教学目标上的交流。那么,在面临具体的教学目标陈述任务时,到底应该选用哪种目标陈述技术呢？以下是选用目标陈述技术的建议。

首先，在陈述教学目标时，应优先选择行为目标陈述技术。行为目标陈述技术因为选用了具体、可观察的学生行为来描述教学后学生能做什么，所以能有效解决目标陈述上的含糊性。此外，通过改变行为目标中的条件部分和标准部分，可以陈述不同层次的目标。充分利用行为目标陈述技术，可以解决大部分目标陈述含糊的问题。当用行为目标陈述技术陈述了学生的行为但对于学生行为背后的学习结果没有阐释清楚时，可以考虑使用内在过程与外显行为相结合的目标陈述技术。

其次，在陈述认知领域的高阶教学目标时，可以采用"知识＋认知过程＋对象"的目标陈述技术。高阶的教学目标通常要求学生执行分析、评价、创造这三种较复杂的认知过程，执行时需要学生以相应的知识作依据或基础。在实际的目标陈述和针对目标的教学中，教师往往将重点放在认知过程的执行和认知过程作用的对象上（如关注学生提出的假设、创作的产品等），对认知过程基于的知识常常忽略，因而对这类目标按上述格式进行陈述，有助于教师认识到认知过程基于的知识，形成对教学目标的全面认识，也为随后的教学提供抓手。

最后，在陈述需较长时间才能习得的一些学习结果时，可以采用内在过程与外显行为相结合的目标陈述技术。态度、认知策略、思维方法（如科学思想方法、数学思想方法）之类的学习结果通常要经过较长时间的教学才能习得，而这些教学往往分散在较短的课时内，因而在较短的课时（如一节课或两节课）内陈述这类教学目标时，可用外显行为描述学生在较短课时中的行为表现，用内在过程描述预期学生后期习得的学习结果，并通过"以示""以表明"等词来表明两者的关系。

第三章

学生学习的心理机制

有关学生学习的研究主要有两种取向：一是将学生看作学习的个体，关注个体学生学习时其大脑内部的运作机制，脑科学、认知心理学有关学习的研究主要奉行这一取向；二是将学生置于其生活的社会文化环境中，关注学生个体与周围社会文化环境的相互作用，并用这种相互作用来解释学生的学习机制。本章首先介绍这两种学习研究的取向，而后结合上一章介绍的教学目标分类，再综合这两种取向的研究成果，阐释不同类型教学目标的习得机制。

第一节　学习的个体认知机制

教学心理学的创建与发展很大程度上得益于认知心理学的研究。认知心理学从信息加工的视角，深入研究人类个体习得、保持、运用信息或知识的内在机制，一定程度上揭示了人类大脑这一"黑箱"的运作机制，认知心理学家用"认知架构"一词来概括。本节通过对认知架构的阐释来描述个体学习时的认知机制。

一、认知架构的含义

认知架构（cognitive architecture）这一概念与人类大脑这一"黑箱"的秘密关系密切。在心理学创建初期，囿于研究手段，心理学家只能借助内省的方法来探讨人在学习和思维时大脑中进行的活动。一些心理学家则干脆不研究大脑这一"黑箱"，只关注大脑接收的刺激、学习者作出的外显反应以及两者的关系。自20世纪50—60年代起，受计算机科学、信息论、控制论、语言学等学科发展的影响，心理学家找到研究人类大脑"黑箱"的方法——计算机模拟。由于人脑和计算机都能接收、处理、保存和输出信息,而且计算机加工信息的方式已很清楚,当给人的大脑和计算机输入相同的信息得到相同的结果时,就可以用计算机加工信息的方式来描述人类大脑内部的运作机制。这一研究思路直接催生了一门专门研究人类如何接收、保存、加工信息的学科——认知心理学。经过半个多世纪的发展,认知心理学从结构与过程两方面为我们揭示了人类认知或大脑"黑箱"的秘密。正如计算机中有加工和贮存信息的结构以及相应的存取信息的操作一样,人类的认知也包括加工和贮存信息的结构以及对信息执行的认知操作。人类认知的这种结构及其运作方式就被称为认知架构,其核心功能是学习和记忆。[①]

二、认知架构的组成部分

认知架构包括贮存和加工信息的结构,也包括在这些结构中和结构间执行的操作。前者常被认知心理学家称为记忆结构,后者常被称为认知操作。综合心理学的研究,图 3-1 描绘了认知架构涉及的记忆结构和认知操作。下面结合这一图解,具体介绍认知架构的组成部分。

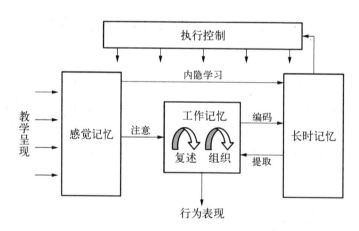

图 3-1　认知架构图解

（一）记忆结构

记忆结构是对信息进行保存和加工的地方,认知心理学通常将学习者的记

---

①　［比利时］德科尔特,E.教育大百科全书·教育心理学.曾琦,译审.重庆:西南师范大学出版社,2011:87.

忆结构分为感觉记忆、工作记忆和长时记忆,这三种记忆结构在保存的信息量及对信息的保存时间上都有所区别。

1. 感觉记忆

感觉记忆又叫感觉登记器,是我们的感觉器官(如眼、耳、鼻、舌等)将接收到的信息进行短暂保存的地方。感觉记忆可以原封不动地保存感官接收到的大量信息,但信息保存的时间很短,如视觉信息保存时间约为 0.5 秒,听觉信息约为 3 秒,超过这些时限,信息就会衰退。

2. 工作记忆

工作记忆既能短暂保存信息,又能加工保存的信息。当强调工作记忆的信息储存功能时,工作记忆又叫短时记忆。

工作记忆中能保存的信息量是有限制的。心理学家米勒(George Miller)早在 1956 年就指出,这一限制是 7 ± 2 个组块,组块是有意义的信息单位,一个数字、一个字母、一个单词、一个句子,都可视为一个组块,这就是说,我们能在短时记忆中同时保存 7 ± 2 个数字、字母、单词或句子。后来,西蒙(Herbert Alexander Simon)综合有关的研究后认为,这一限制是 4—5 个组块。此外,工作记忆中信息保存的时间也是短暂的,在不复述工作记忆中的信息的情况下,其中的信息只能保持 15—30 秒的时间。

工作记忆中能够加工的信息量也是有限制的,这一限制随其中加工的信息的内容而变。斯韦勒认为,工作记忆中能同时加工的信息量不会超过 2—4 个组块,实际的数目可能在这一区间的下限而不是上限。[①] 由于工作记忆在保存和加工信息的数量上都有限制,因而心理学家将工作记忆视为信息加工的瓶颈。

英国心理学家巴德利(Alan Baddeley)深入研究了工作记忆的结构,他认为工作记忆由三个部分组成:语音环、视觉-空间速写板和执行控制系统。语音环负责保存语音、言语方面的信息,视觉-空间速写板负责暂时保存和加工有关视觉、空间的信息,执行控制系统负责协调、控制语音环与视觉-空间速写板。工作记忆的这三种结构能加工和保存的信息都是有限的,而且彼此相对独立。

3. 长时记忆

长时记忆是用来贮存人终生习得的所有信息的记忆结构,相当于人的“信息仓库”。长时记忆中可以贮存的信息量通常被认为是无限的。对于信息在长

---

① Sweller, J. (1999). *Instructional design in technical areas*. Melbourne：ACER, p.5.

时记忆中贮存的时间，心理学家有不同看法。一些人认为，长时记忆中的信息会随时间流逝而消失。另一些人则认为，被认为"消失"或"遗忘"的信息仍存在长时记忆中，只不过缺乏相应的线索提取不出来，这种观点认为长时记忆中贮存的信息会伴随我们终生。表 3-1 归纳和对照了三种记忆结构的特点。

表 3-1　三种记忆结构的对照

记忆结构	描　　述	容量	保　存　时　间
感觉记忆	短暂保存感官接收到的信息	大	很短
工作记忆	对信息进行短时保存并加工	有限	较短，一般不超过 30 秒
长时记忆	永久贮存信息	大	长

长时记忆中贮存的信息内容是多种多样的，我们习得的各种知识、技能、态度均贮存在长时记忆中，因而在某种程度上可以说，教育是一项发展学生长时记忆的事业。但长时记忆中贮存的信息并不是杂乱无章的，而是按一定结构组织起来的。我们接收到一定的信息（如"胡萝卜"）时，会在头脑中想起与之相关的内容（如"胡萝卜是一种可食用的植物""小兔子喜欢吃胡萝卜""胡萝卜有小人参的美誉"以及胡萝卜的具体形象），就说明我们长时记忆中的许多相关信息彼此联系。

虽然可以用图书馆的藏书库来类比我们认知架构中的长时记忆，但长时记忆中贮存的信息并不像书库里的图书是静态的，而是会不断进行重组，优化信息之间的组织结构。此外，长时记忆也不是信息的被动接收器，长时记忆中贮存的信息会影响我们执行有关的认知操作，这需要结合认知架构中执行的认知操作予以说明。

（二）认知操作

信息在三种记忆结构之间的流转需要借助一定的认知操作，这些认知操作与学习者的关系密切，人们平常说的"开动脑筋""启动思维"就是笼统地指这些认知操作。认知心理学家经过多年的研究，识别出如下六种重要的认知操作。[1][2]

---

① Mayer, R. E. (2008). *Learning and instruction* (2nd ed.). New Jersey：Merrill Prentice Hall, pp.18-19.

② ［美］加涅, R.M., 等. *教学设计原理*（第 5 版）. 王小明, 庞维国, 等译. 上海：华东师范大学出版社, 2007：9.

1. 注意

注意又叫选择性知觉,是从登记在感觉记忆的信息中选择一部分送到工作记忆中进一步加工的认知操作。只有被注意选中的内容才有可能送到工作记忆中加工,也才有可能进一步送入长时记忆中保存,成为我们学习的结果,从这一点看,注意对学习的重要性不言而喻。如果注意的对象不是要学习的内容,那么接下来也就不可能发生正确的学习。注意受外部信息特征的影响,运动的、突出的对象容易引起我们的注意,但注意也受长时记忆中储存的信息的影响,也就是说,长时记忆中的信息可以通过预期过程影响选择性知觉,即影响我们关注环境中的哪些信息。正如鲁迅先生曾说的:"同是一部《红楼梦》,单是命意,就因读者的眼光而有种种:经学家看见《易》,道学家看见淫,才子看见缠绵,革命家看见排满,流言家看见宫闱秘事。"说的就是长时记忆中的知识影响选择性知觉的情况。

2. 复述

复述是对信息的重复,作为一种认知操作,复述主要指对工作记忆中的信息进行重复。由于工作记忆短时保存信息的时间短暂(不超过 30 秒),超过保存时限的信息就从工作记忆中消失了,要想让信息较长时间地保存在工作记忆中,就需要不断对信息进行复述。如要拨打某个人的电话,在看过他的电话号码到实际拨号前,我们一般会在心里默念该号码,这种默念的工作就是复述,其目的是让信息保存在工作记忆中。由于这里复述的目的仅仅是保存信息,因而被心理学家称为维持性复述。

3. 编码

编码是指将信息送入长时记忆中储存的认知操作。由于信息在长时记忆中是以组织化、结构化的方式储存的,因而新的信息进入长时记忆储存,意味着新信息要与长时记忆中已储存的原有信息建立联系,这样才能融入已有的信息结构。由此看来,编码其实是对新信息进行组织加工以将其与长时记忆中的原有信息关联起来的过程。如某本科学教科书呈现了如下的新信息:动脉自心脏发出,经反复分支,血管口径逐步变小。学习者运用注意过程,将该信息送入工作记忆中进行如下加工:把血管网比作树木的枝杈,离树叶越近,枝杈越细。[①] 学习者的这种

---

① King, A. (1994). Guiding knowledge construction in the classroom: Effects of teaching children how to question and how to explain. *American Educational Research Journal*, 31(2), 365.

加工活动,将新信息与其长时记忆中储存的树木枝杈的信息关联了起来,从而将新信息纳入原有的信息结构并送入长时记忆,属于典型的编码过程。由于编码活动主要涉及新信息与学习者的原有信息之间的关联,因而梅耶直接将其称为整合活动。

4. 组织

组织是在工作记忆中进行的,目的是在许多新的信息之间建立联系。新的信息可以是以言语形式呈现的信息,这时学习者要在先呈现的信息与后呈现的信息之间建立联系(如先呈现的信息讲了红潮泛滥的情况,后呈现的信息介绍了海面上漂浮着许多死鱼,学习者要将两者以因果形式联系起来,即红潮泛滥导致鱼的死亡)。新的信息也可以既包括言语形式的信息,也包括意象形式的信息,这时学习者要在这两种信息形式之间找到对应关系,如几何证明题既以文字形式呈现了证明的过程,又配有相应的几何图形形式,学习者要在文字说明(如△DEF,∠ABC)和图形中的三角形、角之间找到对应关系。

5. 提取

提取是指将长时记忆中储存的信息送入工作记忆的认知操作。将信息从长时记忆提取到工作记忆中,或者是为了上述的编码活动,或者是为了对外界作出反应。从长时记忆中提取信息的方式主要有两种:回忆和再认。回忆要求学习者重现所学过的信息,再认是指将学过的材料与未学过的材料混在一起,要求学习者指出哪些是学习过的。如测验当中的选择题就是要求学生再认,而论述题和简答题则要求学生回忆。

6. 执行控制

注意、复述、编码、组织、提取是对记忆结构中的信息执行的主要认知操作。那么我们是如何确定何时执行这些认知操作的呢?对此,心理学家提出,在我们的信息加工系统中,还有一种执行控制过程,负责掌控信息在记忆结构之间的转移,这一执行控制过程作用于信息加工的整个过程,相当于信息加工系统的“司令部”。这种对信息加工过程的内在调节控制能力,心理学家一般称之为“元认知”或“元认知调节能力”,在加涅学习结果的分类系统中被称为“认知策略”。心理学家还认为,执行控制功能源自长时记忆中储存的信息,在这种有组织、结构化的信息中,有一些是关于学习者自身学习过程的,可以被学习者用来调节控制其信息加工的过程,这样的解释避免了在执行控制过程上还应有一个更高级的执行控制过程的循环问题。

三、认知架构研究的新发展

近年来,随着研究的深入,心理学家对认知架构有了新的认识,主要体现在两点:认知架构中的内隐学习以及动机情感因素的影响。

首先,上文提及的对信息进行的认知操作,都与工作记忆密切相关,换言之,这些操作要在学习者的工作记忆中有意识地进行,基于这些认知操作进行的学习被一些心理学家称为外显学习。但心理学家也发现,学习者能无意识地获得环境中的知识,他们对获得的知识以及获得知识的过程均没有明确意识,但借助一定的行为表现能说明他们已经习得了这些知识,这种学习被称为内隐学习。如对于"'学校'和'貔貅'两个词语,哪个词语出现和使用的频率更高"这一问题,虽然我们在接受教育的过程中没有针对这一问题进行有意识的学习,但很多人都能正确回答,而且他们也说不清楚自己是在什么时候以及如何习得这一知识的,这种学习就是内隐学习。对认知架构的一些新近描述增加了内隐学习的成分,通常用"感觉记忆"直接指向"长时记忆"的箭头直观地表示,以更全面地刻画学习者学习的认知机制。[1][2] 虽然研究证实内隐学习是一种客观现象,但也有研究证实,单纯的内隐学习是难以高效地习得有关知识的,因而外显学习仍旧是学生学校学习的主要方式。

其次,动机情感因素被纳入认知架构。针对当前流行的认知架构没有包括动机情感因素这一不足,一些教学心理学家试图将动机情感因素纳入认知架构,在其与认知操作相互作用中来阐释其对学习和记忆的作用,以全面揭示学生学习的心理学规律。如莫雷诺(Roxana Moreno)在坚持工作记忆、长时记忆等记忆结构以及编码、提取、组织等认知操作这一基本的认知架构观基础上提出,动机因素能通过增强或削弱学习者的认知投入而对其学习进行调节;学习者的元认知活动不仅能调节认知操作,还能调节学习者的动机情感因素。[3] 但动机情感因素与认知操作具体如何相互作用而发挥调节作用,还有待进一步研究。

四、认知架构中蕴含的学习的一般规律

上文指出,认知架构的主要功能是学习与记忆,那么认知架构涉及的记忆

---

① Ormrod, J. E. (2017). *How we think and learn: Theoretical perspectives and practical implications*. New York: Cambridge University Press, p.51.

② [美] Woolfolk, A. *教育心理学*(第十版).北京:中国轻工业出版社,2007:251.

③ Moreno, R. (2006). Does the modality principle hold for different media? A test of the method-affects-learning hypothesis. *Journal of Computer Assisted Learning*, 22(3), 149-158.

结构与认知操作在一定程度上规定或限制了学习与记忆进行的方式和规律。以下几条学习的规律不仅可以从认知架构中推演出来，而且得到教学心理学研究以及学习者学习经验的支持。

(一) 学生长时记忆中储存的原有知识影响其学习

学生的原有知识是指储存在长时记忆中的信息。在学习的认知架构中进行的一项与学习关系密切的认知操作是编码活动，也就是将新信息与长时记忆中的原有信息建立联系，这样新信息才可进入原有的知识网络中而被习得。由此看来，长时记忆中有无适当的原有知识对学生进行编码活动进而习得新的知识至关重要。

原有知识既可以对学生的学习产生积极的促进作用，也可能产生消极的阻碍作用。如皮尔逊(P. David Pearson)等人 1979 年进行了一项阅读对照实验研究。参试者被分为两组，一组具备许多有关蜘蛛的知识，另一组则很少。研究人员给参试者阅读同一篇关于蜘蛛的文章，阅读后检测两组参试者的事实回忆与推理，发现有较多蜘蛛背景知识的一组比另一组多记住 25% 的事实，所作的推理是另一组的 3 倍。[①] 此外，学生的原有知识会干扰新知识的学习。如学生学过了乘法分配律，如 $m(a+b)=ma+mb$，在以后学习对数和三角函数的新知识时，一些学生会认为 $\lg(a+b)=\lg a+\lg b$，$\sin(A+B)=\sin A+\sin B$。[②] 学生数学课上学过反比例函数 $y=k/x$，知道 y 与 k 成正比，y 与 x 成反比，随后物理课上学习密度公式($\rho=m/v$)时，会认为密度(ρ)与物体的质量(m)成正比，与物体的体积(v)成反比。因此，需要重视学生的原有知识在新学习中的重要作用，既要发挥学生原有知识的积极作用，也要防止学生原有知识的消极作用。

(二) 学生对新信息的主动加工活动影响其学习

学生对信息执行的主动加工活动是指在认知架构中执行的注意、复述、组织、编码、提取等针对新信息的认知操作。根据认知架构的运作机制，新的信息要想进入长时记忆并在其中形成有组织、结构化的知识网络，离不开学习者对信息执行上述认知操作。例如，如果学习者的注意没有集中到新信息上，则后续针对新信息的认知操作就不可能执行，更谈不上学习了；如果学习者不对工作记忆中的新信息进行复述，新信息就可能很快从工作记忆中衰退，无法与来

---

① Mayer, R. E. (1999). *The promise of educational psychology: Learning in the content areas*. New Jersey: Merrill, p.80.

② 蔡道法.*数学教育心理学*.上海：上海科技教育出版社,1993：136 - 138.

自长时记忆的原有知识建立联系；学习者若不进行编码、组织的工作，就无法在工作记忆中构建知识网络，因而学生的主动加工活动对其学习而言是非常重要的。

有人采用问卷调查的方式，分别就如下问题询问物理学得好与学得不好的学生：在课上听老师讲解某一物理现象时，头脑中不但能浮现老师讲的现象，还能联想到与该现象相似或相反的现象。这一问题其实是调查学生是否主动地将新信息与头脑中的原有知识(即相似或相反的现象)建立了联系。结果，物理学得好的学生回答"是"的比例为 40%，物理学得不好的学生回答"是"的比例为16%，远低于前者。[①] 这说明学生学习时进行的编码活动对其学习效果有明显影响。

(三) 容量有限的工作记忆是学生学习的一个重要限制因素

顾名思义，工作记忆是学习者对保存的信息进行有意识加工的地方。许多教育工作者常说的"开动脑筋"的活动主要是在工作记忆中进行的，因而工作记忆对学生学习的重要性不言而喻。但工作记忆的一个突出特点是其容量有限，只能同时加工有限数量的信息，而且保存信息的时间较短。相较于感觉记忆与长时记忆的较大容量，工作记忆因其有限的容量而被视为信息加工的"瓶颈"。学生要习得的大量知识都需要通过工作记忆进行，因而有限的保存和加工容量与大量有待加工的信息之间形成尖锐的矛盾，这一矛盾的解决方式和结果对学生的学习效果有很大影响。

穆萨维(Seyed Yaghoub Mousavi)等人 1995 年的研究表明，如果给学习者的工作记忆施加过量有待加工的信息，就有可能超过其信息加工的限度，学习者学习的效果会受到不利影响；相反，如果分散有待加工的信息，就有可能促进学生的学习。他们进行了一项对照实验研究，内容为引导学生如何解几何题。研究者将学生分为两组，一组学生在观看印刷图的同时听录音解释解决办法，另一组学生观看印刷图并阅读对解决办法的书面解释(用词和录音中的完全一致)。结果发现，看图听录音的一组在几何题测验上的成绩优于看图阅读的一组。[②] 这说明，信息集中于视觉通道(看图、阅读)容易超越工作记忆容量，而分散开来(视觉通道加工图片，听觉通道加工口头解释)则不会加重工作记忆负

---

① 乔际平. *物理学习心理学*. 北京：高等教育出版社，1991：56.

② Mayer, R. E. (2001). *Multimedia learning*. New York：Cambridge University Press，p.144.

担,能更好地促进学习。

在教学实践中,许多教师会发现,当使用 PPT 课件来给学生呈现教学内容,然后叫学生回答与刚讲过的内容有关的问题时,一些学生会怯生生地说"老师,我不记得了",这是因为工作记忆保存和加工容量有限,新呈现的教学内容将刚才呈现的内容从工作记忆中"挤"了出去,学生记不起来也在情理之中。有些教师还会发现,课上用板书的形式给学生推演数学公式,学生会反映学习效果比教师用 PPT 课件快速呈现推演过程效果要好,因为之前推演的步骤仍留在黑板上,可以在需要时将其重新送入工作记忆中进行加工,促进学习与理解。这说明,在信息技术飞速发展的时代,"板书"之所以仍有魅力,是因为它更适合学习者工作记忆的特点。

（四）学生对自己学习过程的意识与调控影响学习效果

学生对其学习过程的意识与调控被称为元认知,具体来说,学生的元认知活动涉及设置目标、对达成目标的情况进行检测以及适时地调整达成目标的策略。元认知像认知架构的"指挥中心",负责对其他认知操作进行调节和监视。学生只有监测到其学习上的缺陷与不足并采取措施来加以矫正,才能在学习上取得进步。

教学心理学的有关研究证实,元认知对学习者的学习有显著影响。如与新手相比,专家很擅长解决其专长的问题,对专家与新手问题解决情况的比较发现,专家与新手在问题解决上表现出的一个重要差异是专家对其问题解决有良好的自我监控。如专家比新手能更准确地判断问题的难度,在解决问题过程中会提出多种不同方法并能根据对问题解决状况的了解及时否决不合适的方法。[①] 元认知水平随学生年龄的增长而提高,年幼的学生元认知水平通常较低,他们不能准确地意识到自己的认知活动,也难以对其认知活动实施有效调控,但对他们进行元认知方面的训练,可以明显提高其学习的效果。一项针对五年级和六年级学生元认知干预的研究发现,在对这些学生进行基于计算机的问题解决教学之后,将他们随机分为三组:一组接受问题解决方面的训练,一组接受问题解决和自我监控(元认知)方面的训练,还有一组无任何训练。结果发现,在解决复杂的问题上,接受元认知训练的一组学生不仅解决的问题比另两组多,而且所用

---

① Bruning, R. H., Schraw, G. J., & Norby, M. M. (2011). *Cognitive psychology and instruction* (5th ed.). Boston: Pearson, p.174.

的时间更少,元认知训练让这组学生又快又对地解决了复杂问题。[①] 元认知在学生学习中的作用得到许多综述研究的支持。在这些研究中,元认知被认为是学生学习成绩的最重要预测因素,能解释 40% 的学习结果上的变异。[②]

　　元认知对学生学习的重要性在优秀学生的学习经验中得到很好的印证。国内有学者对高考状元学习经验的研究发现,这些学习者之所以优秀,一个主要原因是他们都具有很好的计划控制能力,他们会为自己制定一天、一周、一月乃至整个学期的学习计划,而且以较强的自制力来严格按照计划行事,计划执行结束后还会审视一下结果是否与预期一致。[③] 为自己制定学习计划,对计划执行的过程与结果进行监控和评价,这些活动都是元认知活动,高水平的元认知活动是取得优秀学习成就的重要因素之一。

第二节　学习的社会文化机制

　　马克思说过,人的本质是一切社会关系的总和。由此看来,人的学习离不开所处的社会文化环境。皮亚杰、维果茨基、班杜拉等心理学家都十分看重社会文化因素对个体学习的影响。其中,维果茨基的中介调节(mediation)理论基于马克思主义的基本观点,深刻揭示了学习的社会文化机制。本节根据维果茨基的中介调节理论来阐释学生学习的社会文化机制。

一、学习的结果:高级心理机能

　　维果茨基区分了人类的两种心理机能,即初级心理机能与高级心理机能。初级心理机能是由生物因素决定的先天的心理结构,通常由环境刺激引发并受具体经验的限制,这类心理机能的例子如简单的知觉、无意注意等。高级心理机能是在儿童发展过程中出现的,主要受文化历史因素的制约,涉及对心理过程的意识、抽象和控制以及使用逻辑关系和概念、原理,这类心理机能的例子如

---

① Delclos, V. R., & Harrington, C. (1991). Effects of strategy monitoring and proactive instruction on children's problem-solving performance. *Journal of Educational Psychology*, *83*(1), 35 – 42.

② Veenman, M. V. J. (2016). Learning to self-monitor and self-regulate. In R. E. Mayer & P. A. Alexander (Eds.), *Handbook of Research on Learning and Instruction*. New York: Routledge, Chapter 11.

③ 周莹玉. 高考状元的 *66* 个高效学习方法.北京:中国时代经济出版社,2007:34 – 39.

运用概念思维、基于概念间的关系进行记忆、有意注意等。维果茨基认为，高级心理机能的实质是儿童运用其所处社会文化群体创造的语言、符号和工具调节自己的心理过程。如学术群体对好文章谋篇布局的特征已借助语言作了如下表述：凤头——简洁俊秀地提出要解决的问题；猪肚——用丰富的事例、理论对拟解决的问题展开充分论证；豹尾——结论要简短有力，能概括中心论点，照应开头。[1] 当一名打算从事学术研究的学习者进入学术群体并着手撰写论文时，学术群体创造的"凤头——猪肚——豹尾"的语言便被该学习者用于调节和指导他写文章的布局谋篇，这时该学习者表现出的是维果茨基所说的高级心理机能。维果茨基非常关注人的高级心理机能的获得，他认为学校教育的主要任务就是发展学生的高级心理机能。

二、高级心理机能的习得

维果茨基认为，在个体身上体现出的高级心理机能，其实起源于社会。他指出，在儿童发展的过程中，每种高级心理机能均出现两次：首先是在社会水平上出现，而后在个体水平上出现；首先存在于人与人之间，而后存在于儿童内部。因此，高级心理机能的获得也可以看作人际的过程转化为个人内的过程。[2] 这一获得过程可用中介调节这一概念来描述。具体来说，中介调节的过程涉及如下三个阶段。[3]

（一）存在某个社会文化群体

该群体已形成自己的文化工具，包括该群体使用的语言、符号和创造的物品（如锄头、汽车、算盘等），这构成儿童习得高级心理机能的社会文化环境。

（二）儿童或学习者进入这一社会文化群体并与群体中的成员进行互动

这里的群体成员主要是成人和更成熟的同伴。互动的主要形式是让儿童参与到成人的活动中，即成人与儿童共同完成相应的活动。在共同的活动中，成人首先将与活动有关的语言、符号提供给儿童，一开始，儿童在成人的有力指导下运用群体的文化工具来完成活动任务，而后成人逐渐减少对儿童的指导，将使用文化工具的责任更多放手给儿童。

---

① 李润洲.（2015）. 好课如好文——对中小学课堂教学的一种看法. *基础教育*，1，74-79.

② Vygotsky, L. S.（1978）. *Mind in society*. Cambridge：Harvard University Press，p.57.

③ Karpov，Y.（2003）. Vygotsky's concept of mediation. *Journal of Cognitive Education and Psychology*，3(1)，46-53.

（三）儿童将社会文化群体的文化工具内化并独立地用其来调节自己的心理过程

在与成人共同完成的活动中，语言、符号这样的文化工具一开始是外在于儿童并能对儿童的心理过程进行调节，后来，儿童形成针对这些文化工具的内在心理表征，这些文化工具就转换成儿童的心理工具，儿童便不再依赖成人的提供和指导而能独立运用这些内化了的心理工具调节自己的心理过程。

可以用家庭中的亲子互动来简要说明中介调节过程以及儿童高级心理机能的发展。家庭中，父母是已经掌握相应文化工具的社会群体成员，在与儿童的互动或游戏中，儿童要去触碰墙上的电插座，这时父母会对儿童说"不能这样，危险"。借助这种互动，父母一方面用文化工具（语言）来调节儿童的行为，另一方面也给儿童提供了将来可用于其自我调节的文化工具。后来，儿童在自己做出类似的危险行为前，会对自己说"不能这样，危险"，表明儿童已经开始用父母给予的文化工具来调节自己的行为。再后来，儿童能够利用不出声的内部言语来调节自己的行为。这一过程正如维果茨基指出的，作为文化工具的语言、符号一开始是一种影响他人的手段，后来变成影响自己的手段。[①]

由此看来，"中介调节"一词的"中介"是指介于外在于儿童的文化工具与儿童自己的心理过程之间且已被儿童掌握的心理工具，"调节"是指儿童运用这种心理工具对自己心理过程的调节作用。在维果茨基的理论体系中，有时用"内化"来表示外在的文化工具转化为儿童的心理工具或心理表征的过程，有时用"占有"来描述儿童将外在的文化工具"据为己有"而变成自己的心理工具的过程。这两个概念表示的含义相同，但相比较而言，"中介调节"的概念既强调了外在文化工具的内化，又强调了这种内化的心理工具对儿童心理过程的调节作用，能准确全面地反映维果茨基有关高级心理机能习得的思想。

三、高级心理机能习得理论衍生出的学习的一般规律

维果茨基 38 岁时因肺病去世，致使他提出的有关高级心理机能习得的理论没有得到进一步的详细阐释和验证。维果茨基去世后，其著作因与所处社会的主流观点不符而被禁多年。20 世纪 80 年代，其著作被解禁后随即被译成英文并在

---

① Karpov, Y., & Haywood, H. C. (1998). Two ways to elaborate Vygotsky's concept of mediation. *American Psychologist*，53(1)，27 - 36.

西方学术界广泛传播。维果茨基的追随者结合认知心理学和教育领域的有关研究，对维果茨基的理论作了阐释、补充和验证，从中提炼出学生学习的一般规律。

（一）学生学习的主要方式是接受学习

接受学习是指将学生要学习的概念、原理、程序等知识以定论的形式呈现给学生，再由学生加以理解和运用的学习方式。与之相对的是发现学习，主张这些概念、原理、程序等知识不直接呈现给学生，而是由学生自己探索、尝试而自行发现。维果茨基的中介调节理论有明显的接受学习色彩。作为被某一文化群体创造的文化工具是由该群体中的成员直接提供或呈现给儿童或学习者的，儿童或学习者自己不需要发现，只需要将其内化并用于调节自己的心理过程即可。维果茨基的追随者也主张，文化是传递的而不是发现的，没有必要让学生自己去构建明晰的、易于教的知识。他们还指出发现学习的几点不足：一是发现学习耗费时间；二是学生最终发现的结论可能是错误的；三是学生可能不具备科学家进行科学发现所需的科学研究方法。[①]本书第一章介绍的有关发现学习无助于学生学习的元分析结果是对这一观点的支持。

（二）言语化有助于学生的学习

言语化（verbalization）是指学习者将其意识中的观念用口头语言或书面语言表达出来的过程。在维果茨基的中介调节理论中，语言是一种重要的文化工具，文化群体认同并希望传承下去的概念规范均需要用语言来表达。文化群体中的学习者也需要将语言这一文化工具内化为个人的心理工具，并用这一心理工具来调节自己的心理过程，从而发展高级心理机能。而学习者用语言来表达其意识中的内容（当然这些内容主要是学习者与文化群体成员互动而进入其意识中的），正是文化群体中的语言从文化工具向心理工具转化的重要过渡环节，是促进学习者高级心理机能发展的重要措施和阶段。

近年来，有关学习者学习过程中言语化效果的研究为中介调节理论有关言语化作用的推断提供了有力支持。研究发现，学习者在学习相应的文本内容同时或之后，针对所学内容用自己的语言进行的自我解释，或者将自己对所学内容的理解讲解给同伴听，都能有效促进其对所学内容的理解。[②]此外，在学生阅

---

① Karpov, Y., & Haywood, H. C. (1998). Two ways to elaborate Vygotsky's concept of mediation. *American Psychologist*, 53(1), 27 – 36.

② Fiorella, L., & Mayer, R. E. (2015). *Learning as a generative activity: Eight learning strategies that promote understanding*. New York: Cambridge University Press, pp.124 – 166.

读完相应的文本材料后,要求学生就所阅读的材料进行写作,具体的写作形式如作总结、做笔记、提出或回答问题、延伸性写作等,结果发现,这类写作的活动能够明显提高学生对学习材料的阅读理解水平。[①]

在学习过程中,学习者会有一些尚在形成中的模糊理解存在于意识中,这时他们如果借助语言将这些理解表达出来,就会促进他们的学习。正如奥苏伯尔等人指出,用言语来表达非言语观念的过程,也是把这些非言语观念提炼得更清楚、更明晰、更准确的过程,因而可以将言语化看作思维过程的一个组成部分。[②] 索耶(R. Keith Sawyer)也指出,言语化与学习是紧密交织在一起的,构成一个相互强化的反馈回路。在很多情况下,只有当学习者开始表述时,学习才真正开始。[③] 不过,需要指出的是,言语化促进学生的学习有两个关键点不能忽视:一是学习者言语化的内容要与所学习的内容相关,换言之,学习者要尝试用新学习的术语来表达自己对所学习内容的理解。这一点其实遵循了语言从文化工具向学习者的心理工具转化的思想。二是言语化要在学生学习遇到困难、困惑时使用。有困难、困惑说明作为文化工具的语言尚不能完全转化为学习者个人的心理工具而被学习者独立使用,这时学习者要有机会用语言这一文化工具尝试调节自己的思维过程,言语化就成了最佳的方式。这一要求说明,对于已经理解得很好的内容,学习者就没有必要再去进行言语化的活动了。由于学生之间的理解存在个体差异,课堂上也没有必要让所有学生同时进行言语化的活动,以免出现混乱和彼此干扰。

(三) 在能力更强的人的帮助和指导下,学生能完成复杂的、有挑战性的学习任务

在长期的学习进程中,学生会不断遇到超越学生当前能力水平的、复杂的、有挑战性的学习任务,仅靠学生个人通常难以完成。不过,学生的学习并不是独学而无友式的学习,而是在社会文化群体中进行的学习,群体中能力更强的个体,如教师、同伴等,都可以对学习者的学习提供帮助和指导,助力学习者完成复杂的学

[①] Graham, S., & Hebert, M. (2011). Writing to read: A meta-analysis of the impact of writing and writing instruction on reading. *Harvard Educational Review*, 81(4), 710 – 744.

[②] [美]奥苏伯尔,D.P.,等. *教育心理学:认知观点*.余星南,宋钧,译.北京:人民教育出版社,1994:98.

[③] Sawyer, R. K. (2014). *The Cambridge handbook of the learning sciences* (2nd ed.). New York: Cambridge University Press, pp.9 – 10.

习任务,发展其高级心理机能。维果茨基用最近发展区概念说明了这一思想。最近发展区是指儿童不能独立完成但在他人的帮助和指导下能够完成的一系列任务,儿童的发展就是将最近发展区的任务转化为儿童独立完成的任务,同时再去接受新的最近发展区任务,如此循环往复,高级心理机能就得到发展。

那么,对学习者复杂任务的学习有促进作用的他人的帮助与指导到底是什么呢? 对此,伍德(David Wood)等人提出的支架(scaffolding)概念可以更明确细致地作出阐释。[1] 支架是指帮助学习者完成挑战性任务的一类支持性技术。提供支架的过程其实就是更有能力的成人"控制"超出学习者能力的任务成分,以此来让学习者将精力集中并只完成在其能力范围内的任务成分。在学习者学习的过程中,支架只是暂时的,在学习者的能力得到发展或学习者已将最近发展区任务转化为其能独立完成的任务时,支架就可以撤除。由于不同学习者的现有水平不尽相同,即使对同样的学习任务,为不同的学习者以及同一学习者学习的不同阶段提供的支架也是不同的。支架的具体形式多种多样,比较典型的支架如示范任务的完成,提供完成任务的结构或明确的提示,将复杂的任务分解成学习者易于完成的一系列子任务,解释解决问题的某种策略为何有效,为学习者的学习提供反馈等。[2]

后来,文化人类学者又将维果茨基的上述思想以及支架的概念发展成学徒制(apprenticeship)的学习方式,这是一种师傅带徒弟的方式,作为新手的徒弟跟着作为专家的师傅相对长的时间来学习某一行业或某一领域中的复杂任务。在这一学习过程中,徒弟参与到师傅完成复杂任务的活动中,师傅会在这一过程中给徒弟提供许多与复杂任务的完成有关的术语、结构和指导,随着徒弟逐渐掌握完成复杂任务的方法,师傅给徒弟提供的支架也逐渐减少。学徒制最初描述的是手工业作坊中手工业技艺的传承,后来又被用于描述学校教育情境中的学业学习,不过强调的重点转向教师将自己完成复杂任务的思维过程说给学生听。由于重点是让学生获得完成学业任务的内在认知过程,学校教育情境中的这种特殊的学徒制又被称为"认知学徒制"。[3]

①　Wood, D., Bruner, J. S., & Ross, G. (1976). The role of tutoring in problem-solving. *Journal of Child Psychology and Psychiatry*, 17, 89 – 100.

②　Ormrod, J. E. (2020). *Human learning* (8th ed.). Hoboken, NJ: Pearson, p.323.

③　Schunk, D. (2020). *Learning theories: An educational perspective* (8th ed.). Hoboken, NJ: Pearson, p.336.

(四) 在适当的组织安排下,学习者之间的合作有助于学习

维果茨基的中介调节理论强调学习者与能力更强的成人或同伴的互动可以促进学习,尤其是复杂学习任务的学习。后来的研究者继承了维果茨基的人际互动思想,同时又将人际互动的主体拓展为能力水平相当的学习者,认为学习者之间的相互作用也能促进学习。于是,强调学生以小组形式互帮互学的合作学习开始兴起。

斯莱文(Robert E. Slavin)在综合有关合作学习的不同理论观点及合作学习效果的研究证据基础上,描绘了能促进学生学习的、有效的合作学习机制(见图 3 - 2)。①

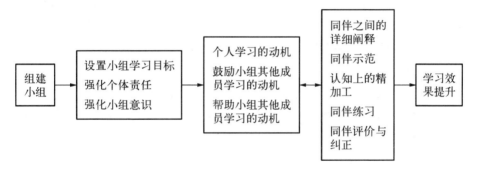

图 3 - 2　斯莱文提出的合作学习机制

这一合作学习机制强调导致合作学习效果的两大主要因素及其相互作用:学习者的学习动机和认知加工。学习动机推动学习者进行相应的认知加工,认知加工的结果又反过来强化学习者的学习动机。下面结合图 3 - 2 来进一步阐释合作学习的机制。②

1. 组建小组

合作学习小组的人数一般为 2—6 人,4—5 人效果更好。小组成员之间在学习成绩、性别、种族等方面要有所变化,即小组中既要有学习成绩好的学生,也要有学习成绩差的学生;既要有男生,也要有女生,要坚持异质分组的原则。显然,要实现异质分组,不能完全靠学生的自由组合,还需要教师的有意识安排。

---

①　改编自 Slavin, R. E. (2015). Cooperative learning in elementary schools. *Education 3 - 13*, *43*(1), 5 - 14.

②　Slavin, R. E. (2014). Making cooperative learning powerful. *Educational Leadership*, *72*(2), 22 - 26.

2. 设置小组学习目标，强化个体责任

小组学习目标是小组所有成员致力完成的产品或一些指标，如设计一份调查居民垃圾分类态度的问卷、在所学习的内容的测验上每个成员能达到不低于85％的正确率。学习目标的设置要切合学习的任务，要具体，不宜含糊。

设置小组学习目标后，接下来要确保小组每个成员对目标的达成都有责任，都有贡献，即确保个体责任（individual accountability）。为此，在选择学习任务和学习目标时，首先要确保任务仅靠一名学生的力量是不能完成的，需要小组全员的参与。其次，可以采用一些奖励措施来实现这一点。如将班上学生分为若干个五人小组，小组中每个成员分别有1—5的代号，课上教师提问时，可以从1—5的数字中随机选择一个，要求相应代号的学生回答，并根据其回答情况为小组赋分。又如，可以计算出小组每个成员的进步分数并将这些分数相加作为小组的最终成绩。诸如此类的措施，是为了确保小组中每个成员都投入到学习中，从而避免出现成绩差的成员把学习责任推给其他成员，或者由个别能力强的成员包办完成学习任务的现象。

相关研究也支持上述合作学习的机制。如斯莱文等人收集并分析了99项中小学的合作学习研究，这些研究均涉及合作学习组与控制组的学习成绩比较，而且研究时间至少持续了四周。在这99项研究中，有64项研究使用的合作学习法是根据小组成员的学习成绩总和来对小组进行奖励。结果，64项研究中有50项研究（占比78％）发现这种合作学习法对学生成绩有显著的积极影响，没有发现有消极影响的研究。从这些研究中计算出的效果量的中位数为0.32，属于中等偏小的效果量。99项研究中的其他研究探讨的是另一种合作学习的安排，即只根据小组最终提交的作品来对小组进行奖励，或者未对小组进行任何奖励。结果发现，这种合作学习几乎没有什么积极效果，从这些研究中计算出的效果量中位数为0.07，属于微不足道的效果量。[①]

3. 激发学习动机

上述对小组个体责任的安排是为了调动小组中每个成员的学习动机。小组有共同的学习目标，评价的规则要求每个成员对目标的完成都要有所贡献，都要承担责任，这样小组成员就组成一个为达成共同目标而相互依赖的群体。

---

① Slavin, R. E. (2016). Instruction based on cooperative learning. In R. E. Mayer & P. A. Alexander (Eds.), *Handbook of Research on Learning and Instruction* (2nd ed.). New York: Taylor & Francis Group, pp.391－392.

在这样的群体中,小组成员出于对群体的认同而会主动学习。同时,小组成员还会有鼓励、帮助和督促小组中其他成员学习的动力,于是,所有小组成员的学习动机都被调动了起来。

4. 引发认知活动

有了学习动机的推动,小组成员还要通过相互作用来引发学习的认知过程。小组成员之间的相互作用对其学习的进步和提高而言是很有必要的。在达成共同的学习目标过程中,小组成员之间相互作用的一种形式是相互讨论,提出各自的观点。当个体之间持有不同观点时,会形成人际观点上的冲突并引发争论,这会进一步推动个体的思考和加工,从而促进学习。[1] 同伴之间互动的另一种形式是同伴教学或同伴辅导,通常两名学生在学习完相应的内容后,一名学生尝试对所学习的内容进行总结性回忆,另一名学生在听的同时发现并纠正同学回忆中的错误,或提示漏忆的内容。变换学习内容后,两名同学再交换角色。研究发现,这种同伴教学的形式,对两名学生的学习均有促进作用。

从上述斯莱文描述的合作学习的机制来看,有效果的合作学习并不是随意地将几个学生组织在一起,然后告诉他们相互帮助、相互学习就能取得明显的学习效果的。[2] 相反,合作学习需要教师有意识地组织安排,从小组的组建到小组学习目标的确定与小组成员个人责任的强调,再到动机和认知过程的引发,都需要教师的指导。在合作学习过程中,小组成员之间的互动至关重要,这种互动不能简单理解成小组成员之间的问候、聊天、讨论,而要指向学习,指向学习目标的达成。但实际情况是,很多学生常常不知道如何进行有效互动才能促进学习,这时就需要教师的指导。为此,教师可以以思维清单的形式,给学生合作学习中的互动提供某种结构化、程序化的引领,以使学生之间的互动有明确的方向,能最终指向小组学习目标的达成。此外,还可以事先教给小组成员一些人际技能,如主动倾听、解释观念、鼓励同伴等,以使小组成员能更好地利用合作的机会进行有效学习。[3] 由此看来,小组的有效合作学

① Levine, J. M. & Resnick, L. B. (1993). Social foundations of cognition. *Annual Review of Psychology*, 44, 585 – 612.

② Mayer, R. E. (2008). *Learning and instruction* (2nd ed.). New Jersey: Merrill Prentice Hall, p.471.

③ Slavin, R. E. (2014). Making cooperative learning powerful. *Educational Leadership*, 72 (2), 22 – 26.

习,也需要小组在能力强的教师指导下才能实现,这一点与维果茨基的中介调节理论一致。

第三节　不同类型目标习得的心理机制

上一章提到,学生在学校习得的学习结果有不同类型,揭示不同类型学习结果的习得机制也是教学心理学的一项重要研究任务。本节在吸收个体认知与社会文化视角揭示的学生学习机制基础上,结合教学心理学对不同类型学习结果习得机制的研究,阐释知识、技能、态度三类学习结果习得的心理机制。由于综合的目标可以分解为上述三类教学目标,就不专门阐述综合目标习得的心理机制。

一、知识的学习

知识分为单一事实与整体知识,这两类知识的习得规律有明显区别,需要分别介绍。

(一) 单一事实的习得

对单一事实(或事实性知识)的学习要求主要是记忆,即要求学生在特定的情境中,面对具体的要求,能回忆或再认出相关的事实。达成这一目的的具体心理学规律描述如下。

1. 接近

接近是指事实性知识的各部分在空间和时间上相互靠近,以使学习者能够同时注意到。这一规律源自联想主义心理学的研究。联想主义心理学认为,学习就是在刺激与刺激、刺激与反应之间形成联想或联结。只有当刺激、反应经常同时出现在我们的经验中,才有可能形成联想。这一规律虽由联想主义心理学提出,但加涅等人仍将它列为一条重要的学习原理。[①] 如要学习"澳大利亚的首都是堪培拉"这一事实,"澳大利亚""首都"和"堪培拉"这三个主要的成分必须同时呈现给学习者。又如学生学习英语单词 face 的发音,该单词的形和读音应

---

① ［美］加涅,R.M.,等.教学设计原理(第 5 版).王小明,庞维国,等译.上海：华东师范大学出版社,2007：6.

同时呈现或相继快速呈现。在各学科的事实性知识学习中,这一条件通常很容易满足。

2. 重复

重复是指学习者不断地体验事实性知识的各组成部分。这一规律也来自联想主义心理学,最初是以练习律的形式出现在桑代克的学习定律中。练习律认为,对刺激与刺激、刺激与反应不断重复(练习),有助于增强刺激与刺激、刺激与反应之间的联结强度。这一定律也被加涅等人视作重要的学习原理。许多事实性知识,如字母表、乘法口诀、化学元素符号、外语单词及习惯用语等,主要通过学习者的不断重复习得。

3. 学习者的认知调节作用

在事实性知识的学习中,学习者并不是机械地重复事实而后被动地接受奖励或惩罚。相反,大量研究发现,学习者在事实性知识学习中进行着积极主动的认知活动,这种认知活动最集中的体现就是学习者采用的学习方法——记忆术(mnemonics)。记忆术是指对信息进行更有效编码的方法,一般指学习者在学习孤立的、相对无意义的材料时采用的为材料提供意义、记忆线索或某种组织框架的手段,其实质是学习者有意识地将要记忆的信息组织成对他而言更熟悉、更有意义的单元或结构,以便持久记忆。记忆术之所以能有效地提高记忆效率,一方面是因为它将要学习的材料与学习者的原有知识经验联系了起来,另一方面是采用视觉表象(也有采用韵律、首字母等方式)来促进联系的建立。记忆术的运用需要学习者付出一定的时间和精力,要记忆各成分彼此没有联系的信息,或要记忆特定的、人为的顺序时,记忆术尤其适合,[①]但对于有意义、有关联的材料,使用记忆术的效果并不好。

如有一种特别适合事实性知识学习的记忆术叫作精加工,它是指学习者主动地对要学习的事实性知识补充细节而使其更有意义。这一方法基于认知心理学对工作记忆中发生的两种复述的研究而发展起来。为了将信息保存起来,需要在工作记忆中对信息进行复述,研究发现有两种复述:维持性复述和精制性复述。维持性复述是学习者对信息进行简单的重复以使其保持在工作记忆中。精制性复述是学习者将新信息与其他信息联系起来而促进对信息的编码,从而有效促进对新信息的持久保持。精加工就属于精制性复述。如为了记住

---

① Leahey, T. H. & Harris, R. J. (2001). *Learning and cognition*. New Jersey: Prentice Hall, p.176.

"雷"字的形和义，一名学生进行了如下补充：打雷了，雨水落到了田里。这一精加工将"雷"字的"雨字头""田字底"两个组成部分及其表示的意义（打雷）有效地联系了起来。

佩维奥（Allan Paivio）等人的一项研究说明了学习者的精加工对其记忆事实具有良好效果。他们的研究要求参试者记忆 30 对名词（一种配对联想学习）。参试者被随机分成四组：第一组叫重复组，研究者要求他们在心里复述每个词对；第二组叫句子阅读组，让他们朗读一些句子，每个句子的主语和宾语分别由要记忆的名词词对中的两个名词（在句子中用黑体字或加深字体以示突出）充当；第三组叫造句组，要求他们针对要记忆的每一对名词造一个有意义的句子；第四组叫想象组，要求他们想象一种鲜明的形象来将每个名词词对联系起来。四组参试者按各自的方式学习一遍 30 对名词，而后测验参试者对这 30 对名词的记忆情况，要求参试者再认其中 15 对名词，回忆另外 15 对名词。结果发现，在再认测验上，四组参试者的成绩都很好，但在回忆测验上，各组之间的差异就显现了出来：重复组正确回忆的词对平均数为 5.6，句子阅读组为 8.2，造句组为 11.5，想象组为 13.1。① 这些结果表明，就事实的学习（配对联想学习）而言，虽然简单的复述有效果，但更有效的方法是精加工（造句和想象）。由于研究中要求参试者记忆的名词都是具体形象的名词，想象的方法效果更好。不过，如果要记忆的名词是抽象的，则造句这种精加工的效果可能更好。

4. 编码特定性

认知心理学的研究发现，对信息的提取受编码情境的影响。如果学习者在对信息进行编码时使用了一定的情境线索，则在测验时这些线索会成为促进信息提取的有效线索，也就是说，某一线索能否有效地促进学习者对有关信息的提取，取决于该线索与信息编码时涉及的线索的相似程度，提取时的线索与编码时的线索越相似，提取的效果越好，这一规律被称为编码特定性原理。安德森（Richard C. Anderson）和奥托尼（Andrew Ortony）的实验很好地说明了这一规律。他们给参试者呈现如下句子："容器中装着苹果。""容器中装着可乐。"结果发现，"篮子"是第一个句子的有效提取线索，"瓶子"是第二个句子的有效提取线索，也就是说，呈现"篮子"时，参试者易于回想起第一个句子；呈现"瓶子"时，

---

① Reed, S. K. (2010). *Cognition: Theories and applications* (8th ed.). Wadsworth, p.162.

参试者易于回想起第二个句子。[①] 为什么会出现这种情况呢？这是因为学习者在学习第一个句子时将容器编码为"篮子"，提取时"篮子"就成了有效线索；学习第二个句子时将"容器"编码为"瓶子"，这样看到线索"瓶子"，就易于想起与"瓶子"编码在一起的第二个句子，因而学习信息时的情境对以后提取信息有很大作用。

（二）整体知识的习得

整体知识之所以是一个整体，是因为其中包含的各条知识之间有内在的逻辑联系，因而对整体知识学习的要求通常是理解或有意义的学习。梅耶认为，在认知架构中执行的选择（注意）、整合、组织三个认知过程与整体知识的习得关系最为密切。[②]

1. 选择

选择是学习者将注意力集中于环境所呈现信息的有关方面，或者将有关的信息与无关的信息区分开来，并将信息从感觉记忆移送到工作记忆中的过程。感觉记忆中的信息量很大，我们虽然能同时看到、听到很多信息，但并非所有的信息都能引起我们的关注和进一步加工，由于工作记忆加工和保存信息的容量有限，我们只能从大量呈现的信息中选择重要的、有关的信息进行进一步加工处理。保存在外部环境中的整体知识，如果未被我们选中或注意到，就不可能被习得。

2. 整合

整合是指学习者在工作记忆中将新的知识与原有的知识联系起来的过程。新的知识源自环境，是经学习者选择出来而进入工作记忆的。原有的知识是学习者从其长时记忆中提取到工作记忆中的。简单地说，整合就是学习者在新旧知识之间建立联系。如果新旧知识之间建立了有意义的、实质性的联系，我们就可以说学生理解了新知识。

3. 组织

组织是指在工作记忆中建立新知识内部的联系，或者将所选择的信息组织成一个连贯整体的过程。如地理课上学习有关日本这个国家的地理情况：日本

① ［美］德里斯科尔，D.P. 学习心理学：面向教学的取向.王小明，等译.上海：华东师范大学出版社，2008：85.

② ［美］梅耶，R.E. 应用学习科学——心理学大师给教师的建议.盛群力，等译.北京：中国轻工业出版社，2016：37.

国土面积狭小，山地多，河流湍急，水力资源丰富。对这些新知识的学习，需要学习者认识到新知识内部的联系，如国土面积狭小，山地多就导致河流的短和急，而河流的短和急说明水流落差大，水力资源丰富。学习者只有将日本地理状况的几条信息内在地联系起来而不只是机械地记住这些话语，才能表明他们以连贯整体的方式习得了这些知识。

在组织新信息的不同部分时，有些学习者会发现不同信息之间存在矛盾。例如，有一篇关于科学的文章在开头提到："海底深处没有阳光，漆黑一片。"在后边却讲："一些生活在海底深处的鱼能通过食物的颜色寻找食物。"[①]学习者在将文章的前后内容联系起来时会发现这两条信息是矛盾的，学习者阅读时觉察出前后矛盾的这种能力叫理解监控，属于元认知范畴。良好的理解监控能力是组织新信息的重要条件。

二、技能的学习

根据加涅的思想，技能是学习者运用有关的规则与自身或周围环境相互作用的能力。根据认知心理学的观点，技能是学习者对能够达成一定目标的程序的运用。这两种对技能的描述实质上是一致的，因为能够达成一定目标的程序，实际上也属于规则。学生对技能的学习，最终要达到正确、流畅、灵活地执行相应程序的程度，即学生面对具体的情境，能选择恰当的程序并予以正确执行，而且执行程序的过程是流畅的。那么，学习者是如何达成这一技能学习的目标呢？虽然技能可以分为不同类型，但研究过智慧技能、动作技能、认知策略习得过程的教学心理学家发现，这三类技能的习得过程存在很大的相似性，它们的习得过程都可以分为三个既有区别又有联系甚至重合的阶段：初期阶段、中期阶段和后期阶段。[②③④]

（一）技能习得的初期阶段

这一阶段又称认知阶段，学习者在这一阶段的学习任务有两个：一是理解

---

① Mayer, R. E. (2008). *Learning and instruction* (2nd ed.). New Jersey: Merrill Prentice Hall, p.110.

② Anderson, J. R. (2010). *Cognitive psychology and its implications* (7th ed.), New York: Worth Publishers, pp.244 – 245.

③ Pressley, M., & Woloshyn, V. (1995). *Cognitive strategy instruction* (2nd ed.). Massachusetts: Brookline Books, p.11.

④ Rosenbaum, D. A., Carlson, R. A., & Gilmore, R. O. (2001). Acquisition of intellectual and perceptual-motor skills. *Annual Review of Psychology*, 52, 453 – 470.

构成技能的规则或程序；二是理解这些规则或程序适用的条件或情境。学习者在这一阶段完成理解的具体机制可以用整体知识的学习机制来描述。

（二）技能习得的中期阶段

这一阶段是技能学习过程中最重要也是得到最多研究的阶段。学生的主要学习任务涉及如下两项：程序化与合成。

1. 程序化

程序化有以下三重含义。

首先，对构成技能的概念、规则，学习者要将其转换成可以操作执行的程序，或者说，学习者要依据相应的概念性知识，从中加工出对应的程序性知识，[①]这意味着学习者要自己去发现相应的程序性知识。不过，也有研究者提出，当学习者的主要目标是习得技能本身而不是习得生成程序的技能时，最好不要让学习者花费时间精力去发现程序，而应当直接将程序呈现给他们。[②]

其次，学习者通过研习例示了程序的样例（worked-out examples）来理解相应的程序。在这种情况下，程序本身不需要学习者自己加工和发现，而是由相关领域的专家经过协商后达成共识的（如稀释浓硫酸的程序就是如此），或者由相关领域的专家经过协商以后依据相应的概念性知识事先生成（如专家根据平均数的定义而造出求平均数的程序：求出所有数据的总和；求出数据的个数；用数据的总和除以数据的个数）。程序本身除了用操作步骤、流程图等形式呈现外，还可以借用样例的形式呈现。样例展示了专家如何针对问题执行相应的程序进而使问题得到解决的过程，一般包括确定问题、问题解决的程序或过程以及对问题解决过程的评论或解释。样例给学习者示范了面对具体的问题，应当如何选择程序、如何执行程序以及为何执行程序。学习者的学习任务就是研习呈现的样例，在研习过程中尽力去回答上述三方面的问题，从而实现对程序的理解。

有关样例学习的研究进一步发现，优秀的学习者研习样例时会进行自我解释的活动。如齐（Michelene T. H. Chi）等人研究了学生学习物理学科中的样例，参加研究的学生先学习样例，然后进行相应的问题解决。在学习样例和问题解

---

① ［美］安德森，L.W.，等.*布卢姆教育目标分类学修订版——分类学视野下的学与教及其测评*（完整版）.蒋小平，等译.北京：外语教学与研究出版社，2009：60，77.

② ［美］史密斯，P.L.，雷根，T.J.*教学设计*（第三版）.庞维国，等译.上海：华东师范大学出版社，2008：28.

决过程中,学生需要大声说出他们所思所想的内容。接下来,根据学生在问题解决上的成绩把学生分成优劣两组。随后,分析这两组学生的样例学习情况,以求找出成绩优劣不同的两组学生在样例学习上的差异。结果发现,成绩较好的一组学生比成绩较差的一组学生花费了更多时间来研习样例。此外,两组学生的出声思维资料表明,在研习样例时,成绩较好的学生会给自己解释样例的解决办法,从而生成更多与所学习的任务有关的思想。[①]

伦克尔(Alexander Renkl)等人则在分析成绩好和成绩差的学习者的自我解释内容基础上,总结出有助于学生从样例中学习的自我解释的特征:(1)预期推理,即学习者在研习样例的某一步时,在未看到下一步前就倾向于对下一步作出预测。(2)基于原理的解释,即学习者试图找出样例中的一些解法、步骤背后的依据或蕴含的概念原理。如看到解简易方程中的两个步骤:$8x-3x=7+8, 5x=15$,学习者会解释说,这两步的转换涉及解方程中的合并同类项这一原理。(3)解释样例中某一步骤所要达成的目标。[②] 如在完成几何证明的过程中,学习者会认识到,证明两个角相等是为了进一步证明两个角所属的两个三角形全等。

最后,程序化还指学习者按照程序去练习实际执行程序。程序往往由多个步骤组成,更复杂的程序还会有决策点并因此有分支程序。程序的实际执行要在学习者的工作记忆中进行,但由于工作记忆容量有限,能够同时执行的程序的步骤数量有限,这时的学习者对程序的执行极大地依赖外在的程序步骤的提示(如按照书上所示一步步执行在 Word 中插入图片的步骤),学习者一次只能执行少数几个步骤。在这一阶段,学习者还需要获得相应的反馈来验证、核查自己对程序的执行是否正确。获得反馈的方式可以是看程序执行的结果是否达成目标,也可以是参照样例来核查程序执行的过程,获得反馈的最佳方式是有人来予以指导,因而教师在给学习者提供反馈方面可以发挥积极作用。此外,学习者的同伴也可以作为反馈的提供者。[③] 学习者对程序执行情况的验证、反思,不仅要集中于程序本身的执行是否正确上,还要集中于执行的程序是否

---

① Renkl, A., et al. (1988). Learning from worked examples: The effects of example variability and elicited self-explanations. *Contemporary Educational Psychology*, 23, 90 - 108.

② Renkl, A., & Atkinson, R. K. (2002). Learning from examples: Fostering self-explanations in computer-based learning environments. *Interactive Learning Environments*, 10(2), 105 - 119.

③ Voss, J. F., & Wiley, J. (1995). Acquiring intellectual skills. *Annual Review of Psychology*, 46, 155 - 181.

恰当,即选择执行的程序是否契合问题的情境。

2. 合成

这是上一步程序化过程的自然延伸。在程序化阶段,学习者多次练习执行程序的步骤,随着练习的进行,对个别步骤执行的正确率和速度均有了明显提升,执行程序消耗或占用的工作记忆容量减少,这让学习者的工作记忆有了更多容量来执行程序的更多步骤,于是,学习者开始将更多的步骤合并起来连续执行,经过不断练习,将多个步骤"组合"成一个完整的模块,从而使得程序执行的速度和效率都得到很大提升。由于合成阶段将相对分散的步骤合并成一个连贯整体的程序并让技能学习的进程有了明显变化,有些心理学家也将技能习得的中期阶段称为联系形成阶段。

（三）技能习得的后期阶段

在这一阶段,学习者继续练习执行相应的程序,程序执行的速度和正确率逐步提高。但是,技能执行的速度不会随练习量的增加而无限提高,有关技能练习进程的许多研究发现,技能执行的速度与练习量之间存在幂函数的关系:随着练习量的增加,虽然技能执行的速度仍会得到提高,但提高的幅度越来越小,换言之,虽然投入的练习量不断增加,但练习在技能执行速度上的收益越来越小。这一关系是很多技能练习过程的重要特征,心理学家将其上升到定律的程度,称之为练习的幂定律或练习的收益递减律。[①]

经过大量练习的技能最终可以达到自动化水平,即技能的执行不再需要或只需要极少的意识关注就可执行,所以这一阶段又被称为自动化阶段。从认知架构的视角看,达到自动化水平的技能,在执行时可以不占用或只占用很少的工作记忆容量。这对学生学习的益处在于,既能执行相关的技能,又能将有限的工作记忆容量用于新内容的学习上,即自动化技能的执行不会明显干扰新的学习。[②] 但并非所有技能的学习都需要达到自动化的程度,一些技能需要在新的情境中执行,这时学习者必须根据情境特点调整技能的执行,在这种情况下,自动化的技能反而是不合适的。[③]

---

① Anderson, J. R. (2000). *Learning and memory: An integrated approach* (2nd ed.). New York: John Wiley & Sons Inc., pp.189 – 190.

② Willingham, D. T. (2009). *Why don't students like school?* San Francisco: Jossey-Bass, pp.112 – 115.

③ Proctor, R. W., & Dutta, A. (1995). *Skill acquisition and human performance*. Thousand Oaks: SAGE Publications, p.17.

图3-3呈现了上述技能习得的过程。

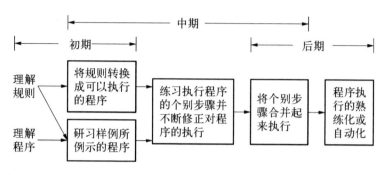

图3-3　技能的习得过程

三、态度的学习

态度的学习既包括新态度的习得，也包括已有态度的转变。态度学习的最终要求是学习者在面对一定的态度对象或态度情境时，既能够也愿意表现出符合一定价值标准的行为。态度学习最有效的方式是学习者观察展现相应态度的榜样，这种学习方式被称为观察学习。在态度的转变过程中，榜样以及学习者的主动认知加工都起到了重要作用。

（一）通过观察学习习得态度

观察学习是指学习者通过观察他人行为及其后果进行的学习。习得的结果可以是技能，也可以是态度。美国心理学家班杜拉（Albert Bandura）最早系统研究观察学习，他的研究不仅确立了观察学习在学生学习中的重要地位，也为我们揭示了学生进行观察学习的内在心理机制。班杜拉借鉴认知心理学的研究，从信息加工的角度将观察学习的过程分为注意、保持、生成和动机四个阶段，每个阶段都有影响学习的不同因素（见图3-4）。①

1. 注意

在观察学习中，学习者首先要观察榜样的行为及其后果，这需要学习者将其注意集中到要观察的榜样身上。注意是观察学习发生的前提条件。如果学习者的注意游离于榜样之外，观察学习不可能发生。影响学生将其注意集中到

①　[美]班杜拉，A.思想和行动的社会基础——社会认知论.林颖，王小明，等译.上海：华东师范大学出版社，2001：68-93.

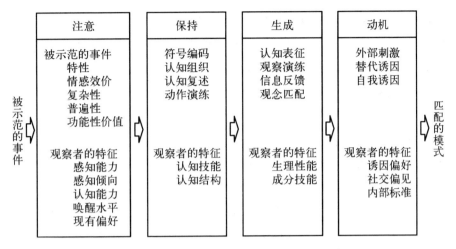

图 3 - 4 观察学习的过程

榜样身上的因素主要涉及榜样及其示范活动的特征以及学习者自身的一些特征。一般来说,有魅力、有权威、有名望的榜样容易引起学习者关注,因而通常用名人、专家作为学生态度学习的榜样。在学校教育情境中,教师在学生眼中是有权威的,因而也是学生进行态度学习的重要榜样。此外,学习者的原有知识与技能会使他们在观察时形成一定的预期,从而指引他们观察哪些榜样以及观察榜样的哪些方面。

2. 保持

学习者关注榜样面临的情境、榜样采取的行为及其后果后,还需以符号形式把观察到的信息保存在记忆中,这样当榜样不再出现时,学习者才有可能将观察到的行为表现出来。学习者保持观察到的信息在很多情况下是以言语方式进行的,即学习者对榜样行为及其后果进行言语描述,学习者在记忆中形成的是有关观察到的信息的言语编码。但是,有时学习者观察到的内容难以进行言语描述,这时可以将这些内容以视觉形象的形式予以保持。在这一阶段,学习者的复述活动能够促进他们记忆观察到的内容,学习者在心里对榜样行为的复述,对于保持而言尤其重要。

3. 生成

这一阶段是将上一阶段保持的内容转化为相应的行为的过程,其中最主要的是观念匹配,即学习者根据记忆中保存的有关榜样行为的观念来生成与之匹配的行为。有关榜样行为的观念既是指导行为生成的规则,也是评判行为质量的标准。在刚开始生成榜样的行为时，由于榜样的某些行为不可观察、不易描述，再加上学习者观察得不充分以及生理限制等因素的影响，生成的行为会出现错误，但经过学习者的不断练习与反馈，生成的行为就渐渐与观察到的榜样行为匹配起来。

4. 动机

观察学习中很有必要区分习得与表现，即学习者通过观察习得了榜样的行为，但并不一定都将这些行为表现出来。习得的行为要想表现出来，需要具备一定的条件。当给学习者提供奖励（诱因）时，他们通常能很快将习得的行为表现出来。如在班杜拉的一项经典研究中，观察榜样受罚的一组儿童其实习得了榜样的行为，但并没有立即表现出来。当研究者给其提供奖励（诱因）时，儿童才将观察习得的行为表现出来。此外，当观察的榜样行为能给学习者带来有价值的结果时，习得的行为也易于表现出来。

班杜拉对观察学习过程的描述有助于我们更深入地认识学生态度的习得。如学生在课余时间观看了动画片、电影，他们观察了其中的榜样（可以是主人公，也可以是配角），对榜样的行为及其后果也保存在记忆中，而且榜样表现的行为都是学习者已掌握的行为，即他们不需要通过练习来学习这些行为。看完动画片或电影后，短时间内看不出学生有什么变化，但在之后的某个时间，面对某种场景，学生会突然表现出动画或电影中榜样的言行（如突然对人不礼貌、说脏话），究其原因，学生也知道是跟动画片或电影里的人物学习的。学生的这种表现说明，在观看动画片、电影中的榜样时，他们习得并保持了榜样的言行，在以后遇到与榜样类似的场景，这种线索便激活了学生习得的榜样的言行。因此，对于为广大儿童及青少年制作和拍摄的动画片、电影，要认真考虑其中人物的言行，以免片中榜样不良的言行给儿童和青少年造成消极影响。

（二）通过说服改变态度

说服是改变一个人态度的最常用方式，但说服在改变态度上的效果变化很大。研究发现，影响说服效果的主要因素是学习者对说服性信息的加工能力与动机。具体来说，在面对说服性信息时，个体会因其加工信息的动机和能力的不同而形成两条加工信息的路线：中心加工路线和边缘加工路线（详见图 3-5）。[1]

---

　　[1]　改编自 Hewstone, M., Stroebe, W., & Jonas, K. (2012). *An introduction to social psychology* (5th ed.). Chichester: The British Psychological Society and John Wiley & Sons Ltd., p.209.

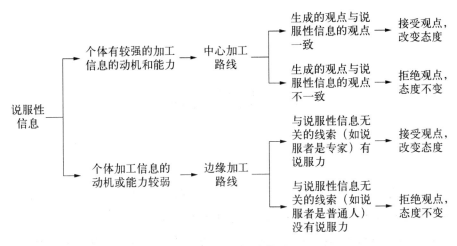

图 3-5　态度改变模型

当个体有加工说服性信息的动机,也具有加工这些信息的能力(有时间、有与说服性信息相关的知识)时,会按中心加工路线对信息进行加工。个体会深入细致地思考说服性信息中呈现的观点(一种精加工活动),当个体经过深入思考得出的观点与说服性信息中呈现的观点一致时,个体就有可能被说服而转变其原先持有的态度;当个体经过深入思考得出的观点与说服性信息中呈现的观点相矛盾时,个体就难以被说服,其态度也不会发生转变。在这种类型的加工中,说服性信息的质量与说服力会对个体的精加工活动产生重要影响。

当个体缺乏加工说服性信息的动机(如认为说服性信息无关紧要),或者缺乏加工这些信息的能力(如没有时间或缺乏相关知识)时,个体会按边缘加工路线对信息进行加工。在这种加工活动中,个体较少深入细致地加工说服性信息,而是更关注与说服性信息的内容、质量无关的一些线索(如说服者的吸引力、身份或呈现的说服性信息量),并根据这些线索来决定接受还是拒绝说服性信息中的观点。如个体可能会根据"专家是可以信赖的,一般人不值得信任""如果说服者是我喜欢的人,就相信他的观点""较长较多的说服性信息是值得信赖的"这样一些决策规则,在没有对说服性信息进行深入思考和精加工的情况下就作出接受或拒绝其观点的决定,并导致其态度发生改变或不变。

第四章

教学内容

宽泛地讲,教学是为促进学生学习而特意做的任何事情,做这些事情的主体可以是教师,也可以是教科书及教辅材料的编写人员、学习软件的开发人员,等等。就学校教育情境中学生的学习而言,通常离不开教科书及相关的教学材料,因为学生要习得的绝大部分知识、技能与态度都体现其中。就学校教育情境中的教学工作而言,教科书及相关的教学材料是一个重要依托,因为其中呈现了需要教给学生的内容,这些内容的选择与确定,需要课程专家在综合考虑国家的教育宗旨与目的、学科的内容与逻辑以及学生的心理发展水平等因素基础上作出科学决断。确定了这些内容之后,还需要以文本、图表等形式将其呈现在教科书及相关的教学材料中。这种呈现教学内容的工作本质上也属于教学,根据教学的定义,需要在促进学生学习的大背景中来考虑教学内容的呈现。本章专门论述教学内容,首先介绍教学内容的含义以及指导教学内容呈现的有关理论,而后阐释基于理论的教学内容呈现技术。

第一节　教学内容的含义

通俗地讲,教学内容就是教学时要教什么。教学内容是教学的重要组成部分,因此在介绍如何呈现教学内容之前,需要先来明确教学内容这一概念。

一、教学内容的来源、选择与载体

教学内容不是凭空而来的,它源自人类千百年来积累下来的知识经验,但这些知识经验并不都能成为学校中的教学内容,还需要经过一定的选择、整理与呈现。

（一）教学内容的来源

教学内容源自人类长期积累下来的知识。由于自然、社会及人类自身的复杂性，这些知识通常被划分为不同的学科领域，如物理学、化学、社会学、经济学、心理学等。人类积累下来的这些知识是那些终生在某一学科领域从事研究和工作的学者如数学家、物理学家、历史学家等在学科问题上达成的共识。[①] 这也意味着，这些共识会随时间的推移而发生变化，因为随着某一领域研究的不断深入，会有新的发现，当这些新发现逐渐被领域内学者认可时，学者们就在这一问题上达成了新的共识。科学发展史上这样的事例屡见不鲜。如天文学领域在 2006 年之前，冥王星被公认为太阳系的九大行星之一，但随着天文观测和行星学理论的进展，国际天文学联合会在 2006 年 8 月 24 日投票通过关于行星的新定义，即行星的定义包括三点：第一，必须是围绕恒星运转的天体；第二，质量必须足够大，来克服固体引力以达到流体静力平衡的形状（近于球体）；第三，必须清除轨道附近区域的小行星，公转轨道范围内不能有比它更大的天体。根据新的行星定义，冥王星被降级为矮行星，太阳系有八大行星的事实便成为天文学家的共识。作为专家共识的人类知识在不断发生变化，由此，源自其中的教学内容也不断发展变化。

（二）教学内容的选择

作为学科专家共识的人类的知识不可能全部成为学校的教学内容，在成为教学内容之前，通常需要由学科教育专家进行选择。选择时一般依据国家的教育目的以及让学习者成功适应将来生活、学习、工作的要求等标准来进行，这意味着，从人类积累下来的知识中选择的内容要能够让学习者成功适应未来的情境。如在 20 世纪以前，珠算曾经被选择为我国小学数学的教学内容，但现在的小学数学教学内容中删除了珠算的内容，因为 21 世纪的学习者未来的生活、学习与工作基本用不上珠算，相反，现代信息技术则是他们将来必备的，因而信息技术的相关内容就被选择出来成为教学的内容。

（三）教学内容的载体

被选择出来的教学内容要借助一定的媒介进行储存、呈现和传播，并作为教学的重要依据。通常，选择出的教学内容体现在课程计划、课程标准、教科书中。在课程标准中，教学内容通常以"内容标准"的形式呈现。

---

① ［美］安德森，L.W.，等.布卢姆教育目标分类学修订版——分类学视野下的学与教及其测评（完整版）.蒋小平，等译.北京：外语教学与研究出版社，2009：10.

如《普通高中地理课程标准（2017 年版 2020 年修订）》的第四部分"课程内容"的"内容要求"中，详细列出高中地理的教学内容及教学要求，其中"选修 3 自然灾害与防治"模块的部分内容及要求如下：①

> 说明自然灾害的类型及其对人类社会的影响；
>
> 举例说明虫灾、鼠灾等生物灾害的危害；
>
> 以地震等一两种自然灾害为例，列举适当的应对方法或应急措施。

上述内容要求中提到的"自然灾害的类型及其对人类社会的影响""虫灾、鼠灾等生物灾害的危害""应对地震灾害的措施"，就是经过专家选择的共识性的教学内容。

教科书是教学内容最为详尽的载体。但需要注意的是，教科书中的所有内容并不一定都是教学内容，因为教科书除了呈现教学内容外，还要发挥促进学生学习的作用，因此会添加一些旨在促进学习的材料（如练习题目、引发学生思考的问题等），这些材料服务于促进学生学习的活动，但并不属于教学内容。如历史教科书上呈现了一段有关历史事实的材料要求学生进行分析：②

> 李鸿章晚年这样评价自己的洋务事业："我办了一辈子的事，练兵也，海军也，都是纸糊的老虎，何尝能实在放手办理？不过勉强涂饰，虚有其表……"——吴永《庚子西狩丛谈》。这段话反映的观点是什么？你怎样看待他的说法？

这段材料并不是历史教学内容，而是服务于学生学习相关历史内容的：如历史唯物主义的原理、分析与评价历史人物或事件的方法，这些原理或方法才是历史教学内容，呈现的材料是帮助学生习得教学内容的。

教学内容的来源、选择与呈现过程详见图 4 - 1。

图 4 - 1　教学内容的来源、选择与呈现过程

---

① 中华人民共和国教育部.普通高中地理课程标准（2017 年版 2020 年修订）.北京：人民教育出版社，2020：18 - 19.

② 教育部组织编写.义务教育教科书（五·四学制）中国历史第三册.北京：人民教育出版社，2018：23.

二、教学内容的本质与类型

(一) 教学内容的本质是知识

上述关于教学内容来源与选择的介绍中,已暗含教学内容本质的看法:教学内容的本质是知识。对此,安德森等人在修订布卢姆教育目标分类学时特别指出,他们用"知识"一词来指称由学科专家达成的且处在不断发展变化中的共识。[①] 从这些共识中选择出来的教学内容当然也是知识。国内的教学研究专家裴娣娜也主张将教学内容的本质归结为"知识"。她指出,教学内容是根据教学目的、学生的年龄特点从人类千百年认识成果中精选的特殊的知识系统。[②]

(二) 教学内容的类型

教学内容都包括哪些类型呢?由于教学内容的本质是知识,知识又是认知心理学致力研究的对象,许多学者便借鉴认知心理学有关知识分类的研究来对教学内容进行分类。

如安德森等人将作为教学内容的知识分为事实性知识、概念性知识、程序性知识、元认知知识四类,具体内容参见本书第二章的介绍。

梅里尔(M. David Merrill)在《首要教学原理》一书中将教学内容分为四类:事实性知识、概念性知识、过程性知识、原理性知识。

裴娣娜在界定教学内容时指出,教学内容表现为各自学科中的事实、观点、概念、原理和问题。据此认为,教学内容可以分为事实、观点、概念、原理和问题五类。[③]

莫里森(Gary R. Morrison)等人在《设计有效教学》一书中,将教学内容分为六类:事实——两个项目之间的人为联系;概念——用来将类似的观点、事件、客体归为一组时使用的类目;原理和规则——描述的是两个概念之间的关系;程序——学习者完成任务需要执行的一系列步骤;人际技能——与他人互动的言语与非言语技能(如肢体语言);态度——行为的倾向。[④]

纵观国内外学者对教学内容的分类,可以发现其中既有共识也有分歧。首先,事实或事实性知识是教学内容的一种类型得到较大程度的认可,梅里尔讲

---

① 　[美] 安德森,L.W.,等. 布卢姆教育目标分类学修订版——分类学视野下的学与教及其测评(完整版). 蒋小平,等译. 北京:外语教学与研究出版社,2009:10.

②③ 　裴娣娜. 教学论. 北京:教育科学出版社,2007:161.

④ 　Morrison, G. R., Ross, S. M., Morrsion, J. R., & Kalman, H. K. (2019). *Designing effective instruction* (8th ed.). Hoboken, NJ: John Wiley & Sons Inc., pp.77 - 78.

的言语信息相当于事实。[①] 其次，程序或程序性知识这种教学内容类型也得到较大程度的认可。再次，教学内容中有一类概念性的、结构化的知识被识别出来，但不同学者对其的称呼不一致，有人称之为"概念"，有人称之为"概念、原理和规则"，还有人称之为"概念性知识"，安德森等人称之为的"概念性知识"，有较好的概括性和涵盖范围，可以将其识别为一种明确的教学内容类型。此外，还有一些教学内容类型为个别学者提及，如安德森等人提出的元认知知识，这是一种关于一般认知和自我认知的知识，其本质仍具有概括性，但其内容不是关于自然界的概括认识，而是关于认知及自我认知的概括性认识，因而可以依据概括性的特点，将其纳入概念性知识。又如梅里尔等人提出的过程性知识，是从条件与结果的关系角度来阐述过程的，强调作为一个完整过程组成部分的条件与结果的关联，这与安德森等人提出的概念性知识中的理论、模型较为接近。再如莫里森等人提出的"人际技能"与"态度"，关注与他人的互动以及对待人、事、物的行为倾向，这些技能与倾向也可以用一些与人、事、物互动的规则或规范来描述，而且这些规则、规范可适用于多种情境，也适用于特定类型的人、事、物，因而其本质也有一定的概括性，可纳入安德森的概念性知识类型。不过，这类概括性的规则、规范涉及的领域主要是人际互动以及社会群体，与涉及人的认知以及自然界的规则有所区别。裴娣娜区分的"观点"可以纳入事实或原理，不过，依据安德森等人的观点，学科专家在其学科领域的问题上达成的共识才可以作为知识，因而裴娣娜区分的"问题"不宜作为教学内容的类型。

根据上述对国内外学者有关教学内容分类的分析，在坚持教学内容即知识的前提下，本书将教学内容分为事实性知识、概念性知识、程序性知识三类，其中概念性知识又细分为概念、原理与规则、理论与模型，对其中的原理与规则，依其涉及的领域不同，再进一步分为有关人际互动的社会性规则、有关肌肉运动的规则、有关认知的规则、有关自然界的规则（见图 4 - 2）。

三、教学内容与教学目标

教学内容的本质是知识，这里的知识是外在于学习者的，通常储存于教材等外部媒介。这些知识要变成预期的或现实的学生的学习结果，还需要学生掌

---

① Merrill, M. D. (2013). *First principles of instruction*. San Francisco: Pfeiffer, p.49.

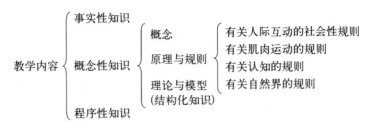

图 4 - 2　教学内容的分类

握这些知识。那么,"掌握"又是什么意思呢? 对此,教学心理学主张用学习者在其头脑中执行的针对这些知识的不同类型的认知过程来描述学习者对知识的掌握程度。

如安德森等人就明确提出用知识与认知过程的结合来描述不同类型的教学目标,他们主张基于事实性知识、概念性知识、程序性知识、元认知知识这四类知识和记忆、理解、运用、分析、评价、创造这六类认知过程的不同组合来描述教学目标,甚至还可以用其来描述教学过程和教学评价,具体内容参见本书第二章的有关论述。莫里森等人在对教学内容进行分类的基础上,也主张通过学习者针对教学内容执行的认知过程来描述教学目标,与安德森等人类似,他们提出如表 4 - 1 的两维表来描述教学目标。[1]

表 4 - 1　莫里森等人对教学目标的描述

	回　忆	运　用
事实		×
概念		
原理与规则		
程序		
人际技能		
态度		

从表 4 - 1 中可以看出,他们提出的认知过程较为简单,仅涉及回忆和运用两类,而且"运用事实性知识"这类目标是不存在的,因为事实通常仅要求学生

① Morrison, G. R., Ross, S. M., Morrsion, J. R., & Kalman, H. K. (2019). *Designing effective instruction* (8th ed.). Hoboken, NJ: John Wiley & Sons Inc., pp.120 - 121.

执行"回忆"这种认知过程。

梅里尔在区分教学内容的四种类型（事实性知识、概念性知识、过程性知识、原理性知识）基础上，也通过引入学生的不同认知过程来与教学内容的类型相结合，从而刻画教学目标（见表 4－2），其中与事实性知识相关联的认知过程主要是记忆，没有"运用事实性知识"和"发现事实性知识"这样的目标。

表 4－2　梅里尔对教学目标的分类

	记　忆	运　用	发　现
事实性知识		×	×
概念性知识			
过程性知识			
原理性知识			

我国的一些教学研究者在借鉴布卢姆教育目标分类学的基础上，也提出了类似的描述教学目标的思路。如历史教学工作者赵恒烈就从知识的角度把历史学科的教学内容分为史实知识、理论知识、技能知识三类，而后又针对这些知识提出学生执行的识记、理解、评价、应用四种认知过程。这四种认知过程与相应的知识相结合构成历史教学目标（见表 4－3）。[①]

表 4－3　赵恒烈的历史教学目标分类

	识　记	理　解	评　价	应　用
史实知识				
理论知识				
技能知识				

总之，外在于学习者的作为教学内容的知识，必须与学习者的认知过程相结合才能转变为预期的学生的学习结果（教学目标）和已实现的学生的学习

---

①　赵恒烈.赵恒烈历史教育选集.北京：人民教育出版社，2005：45.

结果(素养)。在学习者的具体认知过程的界定上,梅里尔识别出记忆、运用、发现三类,莫里森等人则简化为回忆和运用两类。不管是两类还是三类认知过程,它们与知识的结合方式都是一样的,即单一的认知过程作用于单一的知识类型,如"记忆事实性知识""运用程序"等,这样就无法描述涉及各种知识类型及多种认知过程的教学结果。相比之下,安德森等人提出的六类认知过程,不仅比梅里尔、莫里森提出的更多样,而且其中分析、评价、创造三类认知过程的执行通常结合在一起,同时还要依托多种类型的知识,或者说这三类认知过程与知识的结合方式是基于多种知识类型来执行多种认知过程,这样可以描述整合的学习结果,如问题解决、批判性思维、创造性思维等高阶能力。考虑到安德森等人提出的六类认知过程基于认知心理学的研究且脱胎于布卢姆等人1956年的教育目标分类学,以及布卢姆教育目标分类学的广泛国际影响,本书采用安德森等人提出的六类认知过程及其与知识的结合方式来描述学习结果(见表4-4)。

表4-4　知识与认知过程的结合

知　识　类　型	认知过程类型					
	记忆 1	理解 2	运用 3	分析 4	评价 5	创造 6
事实性知识　A 事实						
概念性知识　B 概念						
C 有关自然界的规则						
D 有关肌肉运动的规则						
E 有关认知的规则						
F 有关人际互动的社会性规则						
G 理论与模型(结构化知识)						
程序性知识　H 程序						

本书第二章提出的教学目标分类,可以在表4-4中找到对应位置,并从知识与认知过程相结合的角度更深入地认识这些教学目标类型,其对应关系见表4-5。

表 4 - 5　本书提出的教学目标类型的知识与认知过程分析

目　标　类　型		知识与认知过程
知　识	单一的事实	A1
	整体的知识	G1、G2
技　能	智慧技能	B3、C3、H3
	动作技能	D3、H3
	认知策略	E3、H3
态　度		F5
整合的教学目标		(A……H)(1 - 6)

对表 4 - 4 和表 4 - 5 的内容，需要作如下三点说明。

第一，关于"知识"一词的使用。"知识"一词在表中及本章多处出现，其含义随出现的语境不同而有差异。在本书中，"知识"一词既可以指外在于学习者的、储存于百科全书、词典、互联网、教科书等外部媒介上的人类的知识(有时也称之为书本知识)，也可以指储存于学习者头脑中的有组织的个体的知识，[1]其中"个体的知识"即已在个体身上实现的学习结果或素养，可以进一步分为狭义和广义两种。在教学领域，狭义的知识通常指作为教学内容的知识与学习者的记忆、理解这两种认知过程相结合而习得的学习结果，具体表现就是学习者能利用自己的语言将已经习得并保存的教学内容陈述出来，这类知识又叫陈述性知识。广义的知识泛指学习者已经习得的各种学习结果。本书第二章介绍的梅耶的知识观就属于广义的知识。表 4 - 5 中左栏提及的"知识"由于与"技能""态度"等相并列，在这种语境中就被看作狭义的知识，而表头上提及的知识，则是指作为教学内容的、能体现专家共识的人类知识的一部分。不同的"知识"术语之间的关系见图 4 - 3。

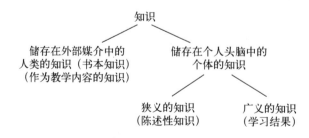

图 4 - 3　不同的"知识"术语之间的关系

① 皮连生.智育心理学(第二版).北京：人民教育出版社，2008：34.

第二,关于态度与知识。表 4-5 中将态度理解为掌握特定类型的知识,即对有关人际互动的社会性规则的知识,学习者达到评价的掌握程度。换言之,学习者会在特定情境中依据社会规范对特定的人、事、物作出评价。这种对态度的理解与心理学对态度本质的认识是一致的,如在社会心理学领域,心理学家倾向于将态度界定为"根据认知、情感、行为方面的信息对某一客体所作的总体评价",[1]或者简单界定为"对某客体的积极或消极的评价"。[2] 这些定义中的"客体"包括人、事物、事件、问题等,个体基于有关信息对这些客体作出的喜欢或讨厌、赞成或反对之类的评价性判断,就表明他持有的态度。态度的这些界定与布卢姆认知目标分类学(修订版)中有关"评价"的教学目标非常接近。"评价"这一认知过程涉及学习者依据准则对事物作出判断,这种判断准则既包括外在的准则,又包括内部一致性准则,[3]它们都属于概念性知识。而"评价"这种较复杂的认知过程与知识结合而形成教学目标时,通常要依赖多种知识,即学习者要基于多种知识来评价某一对象。社会心理学的态度定义"根据认知、情感、行为方面的信息对某一客体所作的总体评价"同布卢姆认知目标分类学(修订版)描述的"评价"这一认知过程与知识结合后的结果非常相似,都属于根据多方面的知识对一定的对象执行评价过程。不过,布卢姆认知目标分类学(修订版)中"评价"的含义更为概括,"评价"的对象更为广泛(包括但不限于态度对象)。因此,可以从知识与认知过程相结合的角度来对"态度"这种素养作出描述。

第三,关于表中的空格。本书提出的教学目标分类难以完全覆盖表 4-4 的所有表格,表中有些格子是空的,如"记忆概念""记忆程序"等。从理论上讲,这类空格提示的知识与认知过程的结合也是学生学习的结果,但在实际的教学中,这类学习结果很少被作为教学目标,即我们通常不期望学生习得诸如"记忆概念""记忆程序"之类的学习结果,虽然一些学生会表现出记住了某一程序,但教师实际上期望学生习得的结果是"运用程序",换言之,概念、规则、程序之类的知识与理解、运用等认知过程结合的机会较多,与记忆结合的机会较少,学生记

---

① Hewstone, M., Stroebe, W., & Jonas, K. (2012). *An introduction to social psychology* (5th ed.). Chichester: The British Psychological Society and John Wiley & Sons Ltd., p.173.

② Franzoi, S. L. (2009). *Social psychology* (5th ed.). Boston: McGraw-Hill Higher Education, p.147.

③ [美]安德森,L.W.,等.*布卢姆教育目标分类学修订版——分类学视野下的学与教及其测评(完整版)*.蒋小平,等译.北京:外语教学与研究出版社,2009:62-63.

住了但不会运用,这种结果是教师不愿看到的。因此,表4-4仅用来揭示教学目标的实质,不能机械地认为它是用来规范如何确定教学目标的。

第二节　指导教学内容呈现的理论

根据教学的定义,教学内容的呈现也要以促进学生的学习为根本目的。由于教学内容多体现在以文字、图片、图解为载体的教科书及相关教学材料中,因而指导教学内容呈现的理论应当能描述学生从教科书中学习的机制。梅耶的多媒体学习理论以及斯韦勒的认知负荷理论就是这方面的两个典型理论。

一、梅耶的多媒体学习理论

自20世纪90年代以来,美国教学心理学家梅耶面对信息技术在教育领域广泛应用的形势,结合认知心理学对学生学习心理机制的描述,依据基于实验证据的原则,深入研究了学习者从多媒体中学习的心理机制,提出多媒体学习理论。该理论不仅可以描述学生学习的心理机制,而且可以指导教学的设计,包括教科书、教学材料的设计。

(一) 多媒体的含义

“多媒体”一词在日常生活与教学实践中,通常是指计算机、投影仪、视频等信息技术,这一理解只是笼统指称了多媒体的例证,未能深刻揭示多媒体的实质。从理论构建和研究的角度看,概念上的含糊不利于理论的发展和研究的开展。为此,梅耶首先明确界定了“多媒体”一词。

梅耶认为,多媒体是指能同时呈现文本和图片的媒介或媒介组合。这里的“文本”既包括书面文本(文字),也可包括口头文本(话语);“图片”既包括静态的图片(如照片、图解、地图、图表等),也包括动态的图片(如视频、动画等)(见图4-4)。能同时呈现文本和图片的媒体就是多媒体。[①] 如教育电影中既有动态的图片,又配有相应的言语解说,这就构成了典型的多媒体。又如,图文并

多媒体 ⎰ 文本 ⎰ 书面文本
　　　　　　　　　口头文本
　　　　　⎱ 图片 ⎰ 静态图片
　　　　　　　　　动态图片

图4-4　多媒体含义图解

---

① Mayer, R. E. (2001). *Multimedia learning*. New York: Cambridge University Press, p.2.

茂的教科书,因其中既有文本,又有照片、图解,也可以看作多媒体。此外,即使课堂上教师对一幅教学挂图进行口头讲解,因其中包括静态的图片(挂图)和动态的文本(解说),也可以视作多媒体。由此看来,与我们日常生活中对多媒体的理解相比,梅耶对多媒体的界定相对宽泛,这使得学校教育情境中的教学基本上都是涉及多媒体的教学,因而研究学生从多媒体中学习的规律对做好教学工作至关重要。

(二) 多媒体学习理论

梅耶根据学习的认知架构研究以及他对"多媒体"概念的界定,提出了一个解释学生从多媒体中学习的模型(见图4-5)。

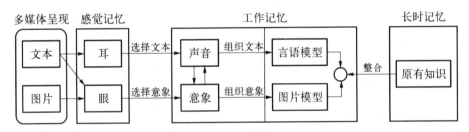

图 4-5　梅耶的多媒体学习模型

梅耶指出,这一模型描述了外界的信息转换为学习者头脑中的知识要经历的不同表征形式(梅耶用"知识"一词来指称学生习得的各种学习结果)。图中最左列说明的是信息的外部表征,此时的信息通常存在于动画、课件和教科书等多媒体中。在第二列,由口头言语呈现的信息作用于耳,信息在听觉感觉记忆中被保存为听觉感觉复本;由图片和书面文字呈现的信息作用于眼,在视觉感觉记忆中被保存为视觉感觉复本。第三列说明学习者对感觉记忆中的视觉、听觉刺激复本予以注意并将其转换为声音或意象而送入工作记忆。[①] 第四列说明的是,学习者在工作记忆中将声音转换为言语模型,将意象转换为图片模型。第五列说明的是学习者将言语模型、图片模型以及来自长时记忆的原有知识整合起来,形成知识而储存于最右边的长时记忆中。至此,学习者完成了把外界

---

① 意象(image)是指刺激作用于我们的各种感觉器官(眼、耳、鼻、舌、皮肤)后暂时形成的记忆痕迹,不仅有视觉和听觉意象,还有嗅觉、味觉、动觉等意象。梅耶的多媒体模型中的意象仅涉及听觉和视觉两种意象,通过视觉通道形成的意象有时又叫形象。

信息变成自己的知识的学习过程。[①]

梅耶还指出，这一模型体现了三条学习原理，即双通道原理、有限容量原理和主动加工原理。这三条学习原理都得到认知心理学理论和研究的支持。[②]

1. 双通道原理

双通道原理指出，人类具有两个独立的信息加工通道：一个通道负责加工以视觉形式呈现的材料；另一个通道负责加工以听觉形式呈现的材料。对于我们看到的信息，如动画、视频、实物模型等，一般由视觉通道予以加工，图4-5中的"图片——眼——意象——图片模型"的加工通道就是视觉加工通道；对于我们听到的信息，如教师的讲解、动画的解说，一般由听觉通道负责加工，图4-5中的"文本——耳——声音——言语模型"描述的就是听觉加工通道。

对同一信息的加工，还可以在不同加工通道间切换。如文本最初是在视觉通道中加工的，但在加工过程中，读者会把看到的文字转化成语音而送至听觉通道加工。同样，听到的讲解，最初是在听觉通道中加工，但学习者会对听到的内容展开想象，形成相应的形象，于是对形象的加工就转由视觉通道进行。一些教师在教学时很注重"言语直观"，即在没有直观媒体辅助的情况下，通过教师的语言来描述某种直观的东西，学生在听到教师的言语描述后，头脑中会浮现出相应形象，在这种教学情境中，学生对信息的加工就是从听觉通道转到视觉通道。图4-5中"意象"与"声音"之间的箭头表示的就是这种加工通道间的切换。

2. 有限容量原理

有限容量原理是指学习者的工作记忆能同时处理的信息量是有限的。在梅耶的模型中，这一原理被进一步表述为，学习者视觉和听觉两个加工通道中能加工处理的信息都是有限的。换言之，视觉和听觉加工通道是两个容量都有限的加工通道。具体的容量限制，正如本书第三章指出的，早期的认知心理学家认为是7±2个组块，现在的心理学家倾向于认为工作记忆的容量更小，大概在2—5个组块之间。这一原理主要来自有关工作记忆容量的研究。

3. 主动加工原理

主动加工原理是指学习者主动进行有关的认知加工以便对信息形成连贯

---

① Mayer, R. E. (2011). Applying the science of learning to multimedia instruction. In J. P. Mestre & B. H. Ross (Eds.), *The psychology of learning and motivation* (Vol.55). San Diego: Academic Press, p.83.

② Mayer, R. E. (2001). *Multimedia learning*. New York: Cambridge University Press, pp.42-62.

一致的心理表征。这一原理关注学习者的认知操作。梅耶综合多位研究者的研究后认为,学习者的主动加工主要是指学习者执行的选择、组织、整合等认知活动。选择是指学习者将注意集中于所呈现信息的有关方面并将其从感觉记忆移送到工作记忆,图 4-5 中的"选择文本"和"选择意象"就表示这一过程。组织是在工作记忆中,在新输入的信息内部建立联系,也可以称为学习者建立新知识内部的联系,图 4-5 中的"组织文本"和"组织意象"就表示这一过程。整合也是在工作记忆中进行的,学习者要把来自两方面的知识联系起来:一方面的知识是在工作记忆中经组织过程组织起来的知识,另一方面的知识是学习者从其长时记忆中提取到工作记忆中的知识,这一过程也可以叫作学习者建立新旧知识的联系。

二、斯韦勒的认知负荷理论

认知负荷理论是根据有关认知架构,尤其是工作记忆与长时记忆之间关系的知识而发展形成的一种教学理论,致力于依据实验研究的结果,开发能有效促进学生学习的教学程序。该理论发轫于 20 世纪 80 年代末,经过 30 多年的发展已成为一种解释学生学习与教师教学的有影响的理论。[①]

(一)认知负荷的含义

认知负荷是认知负荷理论的核心概念,与认知架构中工作记忆的特点紧密相关。工作记忆既能暂时保存信息,也能对保存的信息进行认知加工,不过它能同时保存或加工的信息的量都是有限的。[②] 呈现大量的新信息时,学习者通常要付出很大的努力来暂时保存这些信息,还要有意识地对这些信息进行认知加工,这时学习者会感觉到吃力或"费脑筋",斯韦勒用认知负荷来指称学习者的这种体验。可以说,认知负荷是那些必须在工作记忆中暂时保存和加工的信息给容量有限的工作记忆施加的负荷。如给你一道多位数进位加法的算术题:278+456＝? 要求进行心算而不是笔算。从心理学的角度来看,心算就是要在

---

① Sweller, J. (2011). Cognitive load theory. In J. P. Mestre & B. H. Ross (Eds.), *The psychology of learning and motivation* (Vol.55). San Diego: Academic Press, p.38.

② 为解释这一现象,心理学家提出"工作记忆资源"这一概念,认为工作记忆中用于保存和处理信息的资源是有限的,所以有限的资源只能保存和处理有限的信息,这一有限的工作记忆资源有时又被称为"工作记忆容量","工作记忆容量"与"工作记忆资源"指称的是同一事物,下文会依据具体情境交替使用这两个概念。

工作记忆中进行加法运算，还要暂时在其中保存运算的结果，这就是说，你要在心里进行将两个加数的个位、十位、百位的数字分别相加的运算，还要进行把个位、十位进到十位、百位上的"1"累加上去的运算，此外，你还要在工作记忆中暂时保存两个加数的个位、十位上数字相加的结果。在这一心算过程中，你会感到非常吃力，因为你不仅要忙于数字的运算，还要忙于暂时保存运算的结果。当有待学习的新信息过多或过于复杂而超过工作记忆能暂时保存和加工的信息的限度时，就会出现工作记忆负荷过重的情况，这时，由于没有足够的工作记忆资源，学习者或者不能在工作记忆中暂时保存需要习得的部分信息，或者不能在工作记忆中将需要关联起来的若干信息成分关联起来，这样导致的结果就是，学习者没有办法习得大量信息，换言之，学习没有办法发生或进行下去。因此，从认知负荷的角度看，学习要尽可能避免出现认知负荷过重的情况，要确保新呈现的信息能被学习者容量有限的工作记忆有效加工。

（二）认知负荷的实质

斯韦勒主张用"成分相互作用性"这一概念来解释认知负荷的实质。成分相互作用性是一个描述学生接收的信息或学习材料复杂程度的概念，指因为在逻辑上有联系而必须同时在工作记忆中加工的信息成分或要素。[1] 如学生在学习人体血液循环中的体循环与肺循环的有关内容时，左心房、右心房、左心室、右心室、肺动脉、肺静脉、动脉血、静脉血等彼此之间存在逻辑联系的概念就必须同时在工作记忆中予以加工和关联，这些概念就属于相互作用的信息成分。信息成分的相互作用性在一定程度上决定了它施加给学习者工作记忆的认知负荷。当信息成分彼此孤立时，其成分相互作用性低，学习者没有必要将其同时保存在工作记忆中，也没有必要在不同信息成分之间建立逻辑联系，因而工作记忆的负荷不重；当信息成分相互作用性强时，学习者不仅要将其同时暂存在工作记忆中，还要在工作记忆中建立各成分之间的联系，这时就会占用较多的工作记忆容量，学习者就会体验到较重的认知负荷。

用信息成分的相互作用性来解释认知负荷的问题在于，对具体的学习任务和学习者而言，较难确定其中的成分到底是什么，而且，对不同的学习者而言，同一学习任务涉及的相互作用成分可能完全不同，对新手学习者而言若干相互作用的成分，对专家学习者而言只是一个成分，因为专家学习者已在长时记忆

---

① Sweller, J., Ayres, P., & Kalyuga, S. (2011). *Cognitive load theory*. New York: Springer, p.58.

中将多个相互作用的成分组织成一个成分。此外,成分相互作用性的概念在解释认知负荷时,未明确考虑时间因素。对同样的相互作用的信息成分,在较短时间内学习相较于在较长时间内学习,前一种情况会让学习者体验到更重的认知负荷。

卡柳加(Slava Kalyuga)和普拉斯(Jan L. Plass)主张在描述和解释认知负荷时,将时间因素和工作记忆中执行的认知过程一并考虑。[①] 他们提出,认知负荷是在一定时间段内,学习者为达成一定的目标而在工作记忆中执行的认知过程的强度。如在一定的时间段内,学习者学习给定的内容时,要在工作记忆中执行如下的认知操作:忽视对无关信息的加工,将注意转向有关的信息,梳理文字与图片的对应关系,将呈现的有关信息与长时记忆中的原有知识进行整合,从呈现的信息中进行推断和概括,等等。特定时段内工作记忆中执行的这些认知操作会让学习者体验到较重的认知负荷。卡柳加等人提出的工作记忆中执行的认知过程,与斯韦勒提出的工作记忆中对相互作用成分的加工大同小异,不过,卡柳加等人明确将时间因素也纳入对认知负荷的解释。

综合来看,认知负荷是学习者在一定时间段内,在工作记忆中处理相互作用的信息成分时体验到的负荷。

(三) 认知负荷的类型

根据引起认知负荷的因素的不同,认知负荷理论进一步区分了认知负荷的两种类型:内部认知负荷与外部认知负荷。

内部认知负荷是由学习材料的复杂性(可以用成分相互作用性来描述)和学习者原有知识的相互作用而施加给工作记忆的负荷。当学习的材料或内容由彼此孤立的成分组成,对某一成分的学习不必参考其他成分时,学习材料的复杂性低,学习者体验到的认知负荷也轻。如学生在英语课上学习 10 个英语单词,对每个单词的学习不必参照其他单词的学习就可以进行,这种学习材料给学习者施加的就是较轻的内部认知负荷。当学习的材料因各部分之间有紧密的逻辑联系而必须相互参照时,学习材料的复杂性就高,如果学习者缺乏相关知识而难以将不同成分组织起来时,学习材料给学习者的工作记忆施加的就是较重的内部认知负荷。如学生学习月相变化的规律时,需要同时考虑月球、地

---

① Kalyuga, S., & Plass, J. L. (2018). Cognitive load as a local characteristic of cognitive processes. In R. Z. Zheng (Ed.), *Cognitive load measurement and application*. New York: Routledge, pp.61 - 62.

球、太阳、日期等要素彼此之间的逻辑关系，这种复杂的学习材料就会给学习者施加较重的认知负荷。

外部认知负荷是由不良的或未予优化的教学设计而施加给学习者的，这类认知负荷通常无益于学习。在安排教学时，教师除了让学生学习有关的材料外，还给学生额外提供一些信息，当这些信息或信息呈现的方式对于要学习的材料而言是不必要的或不相关的时，学生仍要利用其有限的工作记忆容量来加工处理这些信息，这时这些信息对工作记忆施加的负荷就是由学习材料之外不必要、不相关的信息导致的，可称之为外部认知负荷。设计教学时尽量减少外部认知负荷是认知负荷理论关注的主要问题。[①] 如科学教科书在呈现洋流形成的原因时，还呈现了一幅货运巨轮在海上航行的图片，该图片与洋流形成的原因不相关，学生对该图片内容的学习会给其工作记忆施加外部认知负荷，不利于学生的学习。又如，学生学习几何证明的例题时，文字证明和相应的几何图形被印刷在不同的页面上，学生学习时要来回翻阅才能将文字与图形对照和匹配。由于信息呈现方式不便于学生直接在文字与图形之间建立对应关系，这种内容呈现方式对学生的工作记忆施加的也是外部认知负荷。

在认知负荷理论发展过程中，研究者还提出了另一种认知负荷类型——相关认知负荷，这是指学习者积极主动地将有限的工作记忆资源用于处理所学习的材料时体验到的负荷。[②] 如对于要学习的复杂材料，学习者在学习时投入了巨大的努力，他不仅努力地用原有的知识经验来理解学习材料的内容，还努力去发现学习材料的内在逻辑联系，由于学习者做出的这种加工学习材料的活动与其学习的目标紧密相关，故将其对工作记忆施加的负荷称为相关认知负荷。提出相关认知负荷的初衷是更全面地刻画认知负荷的特点。如上文所示，对于学生的学习而言，外部认知负荷是要尽力减少的，内部认知负荷是由学习材料本身的复杂性决定的，过于复杂的学习材料给工作记忆施加的负荷有可能超出工作记忆容量的限制，因而也要对内部认知负荷进行必要管理，使之不会超过学习者工作记忆容量的限制。在这些背景中，认知负荷带有消极意味，是在设计教学时要尽力减少或控制的对象，而相关认知负荷的提出则使认知负荷带有

---

① Sweller, J. (2010). Element interactivity and intrinsic, extraneous, and germane cognitive load. *Educational Psychology Review*, 22, 123-138.

② Sweller, J., van Merriënboer, J. J., & Paas, F. G. (1998). Cognitive architecture and instructional design. *Educational Psychology Review*, 10, 251-296.

积极意味,即一些认知负荷不仅不会干扰学习,反而会促进学习,教学时要适当增加相关认知负荷以促进学习。不过,由于相关认知负荷是工作记忆资源被学习者用于处理复杂的学习材料的,斯韦勒等人又提出,相关认知负荷其实是附属于内部认知负荷的,[①]对认知负荷的理论发展来说,将认知负荷区分为内部与外部两类就已经够了,没有必要再增加一个相关认知负荷的类别。[②] 但也有学者在认同"相关认知负荷是内部认知负荷的一部分,其占比可在 0%—100% 之间变动"这一观点的同时,认为有必要保留相关认知负荷这一概念,因为它与内、外认知负荷的不同之处在于,它是由学习者主动引发的,而且对学习有促进作用。[③]

三、多媒体学习理论、认知负荷理论与教学内容的呈现

梅耶的多媒体学习理论、斯韦勒的认知负荷理论都是以学生的认知架构为基础来揭示学生学习和教师教学的心理学规律。这两个理论对于教学内容的呈现、课堂教学活动的设计、教学媒体的选用都有很好的指导价值。这里先阐释这两个理论指导教学内容呈现的价值。

体现在教科书或相关教学材料中的教学内容,其形式基本上可以分成两类:用文字表述的内容和用图片、图解形式表述的内容。这两种形式的内容组合在一起就构成梅耶所讲的多媒体,从这一角度而言,学生从教科书及相关材料中学习的实质就是从多媒体中学习。梅耶对多媒体学习过程的描述为教科书的设计与编写人员提供了学生如何学习的阐述,也为其如何设计、优化相关内容以更有效地引发、促进学生的学习提供了有良好适切性与针对性的理论指导和研究建议。

对学习者而言,呈现的有待其学习的教学内容是相对复杂的,他们要利用容量有限的工作记忆来完成学习任务,因而教学内容的呈现要有利于学习者将有限的工作记忆容量用于相关内容的学习,而且要保证所学习的内容不会超过

① Sweller, J. (2010). Element interactivity and intrinsic, extraneous, and germane cognitive load. *Educational Psychology Review*, 22, 123-138.

② Kalyuga, S. (2011). Cognitive load theory: How many types of load does it really need? *Educational Psychology Review*, 23, 1-19.

③ Leppink, J. (2017). Cognitive load theory: Practical implications and an important challenge. *Journal of Taibah University Medical Sciences*, 5, 385-391.

其工作记忆容量的限制，以免工作记忆负担过重而导致学习不能顺利进行。认知负荷理论的内部认知负荷与学习材料的复杂性有关，外部认知负荷与教学内容的呈现方式有关，而呈现给学生的教学内容及其呈现方式，均需要在设计教科书及教学材料时考虑，因而认知负荷理论的视角和研究发现有助于以利于学生学习的方式来最优化地呈现教学内容。

第三节　教学内容的呈现技术

上一节介绍了指导教学内容呈现的多媒体学习理论与认知负荷理论，并阐释了这两种理论对教学内容呈现的适切性。本节根据这两种理论及相关的实证研究，提出一些具体可行的教学内容呈现技术，这些技术涉及文本的呈现技术、图片的呈现技术、文本与图片的搭配、问题的设计、生动有趣内容的添加等方面，其最终目的都是最大程度地促进学生的学习。

一、文本的呈现技术

文本是教学内容呈现的主要形式，对于有文字阅读能力的高年级学生的教学内容呈现而言，这一点尤为合适。呈现文本尤其是大段复杂的文字，需要一些技术来支持和促进学生的学习。教学心理学研究较多的是符号标志技术和会话技术。

（一）符号标志技术

符号标志技术是指突出文本的内容或结构而没有增加文本内容的写作技术。如教科书中常用的表示论述顺序的词语"首先""其次""再次"；表示总结的词语"总之""这样"；表示概览作用的词语"本节将讨论……"以及一些印刷格式如下划线、黑体/加深字体、有色字体、居中等，都属于符号标志。

符号标志不增加具体的内容，但可以使材料的结构更清晰，有利于读者形成对教科书内容连贯的表征。迈耶（Bonnie J. F. Meyer）等人给学生阅读有符号标志和没有符号标志的文章，读后对他们进行回忆测验。结果发现，阅读没有符号标志文章的学生，只回忆出文章中49%的逻辑关系，而阅读有符号标志文章的学生，则回忆出59%，但在具体细节的回忆上，两组学生没有显著差异。洛曼（Nancy L. Loman）和梅耶（Richard E. Mayer）也让学生阅读没有符号标志和有符号标志的关于红潮的一篇文章。

没有符号标志的文章：

是什么使海水变成红色并使大批鱼类死亡？远在人类刚刚记事的时候起，就有可恶的"红潮"发生了。

1947 年，科学家终于找到"红潮"的原因，是一种叫作恐鞭毛虫的海洋微生物。

恐鞭毛虫如此之小，以至于一滴水中就能容下 6 000 个。在分类上，它处于植物和动物之间的边缘。它能为自己制造食物，具有植物的特性。它又能自由地运动和吃其他生物，也具有动物的特性。

恐鞭毛虫仅仅是已经发现的许多浮游生物中的一种。浮游生物是指所有生活在海里的形状非常小的有生命物质。每当空气和水平静而温暖的时候，恐鞭毛虫以惊人的速度进行繁殖，此时水表面就出现一层红色的覆盖物，也被叫作"开花"。

"开花"的恐鞭毛虫排出一种有毒的分泌素，造成鱼类死亡。死鱼被冲上海滩，海滩不再适合被利用。未被毒死的鱼也不再适合被食用，商业性的捕鱼业也被迫停顿。

随着恐鞭毛虫耗尽了一个区域内的食物和氧，它们就会死亡，然后海水也会再度恢复正常。但是，当条件合适，"红潮"便又开花。

20 世纪以来，在佛罗里达州西海岸至少发生过九次"红潮"灾害。1957年，阿拉伯海受到"红潮"的侵袭。在不同时期，澳大利亚、秘鲁的西海岸都遭受过这种来自大海的灾难。

添加了符号标志的文章（加深字体表示）：

是什么使海水变成红色并使大批鱼类死亡？远在人类刚刚记事的时候起，就有可恶的"红潮"发生了。

1947 年，科学家终于找到"红潮"的原因，是一种叫作恐鞭毛虫的海洋微生物。

本课的目的是解释恐鞭毛虫的生命周期。恐鞭毛虫如此之小，以至于一滴水中就能容下 6 000 个。在分类上，它处于植物和动物之间的边缘。它能为自己制造食物，具有植物的特性。它又能自由地运动和吃其他生物，也具有动物的特性。

恐鞭毛虫的生命周期可分为三个阶段：恐鞭毛虫开花，恐鞭毛虫分泌

毒素,恐鞭毛虫死亡。

1. 恐鞭毛虫开花

恐鞭毛虫仅仅是已经发现的许多浮游生物中的一种。浮游生物是指所有生活在海里的形状非常小的有生命物质。每当空气和水平静而温暖的时候,**这会引起**恐鞭毛虫以惊人的速度进行繁殖,此时水表面就出现一层红色的覆盖物,也被叫作"开花"。

2. 恐鞭毛虫分泌毒素

"开花"的恐鞭毛虫排出一种有毒的分泌素,造成鱼类死亡。它们被冲上海滩,**结果**,海滩不再适合被利用。未被毒死的鱼也不再适合被食用,**因此**商业性的捕鱼业停顿下来。

3. 恐鞭毛虫死亡

随着恐鞭毛虫耗尽了一个区域内的食物和氧,它们就会死亡,然后海水也会再度恢复正常。但是,当条件合适,"红潮"便又开花。

20世纪以来,在佛罗里达州西海岸至少发生过九次"红潮"灾害。1957年,阿拉伯海受到"红潮"的侵袭。在不同时期,澳大利亚、秘鲁的西海岸都遭受过这种来自大海的灾难。

有符号标志的文章使用了三种符号标志技术:用总起句强调文章的结构;通过列出小标题来突出文章的主要部分;用关联词语(如"因此")强调文章中的因果关系。学生阅读文章后被要求完成三项测验:回忆文章内容,进行逐字逐句再认文章内容,问题解决(如回答"如何防止红潮")。测验结果发现,在对因果关系的回忆上,阅读有符号标志文章的小组比阅读无符号标志文章的小组多回忆50%的内容;在逐字逐句再认上,两组成绩差不多;在解决问题上,阅读有符号标志文章的小组比阅读无符号标志文章的小组多回答50%的正确答案。① 研究说明,符号标志技术可以将读者的注意指向教科书内容之间的内在联系上,促进他们把握教科书内容中的逻辑联系,从而提高他们知识迁移和创造性解决问题的能力。因此,编写教科书时不能黑压压地给学生呈现大段的文字,而应当综合运用标题、关联词语、字体的变化等手段,厘清教科书内容之间的内在联系。

---

① Mayer, R. E. (2008). *Learning and instruction* (2nd ed.). New Jersey: Merrill Prentice Hall, pp.369-371.

(二) 会话技术

会话技术是指采用第一人称(如"我""我们")或第二人称(如"你""你们")的叙述方式来呈现文字内容。对学习者而言,他们通常具有如下社会规则:在会话时有义务和责任尽力理解对方所言的内容。而会话技术在叙述时采用的第一人称或第二人称就是一种社会线索,能够激活学习者的这一规则,使学习者感觉到自己在与作者进行会话,因此要尽力理解对方叙说的内容;这种感觉也会引发学习者对会话内容进行深入加工以便更好地理解作者说了什么,引发的深入加工最终会导致学习者有较好的学习结果和表现。相反,不采用第一人称或第二人称的叙述方式,而是采用正式的第三人称叙述方式,就不会引发学习者的会话感觉以及相应的深入加工,其学习结果也将受到影响。

梅耶等人以人的呼吸系统运作机制为例,研究了采用会话技术呈现文字内容的效果。如在呈现有关人吸气的文字内容时,正式的呈现方式为:"吸气时,横膈膜下降,为肺留出更大空间,空气经口鼻进入,由咽喉和支气管而到达肺泡。"采用会话技术呈现的方式为:"吸气时,你的横膈膜下降,为你的肺留出更大空间,空气经你的口鼻进入,由你的咽喉和支气管而到达你的肺泡。"两种方式呈现的内容是一样的,仅在表述方式上有所区别。这种叙述人称上的不同对学生学习的影响也不同。在三次实验中,与正式的呈现方式相比,会话方式呈现的内容让学习者在迁移测验上有更好的表现,三次实验的效果量分别为 0.65、1.07 和 0.72,均属于中等和较大的效果量。[①] 后来,梅耶等人采用其他方面的学习材料(如闪电形成的机制、为假想的外星球设计植物等)所做的研究也得出类似的结论。在综合 11 项有关研究后,梅耶发现,会话技术在学生学习上产生的效果量较大,能达到 1.11。[②]

作为呈现文字内容的一种技术,会话技术简单易行,只需在文字上加上或替换成第一人称或第二人称的表述即可。不过,在运用这一技术时要明确其意图,那就是用会话的呈现方式来引发学习者深入加工有关文字内容,可以对关

---

① Mayer, R. E., Fennell, S., Farmer, L., & Campbell, J. (2004). A personalization effect in multimedia learning: Students learn better when word are in conversational style rather than formal style. *Journal of Educational Psychology*, 96(2), 389 – 395.

② Mayer, R. E. (2011). Applying the science of learning to multimedia instruction. In J. P. Mestre & B. H. Ross (Eds.), *The psychology of learning and motivation* (Vol.55). San Diego: Academic Press, p.101.

键的内容采用这一技术，不宜在整篇文本上过多使用这一技术，以免给学习者造成干扰而影响其学习。[①]

二、图片的呈现技术

图片也是呈现教学内容的重要媒介。相较于文字材料，图片可以简洁、直观地呈现有关教学内容。图片的设计与运用也要以促进学习者的学习为最终目标。下面从图片的特征与类型两方面阐释有关运用图片呈现教学内容的技术。

（一）用什么样的图片

逼真的照片还是突出关键特征的线条画？现代科学技术发达，获取逼真的图片已不是难题。很多教科书编写者喜欢使用一些实物照片，认为这样更真实，效果更好。但这种直觉却被研究否定。

德怀尔（Francis M. Dwyer）在 1967 年做了一个研究，研究内容是让四组大学生学习人的心脏解剖结构。四组参试者都听有关心脏知识的录音讲解，但使用的辅助手段不一样：第一组，一边听录音，一边在屏幕上看录音中提到的心脏各部位的名词；第二组，一边听录音，一边看屏幕上有关心脏各部位的轮廓图；第三组，一边听录音，一边看屏幕上有关心脏各部位的带有阴影的较详细的图；第四组，一边听录音，一边看心脏的照片。实验结果发现，轮廓图突出了心脏的关键特征，消除了无关特征，所以它产生了最佳的学习效果。而实物的照片增加了无关特征，掩盖了有关特征，故导致学习效果最差。[②]

这项研究说明，使用图片进行说明时，图片要能突出事物的关键特征，这样才能取得比较好的效果，但这不是说照片的效果不好。好与不好的标准要看图片突出关键特征的能力。有时照片不如轮廓图能突出事物的关键特征；有时轮廓图不如照片能突出关键特征。教科书中到底要采用什么图片，要根据是否能突出事物的关键特征这一标准来选择，不能简单认为，照片的效果一定比轮廓图效果好。

（二）不同图片类型的使用

梅耶根据图片的用途，区分了教科书中常用的四种图片：（1）装饰性图片，旨在取悦读者，如在一段描述自行车打气筒工作原理的文字中插入一张儿童骑自行车的照片。（2）表征性图片，描述的是单一的成分，如在教科书中插入一张

---

① Clark，R. C.，& Mayer，R. E.（2016）．*E-learning and the science of instruction: Proven guidelines for consumers and designers of multimedia learning*. New Jersey：Wiley，p.187.

② 邵瑞珍．*教育心理学*．上海：上海教育出版社，1988：127－128.

打气筒的照片。（3）组织性图片，描述各成分间的关系，如用线条画的形式将打气筒的各个组成部分画出并标明。（4）解释性图片，解释某个系统是如何工作的，如用一系列的画面演示打气筒手柄上提、下压时，打气筒的不同变化状态。[①]

上述四种图片，哪种对学生的学习最有用？研究表明，装饰性图片和表征性图片不能为学生建立系统各部分之间的关系提供帮助，因而难以促进学生的学习。组织性图片和解释性图片有助于学生理解系统各部分间的关系，因而能促进学生的学习。用心理学的术语讲，前两种图片不能帮助学生建立新知识内部的联系，而后两种则具备这种特征。那么，教科书编写者是否更多地采用后两种图片呢？梅耶调查了美国的科学教科书后发现，教科书有 55% 的空间是用于图片说明，但 85% 的图片是装饰性的或表征性的，只有 15% 的图片是组织性的和解释性的。张贺华调查了我国三至六年级的科学教科书的图片运用情况，结果发现教科书中 25% 的空间用于图片，其中装饰性图片占 59%，表征性图片占 31%，组织性图片占 8%，解释性图片占 2%。[②] 这说明，从图片类型上看，国内科学教科书中对图片的运用主要以引起学生兴趣和认识事物为主要目的，在引发学生习得科学知识方面有所欠缺。

三、文字与图片的搭配

文字和图片是教学内容呈现的两种主要方式，这两种方式不是彼此排斥的，而应当相互补充，协同运用，共同促进学生从呈现的教学内容中进行学习。

（一）协同使用文字与图片呈现教学内容的必要性

这里的文字和图片传达的信息不是无关的，而是同一种信息，即同样的内容既以文字方式呈现，又以图片方式呈现。在呈现教学内容时，协同使用文字与图片这两种呈现方式很有必要，其必要性可以用心理学的双编码理论和学生学习的认知负荷理论予以阐明。

根据心理学的双编码理论，同一种信息以两种不同形式编码，其学习的效果要优于单用一种形式进行编码。[③] 编码的形式主要有言语编码和意象编码两

---

① Mayer, R. E. (2003). *Learning and instruction*. New Jersey: Merrill Prentice Hall, p.354.

② 张贺华.(2010). *3—6 年级科学教科书中插图的研究：以河北人民出版社《科学》教科书为例*.华东师范大学硕士学位论文.

③ Bruning, R. H., Schraw, G. J., & Norby, M. M. (2011). *Cognitive psychology and instruction* (5th ed.). Boston: Pearson, pp.53 - 54.

种。对文字内容呈现的信息，学习者倾向于以言语方式编码；对于以图片方式呈现的信息，学习者易于进行意象（或形象）编码。对同一种信息进行了两种形式的编码时，学习者对信息的学习与记忆效果会更好。因此，对同样的教学内容，以文字和图片形式予以呈现，使学习者对同一种信息进行言语和意象两种形式的编码，这对于提升学习效果是很有利的。

此外，梅耶的多媒体学习模型也指出，学习者有言语和意象两种相对独立且加工容量均有限的加工信息的通道。当学生的学习材料都是文字形式时，大量复杂的文字信息挤入言语加工通道加工，很容易超越言语加工通道的容量限制而使工作记忆过负；与此同时，负责加工意象信息的通道则因为没有相关的图片信息可供加工而被闲置，显然，这种信息呈现方式的最终结果不利于学生的学习。相反，如果同一种信息以文字和图片两种方式呈现，那么一部分文字信息就可以通过图片的方式分流到意象加工通道中，这样两个加工通道都不可能因加工的信息过多而超越各自的容量限制。此外，来自言语和意象通道的信息还可以在学习者的工作记忆中相互参照和比较，建立言语信息与图片信息之间的对应关系，这种在新信息内部建立联系的活动是学生学习时要执行的主要加工活动之一。这样看来，将同一种信息以文字和图片方式呈现，不仅不易让学习者的工作记忆负荷过重，而且能促进学习者的主动加工活动，学习者会得到较好的学习效果。

梅耶等人做了一系列实验证实了上述理论解释的正确性。他们让学生学习打气筒、汽车的刹车系统、发电机以及闪电的运作机制。在呈现内容时，以两种方式呈现：一种方式是仅以文字形式呈现相关内容，另一种方式是用文字再辅以解释性图片。两组学生分别从两种内容呈现方式中学习。学完之后对他们进行记忆保持和学习迁移测验。在梅耶等人所做的 9 项这样的研究中，有 6 项研究发现，学习文字与图片内容的学生在记忆保持和学习迁移测验上的成绩优于只学习以文字形式呈现内容的学生。[①] 梅耶将这一结果称为"多媒体效应"，即文字和图片两种媒体传递同一种信息，效果要优于单用一种媒体传递。

（二）协同使用文字与图片呈现教学内容的条件

用文字和图片来呈现同样的信息并不能总是提升学生学习的效果，也就是说，这种内容呈现方式有其适用的条件。

---

① Mayer, R. E. (2001). *Multimedia learning*. New York: Cambridge University Press, pp.72 - 75.

　　首先，要特别强调的是，图片与文字描述的是同一种信息，或者说，图片与文字呈现的内容密切相关，两者都指向教学目标，在这种情况下，使用文字和图片才有可能促进学生的学习。如果使用上文提及的与文字表述的内容无关的装饰性图片，则文字与图片的协同使用并不会促进学生的学习。

　　其次，当学习者要学习的信息给其工作记忆造成较大认知负荷时，同时采用文字和图片两种呈现方式才能有效促进学生的学习。其实，这一条件已隐含在上述理论解释中。面对大量复杂的新信息，通过使用文字和图片两种呈现方式，可以将这些复杂的信息分流到言语和意象两个加工通道中进行分别加工，这样就不会让学习者的工作记忆负荷过重。学习者学习时的认知负荷是由学习材料本身的复杂性以及学习者长时记忆中的相关知识共同决定的：学习材料复杂或者学习者的相关知识较少，都会让其体验到较重的认知负荷。因此，对于复杂的学习材料，对于相关知识较少的新手学习者，采用文字和图片两种呈现内容的方式更适合。

　　相关的研究也对此予以支持。如梅耶和加利尼（Joan K. Gallini）让新手从纯文字材料以及从文字和图片并用的材料中学习打气筒的工作原理，发现新手从文字和图片中学习的效果更好；但专家从文字材料中学习的效果与从文字和图片并用的材料中学习的效果一样好。[1] 在实际的教学情境中，对于给定的教学内容，由于大部分学习者都是新手，以图文并茂的方式呈现同样的教学内容更适合他们的学习。

（三）文字与图片的搭配技术

　　对新手学习者而言，他们在学习较复杂的教学内容时，其工作记忆上的负荷是较重的，协同使用文字与图片的呈现方式要致力于减轻其认知负荷，促进其学习。达成这一目的的一种技术是以整合的方式呈现文字和图片，即文字和相应的图片不仅要安排在同一个页面上，而且文字和对应的图片部分要尽可能地靠近，梅耶将这一设计原则称为"空间接近原则"。这样做的目的是让学习者更容易进行文字与图片的联系，尽量减少因不当的教学呈现（把文字和图片分开呈现）而施加给学习者的外部认知负荷。

　　梅耶等人的研究证实了这样做的良好效果。他们比较了文字与图片分开

---

　　① Mayer, R. E., & Gallini, J. K. (1990). When is an illustration worth ten thousand words? *Journal of Educational Psychology*, 88, 64–73.

（即不在同一页面上）以及文字与图片整合在一起（即图片和说明它的文字排在一页上，而且图片中还有简单的解说词）对学生学习（保持与迁移）的影响。在五个系列实验中均发现，学习了将文字与图片整合在一起的学生，要比学习文字与图片分开的学生能记住更多的内容，在解决迁移问题上能提出更多的解决办法。[①] 斯韦勒等人研究了学生学习几何教科书的情况，发现几何教科书如能将其中的图表和说明图表的文字整合在一起，让学生能同时注意到，学生学习的效果也较好。[②] 如在几何证明题中，文字表述是∠ABC＝∠DBE，没有相应的图片，这句话就很难理解，学生更谈不上接下来的学习了，所以在这种材料中，文字表述与相应图片也应以整合方式呈现。图 4-6 说明的就是这种情况。图中左半部分是以分散方式呈现图片和文字，右半部分则以整合方式呈现图片和文字。整合呈现的方式避免了学生来回参照图片与文字的精力消耗，因而对学生的学习有促进作用。[③]

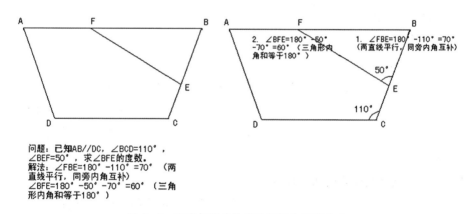

图 4-6　文字与图片的分散和整合呈现方式

四、问题的设计

注意是学生进行学习的前提条件之一。为使学生在阅读文字材料时维持

① Mayer, R. E. (2001). *Multimedia learning*. New York: Cambridge University Press, pp.82-91.

② Atkinson, R. K., Derry, S. J., Renkl, A., & Wortham, D. (2000). Learning from examples: Instructional principles from the worked examples research. *Review of Educational Research*, 72(2), 181-214.

③ Mayer, R. E. (2005). *The Cambridge handbook of multimedia learning*. New York: Cambridge University Press, pp.136-137.

良好的注意,在编写文字材料时可以在其中添加一些问题,如行文中的反问句、材料末尾提出的思考题、练习题等,这些问题被统称为附加问题。教学心理学研究了附加问题的位置、类型与数量。

(一) 问题放置的位置

附加问题应该放在什么地方?是在学生阅读内容前呈现还是在学生读完内容后呈现?博克(John R. Boker)用实验手段探索了这一问题。他选用了一篇有关历史地理学的课文让学生阅读,这篇课文共有 10 个段落。一共有三组学生参与实验,对第一组学生,在每个段落之前呈现两个有关事实性的选择题;对第二组学生,在每个段落之后呈现两个事实性问题;对第三组学生则不呈现问题。学生按照自己的速度阅读,但不能回头去看前面一个段落,而且在问题出示并作出回答后,不准再回看课文。学习结束后测量所有学生,测验共有 40 题,其中20 题是在段落之前或之后呈现过的(测量学生有意学习的情况),另 20 题则是未呈现过的(测量学生无意学习的情况)。测验分两次进行,一次在学习结束后立即进行,另一次在学习结束一周后进行。结果发现,在即时测验和延后一周的测验上得到相同的结果:就有意学习的情况而言,问题在学习前呈现与问题在学习后呈现的两组都比不呈现问题的一组成绩好;就无意学习情况而言,问题在学习后呈现的那一组的成绩最佳,其次为不呈现问题的那一组,问题在学习前呈现的那一组的成绩最差。[①] 这说明,问题在学习前呈现与问题在学习后呈现的学习效果是不同的:问题在学习前呈现,学生容易只学习与问题有关的内容,对于与问题无关的内容容易忽视;问题在学习后呈现,不仅有助于学习者对与问题有关的内容的学习,而且对与问题无关内容的学习也有促进作用。因此,可以利用附加问题来引导学生对文字材料的注意:如果只希望学生关注其中特定的内容,就可以在文字材料之前提出相关问题;如果想指引学生全面关注文字材料,最好将问题在文字材料之后呈现。

(二) 问题的类型

问题不仅可以引发学生学习时的注意,而且能引发学生学习时更深入的整合与组织活动。研究人员区分了两类附加问题:一类是针对文字材料中具体事实而提出的问题,学生记住了教科书中的具体事实,就能够正确回答,这类问题

---

① Mayer, R. E. (2008). *Learning and instruction* (2nd ed.). New Jersey: Merrill Prentice Hall, pp.357−359.

叫作事实性问题或有固定答案的问题(如上文博克研究中使用的问题)，其意图是引导学习者对相关事实的注意。另一类是针对文字材料中概念、原理、观点之间的内在联系以及新知识与学生已有知识间的联系而提出的问题，学生需要在理解文字内容基础上才能回答，这类问题被称为有意义的问题，其意图是引发学习者学习时的整合与组织活动。当设计问题的目的不是引发学习者的注意而是要引发其有意学习时，就需要设计这类有意义的问题。

梅耶等人的研究证实了这类问题的价值。他们让学生学习电动机如何工作的内容，为了更好地促进学生的有意义学习，在学生阅读材料之前呈现了一些有思考价值的问题，如"如何才能提高电动机运转的速度(即让磁场中的线圈转得更快)？"这类问题在阅读的材料中没有明确的答案，学生需要有效组织所阅读的内容，在理解了电动机工作的原理之后才能回答。由于这类问题致力于引发学生的整合、组织等促进理解和迁移的学习活动，其效果应当在迁移测验上体现出来。研究中使用的迁移测验还包括一些学生事先未阅读和思考过的问题，结果发现，与在学习材料之前没有阅读过有关问题的学生相比，在学习材料之前阅读过这类有思考价值问题的学生，在迁移测验上的成绩更优秀。[1] 这说明，设计良好的问题能有效引发学生学习时的组织与整合活动，提高学习效果。

(三) 问题的数量

文字材料中的附加问题能指引学生的注意，引发他们的整合与组织等深入的信息加工活动，这是不是说附加问题多多益善呢？为此，有研究者做了一项研究，研究内容是让学生阅读有 30 个句子的故事，在这一故事中插入 14 个问题，要求学生在阅读过程中用自己的话来回答。阅读完整个故事后，学生被要求尽可能多地写下故事的内容。结果发现，对于四年级学生来说，回答附加问题与不回答附加问题的效果是不同的：回答了附加问题的学生记住的故事内容更少。但对大学生来说，结果正好相反：回答了附加问题的学生比没有回答的学生记住了更多的故事内容。[2] 究其原因，还需要从认知负荷理论的视角来解释。四年级学生的阅读技能正在发展过程中，尚未达到自动化程度，这样，在阅读故事时，执行阅读程序要消耗工作记忆资源，回答附加问题也要消耗工作记

---

[1]　Mayer, R. E. (2008). *Learning and instruction* (2nd ed.). New Jersey: Merrill Prentice Hall, p.364.

[2]　Mayer, R. E. (2008). *Learning and instruction* (2nd ed.). New Jersey: Merrill Prentice Hall, pp.362–363.

忆资源,这样就有可能导致同时执行这两项学习活动的四年级学生工作记忆负荷过重而影响学习效果;而大学生的阅读能力已经有了很好的发展,基本上达到自动化的程度,阅读技能的执行不需或只需消耗很少的工作记忆资源,他们有更多的资源用于回答问题和深入加工故事内容,其学习效果也就更好。这说明,在学生阅读时呈现的附加问题的数量要视学习者的阅读技能水平而定,对阅读技能熟练的学生,可以使用附加问题来促进其学习。

五、教科书中生动有趣内容的添加

在呈现教学内容时,教学设计者出于引起学生兴趣的考虑,会添加一些生动有趣的细节、轶闻、故事、图片等,并认为添加的这些内容会让学习者觉得教学内容有趣而更有意愿学习。这种认识是否正确? 或者说,添加有趣的内容是否能促进学生的学习? 这一问题的答案依所添加的有趣的内容与学习内容之间的关系而定,两者有关和无关,对学生的学习有不同影响。

(一) 添加与所学内容无关的有趣内容

在心理学研究中,将那些与教科书中传递的重要信息没有密切关系但又非常有趣、醒目的材料称为诱惑性细节。研究证实,给枯燥的课文添加诱惑性细节不会改善学生学习课文的效果。

加纳(Ruth Garner)等人给大学生和七年级学生阅读一篇有关昆虫的短文,短文分两种版本:添加诱惑性细节的版本和未添加诱惑性细节的版本。下面的短文就是添加了诱惑性细节的版本,其中划线部分为所添加的诱惑性细节(删除划线部分后剩下的文本即为未添加诱惑性细节的版本)。

有些昆虫独自生活,有些则生活在大家庭里。独居的黄蜂叫作独居蜂,一种抹泥蜂就是独居蜂。甲虫也是独居的。当甲虫仰面倒下时,它把自己往上抛,在发出咔嗒声的同时,正好一边朝下落了下来。蚂蚁生活在大家庭中。有许多种蚂蚁。一些蚂蚁生活在树上,黑蚂蚁生活在地面。

一些昆虫是奔跑健将,另一些则是飞行健将。蟑螂是速度很快的奔跑者。抓住它们很难。它们善于奔跑和躲藏。蜻蜓飞得很快。苍蝇大概是飞得最快的昆虫。当苍蝇每秒扇动它的翅膀约 200 次时,你会听到嗡嗡的声音。

一些昆虫通过将自己伪装得像其他动物来保护自己。另一些则通过伪装得像植物来保护自己。昆虫应当保护自己免受蛇的吞食。蛇吃一些

<u>像昆虫、蠕虫、青蛙、老鼠、兔子和鱼之类的活的动物</u>。鸟并不经常吃黑红色蝴蝶，因为它们看起来太像橙褐色蝴蝶。鸟大概知道橙褐色蝴蝶味道不好吃。当一只直翅目昆虫静静地趴在一枝细枝上时，它看起来就像一枝细枝，敌人很难发现它。

结果发现，对两个年龄组的学习者来说，阅读了没有诱惑性细节文章的学生，实际上比阅读有诱惑性细节的学生能回忆更多重要信息。相关的研究也证实，添加的诱惑性细节虽然能被学生很好地回忆出来，但对科学和历史教科书中重要信息的学习没有帮助。显然，诱惑性细节分散了学习者对重要信息的注意。[①]

哈普(Shannon F. Harp)和梅耶让学生阅读一段解释闪电形成原因的文章。文章分两种版本(添加诱惑性细节版本和无诱惑性细节版本)，分别由不同组别的学生学习。文章中未添加诱惑性细节的一段内容如下：

在云中，空气的运动导致电荷的生成，虽然科学家还不完全清楚这是怎么发生的，但大多数人认为，电荷是云中较轻的上升的水珠和细小的下落的冰晶、冰雹碰撞的结果。带负电的粒子落到了云的底部，大多数带正电的粒子则升到了云的顶端。

给这段内容添加的诱惑性细节有两种形式：文字性的诱惑性细节和图片性的诱惑性细节。文字性的诱惑性细节是在这段内容的第一句话后加上"为理解这些过程，科学家有时通过往云中发射微型火箭来创造闪电"这句话；图片性的诱惑性细节是在这段话的右边，添加一幅科学家在开阔的原野上往雷雨云中发射小火箭的图片。添加的诱惑性细节增加了学生阅读的趣味，而且与"闪电"这一大的主题相关，但与闪电形成原因的解释无关。

为评价学生的学习，研究者让他们写下对闪电形成原因的解释(回忆测验)，也让他们回答一些迁移问题，如"假设你看到天上有云但没有闪电，这是什么原因?"而后，研究者计算了学生在回忆测验上回忆出的正确的因果论断的数目，也计算了他们在迁移测验上提供的正确答案的数目。结果发现，添加诱惑性细节对学生的回忆和迁移都有所损害。后来，研究者还利用多媒体技术，给已有的文本添加了一些更生动的诱惑性细节，结果发现给学生对文本的回忆和

① Mayer, R. E. (2003). *Learning and instruction*. New Jersey: Merrill Prentice Hall, p.466.

迁移都造成有害的影响。①

　　这说明,在教科书中添加诱惑性细节对重要信息的学习不仅没有促进作用,而且会产生有害的影响,这可以用多媒体学习理论和认知负荷理论予以解释。从多媒体学习理论的角度看,诱惑性细节很容易引起学习者的注意,虽然注意是学生学习过程的一个重要环节,但前提是学生注意的对象是我们期望他们注意的内容。诱惑性细节的内容与所学习内容无关,它们虽能引起学生注意,但注意的对象偏离了所学习的内容,会对后续的学习产生不利影响。从认知负荷理论来看,与所学习内容无关的诱惑性细节吸引了学习者的注意并引导学习者对其作相应的认知加工,对这部分内容的加工,会给学习者容量有限的工作记忆施加外部认知负荷,挤占用于加工所学习内容的工作记忆容量。当学习内容对学习者而言过于复杂时,对诱惑性细节加工导致的外部认知负荷就会对学习者的学习产生消极影响。

(二) 添加与所学内容有关的有趣内容

　　在呈现教学内容时添加诱惑性细节的初衷是引起学生对所学内容的兴趣,但实际的效果常常是干扰了学生的学习。那么,在呈现教学内容时添加一些与所学内容紧密相关又能引起学习者兴趣的内容,是否会促进学习者的学习? 由于学习者的兴趣涉及学习者对所学内容的动机、情绪,而动机、情绪又对学习者的认知加工活动有影响(参见本书第三章),因而教学心理学家主张从情绪或动机设计的角度来看待有关且有趣内容的添加。具体来说,添加有趣的内容会引发学习者积极的情绪(如同情、愉悦,不同于恐惧、愤怒等消极情绪),积极的情绪又会激发学习者的学习动机,进而促进学习者对有关内容的认知加工(即将更多的工作记忆资源用于对所学内容的加工上)并在学习结果上体现出良好效果。根据有关情绪的研究,可以从颜色与形状两方面来设计图解以引发学习者的积极情绪。一般来说,暖色调(如黄色、橙色、粉红色)比冷色调(如蓝色)更能引发积极的情绪体验,有圆形特征的图案(如圆脸、大眼睛、小鼻子的人脸形象)要比有尖角的形状更能引发积极的情绪体验。②

　　梅耶等人的一项研究为上述理论解释提供了支持。他们让大学生学习病

　　①　Mayer, R. E. (2003). *Learning and instruction*. New Jersey: Merrill Prentice Hall, pp.467 - 468.
　　②　Um, E., Plass, J. L., Hayward, E. O., & Homer, B. D. (2012). Emotional design in multimedia learning. *Journal of Educational Psychology*, 104(2), 485 - 498.

毒如何引起感冒的内容，内容既有文字表述也有图解。对一组学生，给他们看的图解是简单的黑白画，用大圆圈表示宿主细胞，用小圆圈（外加尖刺，内含方框）表示病毒。对另一组学生，则根据情绪设计思路采用彩色图解，宿主细胞用画有眼睛的大红脸表示，眼睛表示出宿主细胞在遭遇病毒攻击的不同阶段所经历的惊奇、恐惧、无精打采等状态。病毒则用蓝脸表示，眼睛表现出邪恶的眼神，脸周围有一些蓝色的触须，这种图解综合运用拟人、色彩、形状等手段来描绘宿主细胞、病毒及其关系（见图4-7）。学习结束后要求两组学生评价其在学习期间的努力程度并完成所学内容的理解测验。结果发现，后一组学生的努力程度以及在理解测验上的得分均明显高于前一组，说明针对后一组而采取的情绪设计措施提升了这组学生的学习努力程度并促进了他们对所学内容的理解。[1]

无情绪设计的图解

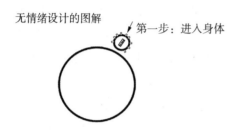

有情绪设计的图解

图4-7 情绪设计图解

虽然教学内容呈现中有关诱惑性细节的研究表明诱惑性细节不利于学生对重要信息的学习，但这并不表明只能以枯燥、乏味、刻板的方式呈现教学内容。相反，教学内容呈现方面有关情绪设计的研究表明，可以采用一些情绪设计技术来引发学习者积极的情绪体验，进而引发学习者对所学内容主动进行认知加工。加强有关情绪设计技术的研究有助于提升教学内容呈现的水平，使其既能引起学习者的兴趣，又能有效促进其学习。

---

① Mayer, R. E., & Estrella, G. (2014). Benefits of emotional design in multimedia instruction. *Learning and Instruction*，33，12-18.

第五章

教学策略

教学心理学研究的一项重要内容是如何依据学生学习的心理机制,采用哪些方法或措施来促进学生达成教学目标。本章从课堂教学策略的角度探讨这一问题,首先介绍教学事件这一概念,这是观照上述问题的一个很有解释力的上位概念,而后在支持、促进学生学习的背景下,介绍不同种类的教学策略,最后探讨如何针对课堂教学的情境有效地选择和设计教学策略。

第一节　教学事件

教学事件(events of instruction)是加涅等人提出的一个概念,它有较大的包容性,可以用来解释促进学生学习的各项措施,如教学过程、教学模式、教学媒体、教学策略等,因而可将这一概念看作一个探讨教学问题的"伞概念"。本节先阐释这一重要概念。

一、教学事件的含义

教学事件这一概念与教学的概念紧密相连。加涅和迪克将教学界定为"经过设计的、外在于学习者的一套支持内部学习过程的事件"。[①] 这些事件可以被称为教学事件,因而教学事件是理解教学本质十分关键的概念。对此,加涅和迪克进一步指出,教学事件是外在于学习者的可辨识的条件,每种条件可由教师或教学设计者独立安排,其意图是实现单节课教学过程的不同目的。这些不

---

① Gagné, R. M., & Dick, W. (1983). Instructional psychology. *Annual Review of Psychology*, *34*, 261 – 295.

同目的在他们对教学的界定中被明确为学生学习要进行的不同的内部过程。可见，教学事件与学生学习的内部过程紧密关联。加涅及其同事后来又从如下三个方面进一步阐释了教学事件的概念。

（一）教学事件以引发、支持和促进学生的学习过程为归依

教学事件从提出之初，就是为了支持学生学习的内部过程，加涅根据他对学习涉及的内部心理过程的描绘，进一步细化了引发和促进各个学习过程的九大教学事件（见表 5-1），①如"告知学习者目标"这一教学事件意在激活学习涉及的执行控制过程，"提供学习指导"这一教学事件意在促进学生对学习材料进行语义编码。

表 5-1　教学事件与学习过程的关系

教 学 事 件	与学习过程的关系
1. 引起注意	接受神经冲动模式
2. 告知学习者目标	激活执行控制过程
3. 激起对习得的先决性能的回忆	把先前的学习提取到工作记忆中
4. 呈现刺激材料	突出特征以利于选择性知觉
5. 提供学习指导	语义编码；提取线索
6. 引出行为表现	激活反应组织
7. 提供行为表现正确性的反馈	建立强化
8. 测量行为表现	激活提取；使强化成为可能
9. 促进保持和迁移	为提取提供线索和策略

九大教学事件的提出，更丰富了教学事件这一概念的内涵，在教学实践中也有更强的操作性。

（二）教学事件随学习目标而变

加涅还认为，教学事件的确切形式并不适用于所有的课，而是必须依据每一个学习目标来确定。② 学习目标不一样，则相应的教学事件的名称、数量都会有所区别。加涅提出了这一思想，但没有对其进行更为具体的例示或说明，皮

---

① ［美］加涅，R.M.，等.教学设计原理（第 5 版）.王小明，庞维国，等译.上海：华东师范大学出版社，2007：172.

② ［美］加涅，R.M.，等.教学设计原理.皮连生，等译.上海：华东师范大学出版社，1999：220.

连生则根据这一思想,在吸收认知心理学知识分类理论基础上描绘了促进知识和技能这两类目标学习过程的教学事件(见图5-1)。①

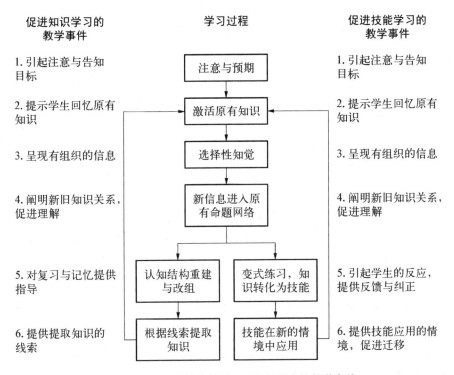

图5-1　知识与技能的学习过程及相应的教学事件

图5-1中间描绘的是知识与技能学习的过程。右边描述的是促进技能学习的教学事件,左边描述的是促进知识学习的教学事件(前四个教学事件和促进技能学习的前四个教学事件相同),每一个教学事件都针对并引发和促进一个学习过程。

(三) 教学事件的提供者可由教师转变为学生

加涅列出了九大教学事件,执行或提供这九大教学事件的主体默认为外在于学生的教学设计者、教师等,但加涅并没有以固定、僵化的模式来要求教师等主体严格执行这九大教学事件,相反,加涅特别提醒,绝不是每堂课都需要所有事件。②这是因为学生具有执行控制的能力,他们能采用一些认知策略对自己的内部学习

① 改编自皮连生.智育心理学.北京:人民教育出版社,1996:266.
② [美]加涅,R.M.,等.教学设计原理.皮连生,等译.上海:华东师范大学出版社,1999:220-221.

过程施加控制,而且这种控制能力随着学生学习经验的增长而逐渐得到发展。早在 1983 年,加涅和迪克就指出,随着学习者经验上的增长,教学事件倾向于由学习者自己来提供,而不是由外在的主体来提供。[1] 当学生自己能执行某些教学事件(如引起注意)时,教师就没有必要再提供了。而且,随着学生学习经验的增长,他们会自己提供越来越多的教学事件。当所有的教学事件都由学生自己来提供时,加涅称这种情况为"自我教学"。[2] 这类学生就是当前我国教育界十分鼓励的有自主学习能力的学生。图 5 - 2 简示加涅的这一思想。

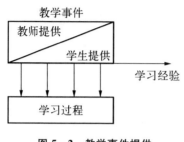

图 5 - 2　教学事件提供主体的转变

二、用教学事件解释与教学相关的若干概念

教学事件是一个有较大包容性和解释力的上位概念,教学过程、教学模式、教学策略、教学媒体等概念,都可以用教学事件这一概念予以解释。

(一) 教学过程

从教学事件的角度看,教学过程是教师按照一定顺序提供给学生的、旨在促进学生学习过程的一系列教学事件。这一界定将教学过程的主体规定为教师,教学过程的目的是促进学生的学习过程。由于学生的学习过程具有一定的顺序和阶段,教学过程中的教学事件也按一定顺序连接起来。

(二) 教学模式

从教学事件的角度看,教学模式是针对具体目标或学习结果而采取的相对固定的教学事件的组合。教学模式通常要达成明确的目标,涉及的教学事件及其顺序相对稳定,其功能是促进学生的学习。此外,根据加涅的观点,教学模式中的教学事件可以由教师提供逐渐过渡到由学生提供,其表现就是学生采取相对固定的步骤来调节控制自己的学习,于是教学模式就可以转变为学生的学习模式。研究教学模式的乔伊斯(Bruce Joyce)和韦尔(Marsha Weil)等人也认同这一观点,他们在《教学模式》一书中明确写道:

……教学模式是真正的学习模式。在帮助学生习得信息、思想、技能、

① Gagné, R. M., & Dick, W. (1983). Instructional Psychology. *Annual Review of Psychology*, 34, 261 - 295.

② ［美］加涅,R.M.,等.*教学设计原理*.皮连生,等译.上海：华东师范大学出版社,1999：216.

价值观、思维方式以及表达自己的方式的同时，我们还教会他们如何学习。事实上，教学最重要的长期结果可能是学生未来学习能力的提高，这既归因于他们习得的知识与技能，也归因于他们掌握了更多的学习过程。……我们测量各种教学模式的效果，不仅能达到所指向的具体目标的程度，还可以提高学习能力的程度，这是设计教学模式的根本目的。①

(三) 教学策略

根据教学设计专家迪克（Walter Dick）等人的观点，"教学策略"这一概念源自教学心理学家加涅提出的"教学事件"。② "教学事件"这一高度概括的概念，只是笼统地指出引发和促进学生相应学习过程应当做什么，并未指出具体可行的方法或措施。如"引起注意"这一教学事件是为了引发学生接受来自感官的神经冲动，但没有指出具体可行的引起注意的方式方法。因此，为充分落实教学事件支持、促进学生学习的目的，还需要一些实现教学事件的具体方式或手段，这些方式或手段就是教学策略。在我国教学实践中，教学策略又被称为教学方法。如为实现"引起注意"这一教学事件，教师可以采用提高音量、短暂停顿的措施，也可以采用对学生提问的措施。这些措施就是具体的教学策略。因此，理解教学策略这一概念需要将其放在与教学事件及学习过程的关系中进行：教学策略是实现教学事件的具体方式，实现的教学事件又是为了引发和促进学生的学习过程，因而教学策略也是以引发和促进学生的学习过程为最终归依的。

与教学策略关系十分密切的一个概念是学习策略。学习策略（learning strategy 或 study strategy）是指由学习者自己采取的、旨在引发其学习过程的活动或措施。③ 如学生在学习时作笔记、写摘要、画概念关系图、自问自答等活动，都是为了促进其学习，属于学习策略。当学生的学习策略仅作用于自身的认知学习过程时，学习策略又被称为认知策略（与加涅讲的作为学习结果类型的认知策略同义）。从其界定上来看，学习策略的最终目的是促进学生的学习，这一点与教学策略的目的一致，两者的唯一区别是执行的主体不同：教学策略的执

---

① ［美］Joyce, B., Weil, M., & Calhoun, E. *教学模式*（第七版）（影印版）.北京：中国轻工业出版社,2004：7.

② ［美］迪克, W., 等. *系统化教学设计*（第六版）. 庞维国, 等译. 上海：华东师范大学出版社,2007：193.

③ Fiorella, L., & Mayer, R. E. (2015). *Learning as a generative activity: Eight learning strategies that promote understanding*. New York: Cambridge University Press, p.14.

行主体通常被默认为学习者之外的教师、教学设计者;学习策略的执行主体则是学习者本人。由此看来,这两个概念的差异只是表面上的,其实质都以促进学生的学习为归依。

普雷斯利(Michael Pressley)等人对学习策略的描述就体现了上述思想。他们描述的学习策略集中于认知策略,具体而言,他们根据使用主体的不同,区分了三类认知策略。第一类认知策略是由教师使用的,如教师给学生呈现一张图片,以帮助学生更好地记住某个字母与其发音之间的联系,这类认知策略又叫教学策略。第二类认知策略是由学生自己习得和使用的,这类策略又叫学生的自我调节策略。第三类认知策略最初是由教师使用的,但最终可以过渡到由学生使用,变成他们的自我调节策略。[①] 表面看来,第三类认知策略的执行主体既可以是教师,也可以是学生,但实质上是教师使用的教学策略(第一类认知策略)转化成学生的自我调节策略(第二类认知策略),这一思想与加涅主张的教学事件执行的主体可以由教师向学生转换、过渡的思想完全一致。

维果茨基提出的社会文化理论也指出,高级心理机能是由个体间的过程内化为个体内的过程的结果,因而认知策略的教学可以描述为由教师的教学策略逐渐转化为学生的认知策略的过程。普雷斯利等人对认知策略的三种分类其实也可以用来说明这一转化过程。某种认知策略最初作为教学策略由教师施行,对学习者内部学习过程进行促进和调控,而后教师再适当地放权,由教师和学习者共同调控学习过程,最后教师完全放权,由学习者独立执行,从而学习者就习得相应的认知策略。因此,作为一名教师在设计和选择实施良好的教学策略的同时,还要有意识地思考自己所用的有效教学策略如何为学生所用,是否能变成学生自主运用的认知策略,进而达到"教是为了不需要教"的境界。

(四) 教学媒体

从教学事件的角度看,教学媒体在教学中所起的作用不只是给学生传输相关的信息和教学内容,还要起到承载教学方法或策略并引发、促进学生学习的作用。换言之,教学媒体也要起到教学事件的作用,这一点可以从一百多年以来教学媒体在教育领域的应用和研究结果来看。

1. 教学媒体在教育领域的应用

自 20 世纪以来,人类的科学技术得到飞速发展并对学校教育产生直接影

---

① Pressley, M., & Woloshyn, V. (1995). *Cognitive strategy instruction* (2nd ed.). Massachusetts: Brookline Books, p.7.

响。学校中除了长期使用的教材、黑板等教学媒体外,电影、广播、电视、计算机、互联网等新兴媒体不断进入学校和课堂并得到应用。

纵观一百多年来新兴媒体的教育应用可以发现,其应用的完整过程可以用如下周期律来描述。① 刚开始,新媒体的出现让人们乐观地认为它将会给教育带来革命性的变革;紧接着,人们马上开展新媒体应用于教育的实践;最后,人们经过几十年的应用之后发现,对新媒体最初持有的预期和希望大都没有实现。如 20 世纪 60 年代,人们曾乐观地认为,能进行人机交互的计算机最终将取代教师,随后便以当时的程序教学为指导开发了相应的计算机教学程序,这种程序能够给学生提出问题、引出学生的反应并提供反馈。十多年之后对计算机教学应用效果的评估发现,其效果并不如传统的教师面授教学好,而且计算机最终也并未完全取代教师。

对新兴媒体教育应用的周期律,梅耶指出,这是由媒体教育应用的媒体或技术中心取向导致的,这一取向要求学生、教师去适应最新的技术要求。同时,梅耶也指出跳出这一周期律的方向,那就是让最新的媒体或技术去适应学生学习的需要,或者说,借助新媒体来对学生的学习提供帮助,即在媒体的教育应用上应当秉持以学习者学习为中心的取向。②

2. 有关教学媒体的研究

从新兴媒体教育应用的研究来看,其研究范式主要是新兴媒体与传统媒体教育效果的比较(如在线教学与传统的面授教学效果的比较)。这方面的研究很多,但很难得出确定的结论,因为既有研究发现新兴媒体优于传统媒体效果的研究,也有传统媒体优于新兴媒体效果的研究,还有大量研究发现这两种媒体的效果没有显著差异。导致这一结果的原因主要在于难以将教学媒体对学习的影响与教学方法或策略对学习的影响区分开来。例如,在新兴媒体优于传统媒体的研究中,利用新兴媒体进行教学的一组,通常采用了新兴媒体提供的新的教学方法,或者新兴媒体让学生有机会进行额外的学习,或者学生采用了与传统媒体下的学习所不同的学习方式,因而最终的结论很难说完全是由新兴媒体的使用导致的。实际上,做这类研究的研究者在分析和解释其结果时也十

---

① Mayer, R. E. (2021). *Multimedia learning* (3rd ed.). Cambridge: Cambridge University Press, p.13.

② Mayer, R. E. (2021). *Multimedia learning* (3rd ed.). Cambridge: Cambridge University Press, pp.12 – 13.

分谨慎,不敢完全排除新兴媒体之外的教学方法、学习方式、学习时间等因素对学习效果的增强作用。在这两种媒体的教学效果无显著差异的研究中,一些研究由同一名教师执教,教师采用的教学方法完全相同,唯一不同的就是所使用的教学媒体。但这样的研究实质上就是对两组学生采用相同方法进行相同内容的教学,最终得出的无显著差异的结论没有多大意义。[①]

考虑到实际的研究中教学媒体的效果与教学方法的效果难以完全剥离,新兴媒体与传统媒体教学效果的比较研究被认为是一个徒劳无获的(unproductive)问题。[②] 研究者转而顺应这一现实,用新的视角来看待这一问题,他们认为,新兴媒体因其技术上的一些特性而为某些教学方法的实施提供了可能和便利,不采用新兴媒体,这些教学方法就不大可能在教学实践中实施,因而教学媒体不单纯是教学内容、教学方法的传递工具,它还是让某些教学方法成为可能的手段。[③] 赖泽(Robert A. Reiser)用如下比喻生动地说明了这一观点:如果把教学方法比作食物,教学媒体比作运送食物的卡车,那么,对于冷冻食品来说,需要有冷藏设备的卡车才能予以有效运送,没有冷藏设备的普通卡车是无法有效运送冷冻食品的。[④] 单纯比较新兴媒体与传统媒体的教学效果没有多大意义,而应当转而探讨新兴媒体如何实现某些教学方法,换言之,应当探讨新兴媒体如何与教学方法协同配合来影响学生的学习过程,进而影响学生对知识的建构和对意义的理解。

综合教学媒体的教育应用与研究的结果可以发现,教学媒体的使用要以促进学生的学习为中心,它除了给学习者呈现教学内容外,还要承担让某些教学方法(通常是效果更好、效率更高的教学方法)变成现实的责任,也就是说,教学媒体也要成为教学事件实施的工具。

第二节　教学策略的类型

由于教学策略是实现教学事件的方式或手段,可以依据教学事件来分类教

①　王小明. (2018). 媒体与方法之争及其影响. 全球教育展望, 12, 14 - 26.

②　Mayer, R. E. (2021). *Multimedia learning* (3rd ed.). Cambridge: Cambridge University Press, p.124.

③　Mayer, R. E. (2021). *Multimedia learning* (3rd ed.). Cambridge: Cambridge University Press, p.125.

④　Reiser, R. A. (1994). Clark's invitation to the dance: An instructional designer's response. *Educational Technology Research and Development*, 42(2), 45 - 48.

学策略,这样分类的好处在于能够很快明确实施每种教学策略要达成的意图,这对于教师或教学设计者明确教学策略的目的、设计和选择合适的教学策略以及评估教学策略的实施效果都极为有利。如皮连生在《智育心理学》一书中就依据教学事件来分类教学策略,区分出六种教学策略:(1)引起学生注意与告知教学目标的策略;(2)提示学生回忆原有知识的策略;(3)呈现新知识、促进选择性知觉的策略;(4)促进新旧知识相互作用的策略;(5)促进陈述性知识巩固的策略;(6)促进陈述性命题知识向智慧技能转化的策略等。[①] 根据皮连生的教学策略分类思路,综合考虑我国教师在教学实践中的用语习惯,本节介绍五类常用的教学策略,分别是:引起注意的教学策略、呈现教学内容的教学策略、促进理解的教学策略、促进记忆的教学策略、促进练习的教学策略。其中,引起注意的策略相当于皮连生区分的教学策略(1),呈现教学内容的策略相当于皮连生区分的教学策略(3),促进理解的教学策略相当于皮连生区分的教学策略(2)和(4),促进记忆的教学策略和促进练习的教学策略分别相当于皮连生区分的教学策略(5)和教学策略(6)。

一、引起注意的教学策略

引起注意这一教学事件的目的是引发学习者对所学内容的关注,激发他们进一步学习的动力。埃根(Paul Eggen)和考查克(Don Kauchak)提出四种常用的引起学生注意的教学策略。[②]

(一) 创设认知冲突或好奇新颖的任务情境

这种方法一般是给学生呈现与其原有观念不一致的内容,或者从原有观念出发,推导出与原有观念矛盾的结论,从而引发学生认知上的冲突,调动学生继续学习下去的兴趣。如学习自由落体运动时,学生头脑中有如下直觉的认识:重的物体比轻的物体下落得快。在教学伊始,教师演示了两个与这一观念相冲突的实验来引发学生认知上的冲突。一个实验是用两张相同的纸片,将其中一张揉成小纸团,与另一张纸片从同一高度同时丢下,结果小纸团下落得快。另一个实验是一张质量较小的小纸片揉成一团,与一张质量较大的纸片从同样高

---

① 皮连生.智育心理学(第二版).北京:人民教育出版社,2008:379 - 380.

② Eggen, P., & Kauchak, D. (2001). *Educational psychology: Windows on classrooms* (5th ed.). New Jersey: Merrill Prentice Hall, p.412.

度下落,结果质量小的纸团下落得快。[1] 这两个演示实验的结果,都与学生已有的"重的物体比轻的物体下落得快"这一观念矛盾,从而引发学生的困惑,推动他们去弄清楚为什么。又如在学习对数函数性质时,可举出:

求证 2>3。

证明:∵ 4<8,∴ 1/4>1/8。

即　$(1/2)^2 > (1/2)^3$

得　$\lg(1/2)^2 > \lg(1/2)^3$

于是　$2\lg(1/2) > 3\lg(1/2)$

故有　2>3。[2]

这是从学生已知的观念出发推导出的明显错误的结论,也能激起学生认知上的冲突。

(二) 给学生呈现富有挑战性的任务

这类任务一般难度中等,学生用目前的知识不能独立解决,但通过教学和学习就有可能解决,即教师常说的"跳一跳摘到桃子"的任务。例如,教对数时,有教师向学生提出如下问题:"我国 1949 年的钢产量为 15.8 万吨,1972 年的钢产量达到 2 300 万吨,求我国从 1949 年到 1972 年钢产量平均每年的增长率。"学生在学习一元二次方程时已经学习过如何解决这类问题。

设所求的平均增长率为 x,

则　$15.8(1+x)^{23} = 2\,300$

∴　$1+x = \sqrt[23]{2\,300/15.8}$

$x = \sqrt[23]{2\,300/15.8} - 1$

这时,教师对学生说,要把 2 300/15.8 开 23 次方很困难,但是,如果我们学习了对数,就能很容易解决这个问题,从而引起学生学习对数的兴趣。[3]

(三) 唤起学生的情绪反应,尤其是与审美有关的情绪反应

如小学语文课堂上给南方的学生教《第一场雪》,在教学伊始,教师先给学生播放一段雪景的录像,将大雪纷飞、粉妆玉砌的银色世界生动地呈现给学生,

① 国家教委师范司.全国特级教师经验选(第二集).北京:人民教育出版社,1989:182.
② 蔡道法.数学教育心理学.上海:上海科技教育出版社,1993:262.
③ 沈阳师范学院学报编辑部.特级教师笔记.沈阳:辽宁人民出版社,1981:58.

使学生感受到雪景的美妙,在此基础上来教授课文内容。[①]

(四) 给学生提供能够选择或控制的活动

主要给学生呈现问题或任务,但具体如何解决要学生自己出主意,或自己作出选择,这也会极大地激发学生学习的兴趣。如物理课上教学完电流周围可以产生磁场即电能生磁后,教师提出磁能否生电这一问题,并提供给学生磁铁、导线、电流表,让学生自己去研究问题的答案。学生对此十分感兴趣,学习积极性很高。

二、呈现教学内容的教学策略

教科书是教学内容的主要载体。在学生有教科书的前提下,教学内容可以经由学生自主阅读教科书中的相关内容来加以呈现。但在实际的教学过程中,这种相对统一的呈现策略,受学生的原有知识基础、阅读理解能力等因素的制约而难以有效促进学生的理解,在这种情况下,还需要教师依据教学内容的特点和学生的实际情况,采用相应策略来重新呈现教学内容。当然,这种情况下的教学内容呈现不是教师的照本宣科,而是教师对教科书中教学内容的改造、补充。

(一) 转换策略

转换策略是指将教科书上的教学内容转换成另外一种表达形式,通俗且简单地讲,就是对教科书上的内容"换种说法"。这种转换的方式多种多样:把文字转换成另一种文字表述;把文字表述转换成图解;把文字转换成数字;把数字转换成文字;把图解转换成文字或语言;等等。[②] 转换的目的是促进学生对教学内容的理解。

如生物教科书中以文字叙述的形式呈现了细胞有丝分裂的过程,在呈现这部分教学内容时,教师可以采用在黑板上画图解或用课件呈现图解或借助动画的方式呈现这部分教学内容。又如地理教科书介绍巨杉时是这样写的:"世界上最大的植物是巨杉,最高的可达 142 米,直径有 12 米。"这段内容描述得很准确,但学生可能只关注枯燥的数字,理解不够深入。这时,教师可以将文字内容

---

① 李静,王庆欣. (2003).《第一场雪》教案. 小学语文教师, 3, 25 - 29.

② [美]安德森,L.W.,等. 布卢姆教育目标分类学修订版——分类学视野下的学与教及其测评(完整版). 蒋小平,等译. 北京:外语教学与研究出版社,2009:54.

换成如下口头语言方式表述："你们知道世界上最大的植物是什么吗？是生长在北美洲加利福尼亚海岸的一种树，叫作巨杉。最高的有 142 米，小鸟在树梢上唱歌，在树下的人听起来像蚊子叫。这种树的直径有 12 米，要 30 多人手拉手才能抱拢来，在树干下端开个通道，汽车能在里面行驶；四个骑马的人能并排从这里通过。要是把树锯倒后，用梯子才能爬上树干呢！"[①]这种生动的阐释，得益于教师对教学内容的添加、补充活动，有利于促进学生的理解。

（二）示范策略

示范策略是适用于程序性知识教学内容的呈现策略，教科书中常用的一种示范的手段是样例（worked-out example）。样例一般由问题陈述和解决问题的程序两部分组成，有时还增加对问题解决过程的解释。呈现样例的目的是给学习者提供专家的问题解决以供其研习和模仿，物理、数学等学科的教科书中经常用到的例题就属于样例。研究发现，促进学生从样例中进行有效学习的方式是引发学生对样例的自我解释，即解释样例为什么是这样、为什么要这样解决问题。为激发学生对样例的自我解释，研究者主张采用符号标志技术对样例进行加工处理。如在样例中用简洁的符号标出解题的子目标，提示学生在学习时将样例的某些步骤组合在一起看，并尝试解释为什么要将这些步骤组合在一起。有人进一步发现，样例中添加的符号标志还可以简化成空行，如呈现给学生的例题中会出现一些空行，这些空行会促进学生思考，从而提高学生从样例中学习的效果。[②]

学生通过阅读教科书的样例并进行自我解释，有时也难以形成对所学习的程序性知识的正确认识，这时就需要教师的示范。在示范时，教师不仅可以向学生展示执行程序时的外显行为，还可以展示完成任务时的内部思维过程，这需要教师具备反思和出声思考的能力，即一边完成任务，一边将完成任务时心里想到的步骤、内容说给学生听。在教学认知策略中，这一方法更常用，因为认知策略主要是在学习者头脑中执行的程序，表现在外的行为很少，故需要教师将自己执行的认知策略的步骤及时地通过语言说出来，以便让学生研习和模仿。此外，教学心理学的研究发现，单纯由教师或专家示范的效果并不好，由学

---

① 瞿葆奎. 教育学文集·教学（下册）. 北京：人民教育出版社，1990：641.

② Atkinson, R. K., Derry, S. J., Renkl, A., & Wortham, D. (2000). Learning from examples: Instructional principles from the worked examples research. *Review of Educational Research*, 72(2), 181-214.

生进行示范的效果更好,这是因为学习者之间的学习基础更接近,示范的内容更易为学习者所接受和模仿,而且让学生来示范,并不是让学生完美无缺地将学习任务在其他学生面前表现出来,而是让学生示范他们在学习时遇到的困难以及他们采取的解决困难的具体方法。进行这种示范的学生,被称为学习榜样(learning model)或应对榜样(coping model)。[①]

三、促进理解的教学策略

学生建立新知识内部的联系以及新知识与原有相关知识的联系,对于达成理解十分必要。只有建立了这两种联系,新的知识才算被理解、被习得了。建立这些联系的方法有很多,这里介绍在课堂教学中比较常用一些教学策略。

(一) 举例策略

对教学内容中的概念性知识如概念、原理等,可以根据学生的生活经验、知识基础举一些不同于教科书上的例证来呈现教学内容,以便更有针对性地促进学生的理解。如对于教科书上呈现的"选材要有代表性"的写作规则,教师可以用学生熟悉的课文《小壁虎借尾巴》来说明:课文之所以选择鱼、牛、燕子三种动物作为小壁虎借尾巴的对象,是因为这三种动物有很好的代表性,分别代表水里、地上和空中生活的动物。针对特定的概念性知识,举出适合学生理解的贴切例子,是教师教学能力的重要指标(参见本书第九章的有关论述)。

(二) 例规策略

例规策略又叫例规法,是促进概念性知识理解的一种策略。这里的"规"不单指规则,而是泛指概念性知识,可以包括规则,也可以包括概念、理论等。例规策略就是先呈现概念性知识的若干例证,而后在教师的指导下,学生对例证进行分析、比较,从而得出例证中蕴含的概念性知识。如对于"能化成有限小数的最简分数的特征"这一教学内容,可以先呈现 3/8、7/16、5/32 等可以化成有限小数的最简分数的例证,而后教师指导学生对分母进行分解质因数,并提示学生对分解结果进行比较,从而由学生发现并概括结论:能化成有限小数的最简分数的特征是分母的质因数中只含有 2 或 5。

为更好地促进学生理解概念性知识,在实施例规策略时需注意四点。第

---

① Alderman, M. K. (2004). *Motivation for achievement: Possibilities for teaching and learning* (2nd ed.). New Jersey: Lawrence Erlbaum Associates, p.78.

一，先呈现彼此类似的例证，而后再呈现彼此有变化的例证，这些彼此有变化的例证说明的是同一个概念或规则，但例证的内容变化较大。如同是说明"力是物体与物体之间的相互作用"，可以用人提水桶、磁铁吸铁锭这样有变化的例子。[①] 第二，多个例证最好能同时呈现，如果不能同时呈现，最好能连续呈现，以便能促进学生分析比较多个例证。第三，还要提示学生比较例证之间的类似，这样才有可能发现例证中蕴含的规律性内容。第四，在学生比较例证之后，要为学生提供例证所说明的概念性知识的明确陈述，[②]即要完整地做好从例证到规则的过程。

例规策略与上文提及的举例策略都涉及"规"和"例"，不同之处在于"规"和"例"的呈现顺序。举例策略中采用的是从"规"到"例"的过程，也可简称为规例法。相比较而言，例规策略由于要求学生做一些比较、概括、表述等深入的加工活动，其学习效果优于例规法，这一点也得到相关研究元分析结果的支持。[③]

（三）类比策略

类比策略是将一个事物与另一个事物进行类比，不过这里的"一个事物"是指新知识，"另一个事物"是指学习者已有的相关原有知识。如特级教师于漪在教朱自清的《春》这篇课文中"小草也青得逼你的眼"一句时，为让学生理解其中"逼"字用得好（有待学习的新知识），就采用了类比策略。要类比的原有知识是学生以前学过的一首古诗中的一句"两山排闼送青来"。在教学时，于漪老师要学生运用学过的诗句来恰当地表达出这个生动字眼的含义，于是学生便积极地到其长时记忆中去搜寻、比较和辨别，终于找出"两山排闼送青来"这一句。[④] 于漪老师提出的"学过的哪首诗的诗句能恰当地表达这个生动字眼的含义"这一问题既激活了学生的原有知识，又促使学生将新旧知识联系起来。

梅耶检验了类比法的实际效果。他要求学生阅读一篇关于雷达工作原理的文章，读完之后对学生进行测验。在阅读文章之前，给一些学生呈现一幅图，这幅图将雷达的工作机制类比为扔一只球，两者都碰到远处某个物体再弹回

---

① 王小明. *教育心理学*. 北京：北京大学出版社，2016：84.

②③ Alfieri, L., Nokes-Malach, T. J., & Schunn, C. D. (2013). Learning through case comparisons: A meta-analytic review. *Educational Psychologist*, 48(2), 87–113.

④ 于漪. 语文课的设计. 载瞿葆奎，等. *语文教学经验与研究*. 北京：人民教育出版社，1984：18.

来,扔出的球被弹回来是学生的原有经验。结果发现,与没有看这幅图的学生相比,看了这幅图的学生在随后的问题解决测验上表现得更好。[①]

在运用类比策略时,要选择好类比物,确保类比物是学生的原有知识,否则就无法实现新旧知识的联系。此外,还要注意类比策略的局限。类比的两个事物的属性不会完全重合,[②]而类比策略仅仅是就两个事物中某一个方面特征的类似将两者关联起来的,但学生在理解类比时,会倾向于把两个事物各个方面的特征都进行关联,这样的类比活动就容易误导学生并影响其理解的正确性。如为了促进学生理解髓鞘化有利于提高神经纤维传导电信号的效率,就用两地之间的高速公路有利于提高汽车行驶速度来进行类比,但学生会依据这一类比进一步认为,电信号和高速公路上的汽车一样,可以在传导过程中暂时停顿一下,这种错误的认识就是不当类比的结果。

(四) 提问策略

这是一种向学生提出一些问题,以促使学生将新旧知识以及新知识内部各成分联系起来的教学策略。由于这些问题会提示和引发学生做出建立知识之间联系的活动,这些问题又被称为"精加工式提问"。

如"……的新例子是什么?"这类问题,就要求学生从自己的原有知识经验中举出新的概念性知识的例子,这样的活动会促进学生建立新旧知识的联系。"……与我们以前研究的……如何联系?"这类问题也明确地提示学生激活旧知识并与新知识整合。"……和……有什么区别""……和……如何相似"这样的问题,如果将其中的两个空处都填入新知识,就起到引发学生做新知识内部联系的作用;如果将其中的两个空处分别填入新知识和旧知识,就起到引发学生建立新旧知识联系的作用。[③] 这些问题格式可以在设计精加工式提问时作为重要的参考。

(五) 概念关系图策略

概念关系图,又称思维导图,通常由三部分构成:节点、连线和连接词。节点表示的是概念,通常在概念名称上加上圆圈、椭圆或方框来表示,如图 5-3 中

---

① 　Mayer, R. E., & Wittrock, M. C. (2006). Problem solving. In P. A. Alexander & P. H. Winne (Eds.), *Handbook of educational psychology* (2nd ed.). New Jersey: Lawrence Erlbaum Associates, p.293.

② 　Willingham, D. T. (2012). *When can you trust the experts? How to tell good science from bad in education*. San Francisco: Jossey-Bass, p.144.

③ 　Mayer, R. E. (2003). *Learning and instruction*. New Jersey: Merrill Prentice Hall, p.392.

的"高血压""高盐高脂食物"就是节点。连线是指用线条、箭头等形式来直观地表示两个或多个概念之间的关系，如图5-3中的箭头和直线就表明连接起来的两个概念有关联。连接词是标在连线上以明确指出概念之间关系的词语，如图5-3中的"导致""例子"就是对连线连接起来的两个概念之间关系的明确表述。

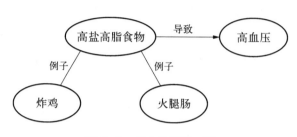

图5-3　概念关系图一例

　　作为一种促进学生学习的教学策略，概念关系图可以由教师要求学生在掌握概念关系图绘制技术基础上自行绘制，也可以由教师要求学生将未绘制完的概念关系图补充完整。概念关系图的绘制要求学生识别并用词语描述不同概念之间的关系，当涉及的诸多概念完全是新概念或新旧概念均有时，学生的绘制活动就能引发、促进学生做出新旧知识或新知识内部联系的活动，从而促进学生对所学习的诸多概念关系的理解。菲奥雷拉（Logan Fiorella）和梅耶分析了25项概念关系图的研究，发现在其中的23项研究中，绘制概念关系图组的学生的成绩优于控制组，效果量的中位数为0.62，这是一个中等偏大的效果量。但研究也发现，概念关系图策略的实施效果受一些因素的限制，如需要事先对学生进行绘制概念关系图的训练；概念关系图策略对于学习成绩差或能力水平低的学生效果明显，对于学习成绩好或能力水平强的学生效果不明显甚至有消极效果。[①]

（六）样例的设计与使用策略

　　本书第三章在介绍技能的学习机制时指出，学习者会通过对样例的自我解释来理解样例所例示的程序。为促进学习者对程序的理解，教学心理学家从样例的设计和使用的角度提出了一些促进学习者自我解释的策略。

　　1. 通过设计样例的呈现方式促进学习者的自我解释

　　例示程序的样例一般包括提出问题、解决问题的过程或步骤、对问题解决

---

　　① Fiorella, L., & Mayer, R. E. (2015). *Learning as a generative activity: Eight learning strategies that promote understanding*. New York: Cambridge University Press, pp.48－54.

过程的解释三部分。学习者对样例的自我解释的一种形式是预期推理,即预测样例中的下一步应当怎样做,据此,研究者通过技术手段将样例中的某一步或某几步隐藏起来,从而推动学习者进行预期推理和自我解释。

　　如伦克尔将一个样例用四个计算机页面呈现出来。第一个页面上只呈现样例中的问题成分,第二个页面呈现问题和解题的第一个步骤,第三个页面呈现问题和解题的第一、第二个步骤,第四个页面则在第三个页面基础上增加了解题的第三步。第一个样例按这种方式呈现完后,第二个样例也按同样方式呈现。在这种呈现方式中,学习者看到的一个页面(如第二个页面)会诱使他们思考下一步应该是怎样的,即进行预期推理。伦克尔的研究发现,这样的样例呈现方式确实引发了学习者对解题下一步的预期,并有较好的学习效果。[①] 除了伦克尔的这种呈现方式外,还有人采用残缺的样例来促进学习者的自我解释。在这种样例中,样例解题步骤的一步或几步被省略,学习者学习这一残缺样例时,就要预测残缺的部分是什么,预测之后再由计算机或教师把完整的样例呈现出来。这种方式也能促进学生的自我解释。

　　2. 通过提供自我解释提示促进学习者的自我解释

　　一些研究者主张在给学习者呈现完整样例的同时,提供一些明确的提示来促进他们的自我解释活动,这些提示被称为自我解释提示(prompts for self-explaining),具体形式可以是问题,也可以是指导语。如金特纳(Dedre Gentner)等人发现,用一些指导语来提示学生比较成对的样例,找出它们的相似或类同的地方,能大大促进学生对样例所例示的协商策略的学习。[②] 施沃姆(Silke Schworm)和伦克尔则给学习者提供了问题形式的自我解释提示。如对于例示了论辩技能的样例,设计了诸如"这段包括哪些论辩的成分? 它们如何与本文的论点联系起来?"等问题,研究结果发现,这些提示性问题将学习者的注意和自我解释活动引向对论辩原理的理解,很好地促进了学习者的学习。[③]

　　3. 通过提供教学解释促进学习者的自我解释

　　学习者的自我解释虽然重要,但他们也有可能作出错误的自我解释,甚至

　　① Renkl, A., & Atkinson, R. K. (2002). Learning from examples: Fostering self-explanations in computer-based learning environments. *Interactive Learning Environments*, 10(2), 105 - 119.

　　② 转引自 Renkl, A., Hilbert, T., & Schworm, S. (2009). Example-based learning in heuristic domains: A cognitive load theory account. *Educational Psychology Review*, 21, 67 - 78.

　　③ Schworm, S., & Renkl, A. (2007). Learning argumentation skills through the use of prompts for self-explaining examples. *Journal of Educational Psychology*, 99(2), 285 - 296.

难以对样例作出合理解释，因此，样例学习中仅有学习者的自我解释是不够的，有时还需要正确的教学解释(instructional explanation)。有关提供教学解释的初步研究发现，在样例之外若再给学习者呈现较多的教学解释，则教学解释的一些内容会与样例中的一些成分类似，教学解释便加重了学生学习的负担。此外，有些学习者会形成依赖教学解释进行学习的倾向，这样会减少或抑制他们的自我解释活动，从而削弱学生的样例学习效果。[1]

针对上述问题，伦克尔提出了四条提供教学解释的原则，以减少教学解释的消极效应，发挥它促进学生自我解释的作用。这些原则是：(1)应学习者的要求提供教学解释；(2)教学解释应当简洁，以少为佳，避免冗长、繁复的解释；(3)以渐进的方式呈现教学解释，即一开始给学习者呈现较少的教学解释，如果这种少量的教学解释不充分，再给学习者提供更充分、更细致的解释；(4)教学解释应关注原理，以顺应学习者基于学科原理进行自我解释的规律。[2]

(七) 通过引发学生的高阶认知过程来促进理解

这是一种基于布卢姆认知目标分类学(修订版)的教学策略。在布卢姆认知目标分类学(修订版)中，记忆、理解、运用通常被视为低阶认知过程，分析、评价、创造通常被视为高阶认知过程，因此这一教学策略就是通过让学生来执行分析、评价、创造这样的高阶认知过程来促进学生达成与低阶认知过程相联系的教学目标(如记忆事实性知识、理解概念性知识等)。[3] 也就是说，面对让学生理解概念性知识这样的教学目标时，除了可以采用一些明确指向理解的教学策略(如上文提及的举例、提问、例规等策略)，还可以让学生先执行涉及分析、评价、创造的活动来间接地促进理解。

我国一些优秀教师在教学实践中自发摸索出这一策略并能娴熟地加以运用。如小学生在学习"循环小数的认识"这部分内容时，需要理解循环小数的表示方法，这是一个"理解概念性知识"的目标。在安排教学活动时，可以运用这一策略，让学生执行创造、评价等高阶的认知过程来达成该目标。具体来说，在

① Renkl, A., Hilbert, T., & Schworm, S. (2009). Example-based learning in heuristic domains: A cognitive load theory account. *Educational Psychology Review*, 21, 67-78.

② Renkl, A. (2002). Worked-out examples: Instructional explanations support learning by self explanations. *Learning and Instruction*, 12, 536-537.

③ [美] 安德森, L.W., 等. 布卢姆教育目标分类学修订版——分类学视野下的学与教及其测评(完整版). 蒋小平, 等译. 北京: 外语教学与研究出版社, 2009: 185-186.

学生认识到循环小数的存在后,教师引导学生独立思考、讨论,尝试提出一些表示循环小数的方式。学生先后提出了在循环小数后加"等"字、在循环小数后加省略号、在循环节上方加短横线、在循环节下方加短横线、给循环节加上方框、在循环节上方加圆点等多种表示方式。在这一活动中,学生针对"表示循环小数"这一问题提出了不同的方法,其认知过程属于"创造"。而后,教师要求学生根据"简便实用"的标准(一种概念性知识)来对上述几种方法进行评价和选择,最后学生选择在循环节上方加圆点的方式来表示循环小数,这和课本规定的方式是一致的。在这一活动中,学生需要根据概念性知识(简单实用的标准)来评价几种循环小数的表示方法。这样看来,整个教学活动要求学生进行"创造""评价"这两种高阶的认知过程,这些活动要追求和达成的目标则是"理解概念性知识"这样涉及低阶认知过程的目标。①

四、促进记忆的教学策略

虽然记忆这种认知过程主要与事实性知识相结合,但在实际的教学情境中,对于已理解的概念性知识、程序性知识等知识类型,通常也有必要执行记忆过程。这里主要针对事实性知识,介绍促进记忆的教学策略,对于促进其他类型知识的记忆来说,这些策略也是适用的。

(一) 间隔复习

学习者学习事实的一条规律是重复,用教师和学生的话来说是复习。假定对某条要学习的事实需要进行 50 次的重复或复习才能牢固习得,在时间安排上就有两种典型的方式。第一种方式是在较短时间内(如一天之内)完成这 50 次重复。第二种方式是在相对长的时间内(如一个学期之内)完成这 50 次的重复。心理学家通常将第一种重复方式称为集中复习,将第二种方式称为间隔复习或分散复习。研究表明,对事实进行间隔复习会导致学习者对事实有较为持久的记忆,更能抵抗遗忘。

如巴赫里克(Harry P. Bahrick)研究了三种学习 50 个西班牙-英语词对的方式。第一种方式要求参试者在一天之内完成学习。他们先学习 50 个词对,然后进行五个连续的"测验-学习"周期,在每个学习周期中,都是首先检测他们对

---

① 余文森,林高明,叶建云.名师怎样观察课堂(小学数学卷).上海:华东师范大学出版社,2009: 161 - 163.

词对中西班牙词语的记忆，如果回答错误，就把正确的告诉给他们，而且五个学习周期之间没有间隔。第二种学习方式的程序和第一种方式大体相同，唯一不同的地方是，每个"测验-学习"周期距离前一个周期有 1 天的间隔，这就是说，每天检测参试者对 50 个词对的记忆，然后参试者还有机会继续学习。第三种方式则是每个"测验-学习"周期之间有 30 天的间隔。结果发现，周期之间间隔较短的组一开始表现很好，但在最后一个测验，即学习周期结束之后的第 30 天，对所有组都实施的测验上，结果逆转了：完成得最好的组是"测验-学习"周期之间有 30 天间隔的那一组（见表 5 - 2）。[①]

表 5 - 2　不同学习间隔条件下西班牙词语的回忆百分比

学习间隔（天）	测验 1	测验 2	测验 3	测验 4	测验 5	30 天之后的后测
0	82	92	96	96	98	68
1	53	86	94	96	98	86
30	21	51	72	79	82	95

又如，索贝尔（Hailey S. Sobel）等人让五年级学生记忆一些美国研究生入学考试词汇及其定义（如 gregarious：外向的、好社交的）。学习共分两个阶段，两个阶段的学习安排有集中学习和间隔学习两种方式。一组学生以集中方式学习，两次学习间隔 1 分钟；另一组学生以间隔方式学习，两次学习间隔 7 天。对两组学生均在其学习的第二阶段结束 5 周后进行测验，测验题目是呈现单词，要求学生回忆这些单词的定义。结果发现，进行间隔学习的一组的回忆成绩（正确率为 20.8%）明显优于集中学习的一组（正确率为 7.5%）。[②] 对间隔复习的综合考察发现，这种策略对于各个年龄段的学生学习历史事实、外语词汇、单词拼写等需要记忆的简单材料有积极的作用，是一种应用价值较高的策略。[③]

---

① Anderson, J. R. (2000). *Learning and memory: An integrated approach* (2nd ed.). New York: John Wiley & Sons Inc., p.236.

② Horvath, J. C., Lodge, J. M., & Hattie, J. (Eds.) (2017). *From the laboratory to the classroom: Translating science of learning for teachers*. London: Routledge, p.110.

③ Dunlosky, J., Rawson, K. A., Marsh, E. J., Nathan, M. J., & Willingham, D. T. (2013). Improving students' learning with effective learning techniques: Promising directions from cognitive and educational psychology. *Psychological Science in the Public Interest*, 14(1), 4 - 58.

（二）过度学习

过度学习是指学习者在对事实的学习达到正确回忆之后进行的进一步学习。如要记忆 10 个英语单词，经过一段时间的学习，学习者达到能一次正确读写这 10 个单词的程度。在这一节点之后学习者对这 10 个单词的继续学习就是过度学习。研究表明，经过过度学习的学习者通常能较为容易地将信息提取出来并能将信息保持较长时间，因而过度学习被看成对抗遗忘的一种重要手段。不过，过度学习还有一个量的问题。过度学习会加重学习者的负担，引发学习者的厌倦情绪。一般认为，50％的过度学习是合适的，即学习某个事实性知识，经过 10 遍的机械重复可以达到正确回忆的程度，这时再进行 5 遍的重复学习即 50％的过度学习，这种量的过度学习不大可能给学习者造成过重的负担，又能起到延缓遗忘的作用。[①]

（三）测验策略

心理学研究发现，在学完某些知识后，让学习者进行多次测验（即让他们从记忆中提取出习得的内容），相较于多次重学知识或不学习知识，他们对知识的保持情况更好，换言之，学完知识之后学习者进行的多次测验比多次重学知识能更有效地阻止遗忘，这一效应被心理学家称为测验效应。心理学的许多实验研究都证实了这一效应。

罗迪格三世（Henry L. Roediger Ⅲ）和卡皮克（Jeffrey D. Karpicke）的研究是让学习者学习一篇关于水獭的事实的短文。参试者被分成三组：第一组学习短文 1 次，然后以自由回忆的方式测验他们对短文内容的记忆，测验共进行 3 次；第二组学习短文 3 次，然后进行 1 次测验；第三组学习短文 4 次。在上述三组的学习和测验活动结束 5 分钟和 1 周之后，分别对所有参试者进行测验。结果发现，在 5 分钟后进行的测验中，学习了 4 次的那一组成绩最好，其次是学习了 3 次的那一组，最后是学习了 1 次的那一组。但在一周之后的测验上，三组的成绩顺序正好颠倒了过来：学了短文 1 次而后进行 3 次测验的那一组正确回忆的百分比最高。虽然第三组学习短文 4 次，但他们对短文所述事实的保持效果并不好。这说明，接受测验可以大大延缓遗忘的进程。[②]

---

① 邵瑞珍. 学与教的心理学. 上海：华东师范大学出版社，1990：58.

② Roediger III, H. L., et al. (2011). Ten benefits of testing and their applications to educational practice. In J. P. Mestre & B. H. Ross (Eds.), *The psychology of learning and motivation: Cognition in education*. San Diego: Academic Press, p.7.

测验有助于延缓遗忘和促进保持的规律最初是由心理学家发现的，教育工作者需要知晓并主动运用这一规律。在具体运用时，可以由教师定期对学生进行有关学习内容的测验。研究发现，这种不断进行的测验除了具有延缓遗忘的效果外，还可以激励学生不断地进行学习。此外，学习者也需要知晓这一规律，不能一味地看书学习，要遵照学习的这一规律，留出时间来对自己学习的情况进行自我检测，促进自己对所学内容的掌握。

（四）记忆术

记忆术是一种适合词汇、符号或简单事实学习的策略。佩维奥将记忆术发挥作用的机制归结为三方面：（1）双编码。许多记忆术涉及意象和言语表征的使用，这为同一材料提供了两种完全不同的编码方式，可以让学习者有更多线索用于在记忆中检索信息。（2）组织。许多记忆术为新信息提供了一个可以嵌入其中的连贯一致的情境或组织，这个组织起到了将信息结合在一起的作用。（3）联想。许多记忆术涉及在成分之间形成强烈的联想，更强的联想保证了更优越的回忆。[1] 可见，记忆术的作用更多的是对所要记忆的内容进行组织、建立联系。

如有一种适用于记忆外语单词的关键词法。这一方法首先将外语单词转换成在发音上与之类似的母语单词（关键词），然后用一个形象的句子将关键词和母语的意义组合在一起。如记忆 merchant 一词，先将其转化成与之发音类似的母语词语"摸钱的"，然后在关键词（摸钱的）与其意思"商人"之间建立联系，可以想象一名商人正在数钱，也可以造出"商人是整天摸钱的人"的句子来建立 merchant 和"商人"的联系。

普雷斯利等人发现，年幼儿童在用关键词法时，即使得到有意识的训练，也不能自发生成有用的意象，这一年龄界限在 12 岁左右。因此，对小学生，需要教师提供关键词来帮助他们记忆。[2] 这说明，至少对小学生而言，关键词法的大部分步骤要由教师替学生执行，以引发和促进他们的记忆活动。因此，这种情形下的关键词法主要是作为教学策略对待的。对高年级的学生，如果他们能自发生成适当的意象来记忆，则关键词法就变成学习策略。

近年来对关键词法使用效果的研究发现，关键词法在促进外语词汇记忆上的效果有限。一是学习者要花费时间和精力来寻找关键词并建立关键词与母

---

① Mayer，R. E.（2003）. *Learning and instruction*. New Jersey：Merrill Prentice Hall，p.365.

② Mayer，R. E.（2003）. *Learning and instruction*. New Jersey：Merrill Prentice Hall，p.366.

语词的联系,这项工作并不是很容易做到的;二是关键词法只适用于少部分对关键词友好的外语单词(keyword-friendly words)的记忆,对大部分外语单词而言,因为很难找到合适的关键词而难以应用该方法;三是有研究发现,与机械重复记忆单词相比,用关键词法记忆单词虽然在即时测验上成绩较好,但在 2 天或一周后的延迟测验上,其保持效果反而不如机械重复。[①] 因此,对于关键词法以及其他记忆术,要特别关注其适用条件,不能轻易将其作为一种普遍适用的记忆策略。

五、促进练习的教学策略

技能的习得离不开练习,练习不是对技能的简单重复,而是练习者抱着改进其技能水平的愿望来对技能进行重复,换言之,这里的练习可以称之为刻意练习(deliberate practice)。这种练习一般具有如下特征:一是练习者在练习过程中有明确的目标,并仔细监控练习的结果以判断目标是否达到;二是练习者在练习过程中要有人予以指导并能从中获得自己练习的反馈;三是练习者要有提高自身表现水平的动机,在练习过程中不断为自己设置新的、更大的挑战;四是这种练习可以使练习者形成一种对所练习技能的心理表征,这种表征能使练习者产生灵活而有适应性的表现。[②] 在实际的教学情境中,促进学生进行有效练习有多种不同的方法。

(一) 变式练习

变式练习是在不同情境中练习使用同一种概念、原理或程序。这里的关键是练习的情境要有变化。如果技能是在单一情境中练习形成的,那么这种技能可能难以应用到与练习情境不一样的新情境中。这一点正如一些学者指出的,知识和学习是情境化的,即知识受学习时的情境约束和限制,因而在同样的情境中进行练习,学习的技能就与该情境密切结合而不可分,这会限制技能的灵活运用。解决的办法是变换练习的情境。如学习了"鸡兔同笼问题"的解决技能后,接下来就要给学生安排变式练习,促进技能的形成和迁移。可以设计练

---

① Dunlosky, J., Rawson, K. A., Marsh, E. J., Nathan, M. J., & Willingham, D. T. (2013). Improving students' learning with effective learning techniques: Promising directions from cognitive and educational psychology. *Psychological Science in the Public Interest*, 14(1), 4-58.

② Lehmann, A. C., & Ericsson, K. A. (2000). Research on expert performance and deliberate practice. In P. K. Smith & A. D. Pellegrini (Eds.), *Psychology of education: Major themes*. Vol. III. London: Routledge Falmer, pp.406-410.

习的题目如下：

　　1. 鸡兔同笼，头共 46，足共 128，鸡兔各几只？

　　2. 停车场上停了小轿车和摩托车一共 32 辆，这些车一共 108 个轮子。求小轿车和摩托车各有多少辆？

　　3. 小巧用 10 元钱正好买了 20 分和 50 分的邮票共 35 张，求这两种邮票各买了多少张？

　　4. 52 名同学去划船，一共乘坐 11 只船，其中每只大船坐 6 人，每只小船坐 4 人。求大船和小船各几只？

　　上述题目的解决都需要学生运用所学习的鸡兔同笼问题的解决办法，但问题的情境之间变化很大。这样，学生得以在不同情境中练习同一种问题解决技能，有利于他们将来在更多情境中解决鸡兔同笼这类问题。

（二）渐退练习

　　当学生开始练习一项较为复杂的技能时，他们不可能一下子将整个技能独立完整地执行下来，这时教师可以给学生提供一些支持、帮助，以使学生对技能的练习能够进行下去，这些支持、帮助又被称为"支架"，具体形式如下：教师为学生提供有关练习步骤的提示；教师为学生完成所练习技能中较难的部分，较简单的部分则由学生完成。在技能练习过程中，这些支架并不是一直提供给学生的，当学生的技能练习进步时，教师便可以逐渐撤除练习支架，当这些支架完全撤除后，学生便达到独立执行技能的程度。这一过程好比婴儿学步，一开始学步的婴儿要由大人扶着走，而后大人再根据婴儿学步的情况，逐渐地放手，直至婴儿能独立行走。这种在练习过程中逐渐撤除支架并最终实现学生独立执行技能的练习形式就叫渐退练习。

　　如小学生要学习用"无论……还是……，都……"的句式造句，这一技能涉及两个主要步骤：第一步，生成两句并列的句子，如"白天，东方明珠很美；晚上，东方明珠很美"，第二步，用"无论……还是……，都……"将两个句子合并成一个句子，如"无论白天还是晚上，东方明珠都很美"。在刚开始练习时，为减轻练习的难度，教师给学生呈现两句并列的句子（如"刮风天，同学们坚持上学；下雨天，同学们坚持上学"），要求学生练习用"无论……还是……，都……"将两句合并成一句。随着练习的进行，学生在这类练习上表现很好，这时教师便开始减少给学生的练习提供的支持，只给学生呈现两句并列句子中的一句，要求学生在补上另一句后再将两句合并成一句。如教师给学生呈现"山上开满了紫荆花"，学生要补上与之并列的一句"山下开满了紫荆花",而后再合并成"无论山上还是山下,都开满了紫荆花"。最后,教师只要求学生心里想出两句并列的句子,然后再用"无论……还是……,都……"将其合并起来,至此,学生学会了用"无论……还是……,都……"独立造句的技能。在这一练习过程中,教师给学生提供的支持形式是替学生完成技能中较难的部分,练习中的渐退体现在教师替学生完成的练习逐渐减少。

又如,样例是促进学习者技能学习的一种有效手段,为促进学习者从对样例的研习模仿过渡到独立执行所学习的技能,研究人员按照渐退练习的要求,开发了渐退的样例。在渐退的样例中,学习者先学习完整的样例,而后学习另一个样例,不过该样例中有一步(如最后一步)空着,要求学习者补全。接着,让学习者学习第三个样例,这个样例中有两步空缺,要求学习者补全,这样逐渐增加样例中空缺的步骤,直至最后仅给学习者呈现有待解决的问题。在这种逐渐撤出样例和逐渐放手给学习者解决问题的过程中,学习者从依赖样例过渡到独立的问题解决。

阿特金森(Robert K. Atkinson)等人的研究证实了这种方法对技能学习的效果。学生要学习解决概率问题的如下步骤:求出第一个事件的概率;求出第二个事件的概率;将两个事件发生的概率相乘求出联合概率。研究比较了两组学生的学习情况,对一组呈现渐退的样例,具体来说,学生先学习一个完整的样例,包括问题和三个完整的解题步骤;而后学习第二个样例(这一样例包括问题和解题的前两步,最后一步省略了,要求学习者补全);第三个样例则省略了后两步;第四个样例则只有问题。学完这些渐退样例之后,再让学生学习另一套四个渐退样例。对另一组,给学生呈现样例-问题对子来让学生学习,具体讲,学生先学习一个完整的样例(包括问题和解题的三个步骤),而后解决一个概率问题;接着再学习一个完整样例和要解决的问题。这一学习阶段学习结束后,学生再学习两对样例-问题对子。研究结果发现,通过渐退样例学习的学生,在测验之后的近迁移测验(两组的正确率分别为 58% 和 39%)和远迁移测验(两组的正确率分别为 51% 和 36%)上,其成绩均优于学习样例-问题对子的那一组。[①]

(三) 过度练习

过度练习是指学习者达成对某一技能的掌握之后继续进行的练习。过度练

---

① Mayer, R. E. (2008). *Learning and instruction* (2nd ed.). New Jersey: Merrill Prentice Hall, pp.340 - 341.

习有助于技能的自动化、熟练化,有助于技能的长久保持。数学中一些常规性的基本技能,通常是学生学习更高级技能所需要的,熟练掌握这些技能可以让学习者在执行这些技能时少耗费或不占用有限的心理资源,这样学习者就有更多精力用于学习新的、更高级的技能。如多位数加法的技能是学生进一步学习多位数乘法的基础,多位数加法计算的熟练有助于学生顺利学习多位数乘法,因而在学生正确计算多位数加法的基础上,还要给他们提供一些多位数加法的练习,使他们执行这项技能达到熟练的程度。诸如正负数的加减乘除运算、简单的因式分解、配方技能、用判别式解一元二次方程的技能,都需要学到熟练的程度。

梅尔尼克(Merrill J. Melnick)的研究说明,过度练习的量对动作技能学习的影响。在其研究中,参试者学习在一个稳定性测量仪上保持平衡,要求达到的标准是在 50 秒内至少保持 28 秒。在达到这一标准后,四组参试者分别按下列练习量进行过度练习：0%,50%,100%,200%。而后所有参试者在练习结束一周和一月之后进行两次保持测验。结果发现,进行了过度练习的三组参试者的保持成绩优于没有进行过度练习的参试者,而且 50% 的过度练习组与 100%、200%过度练习组的成绩没有显著差异。[①] 这说明,过度练习对技能的掌握与保持有积极作用,但并不是说过度练习量越多越好,可能存在一个最佳的过度练习量(根据上述研究,这一最佳的过度练习量可能是 50% 的过度练习),超过这一最佳练习量的过度练习,对技能学习的益处就越来越小。

(四) 间隔练习

如果我们的目的是更持久地保持所学习的技能,那么在进行练习时最好采用间隔练习的形式。间隔练习又称分散练习,与之相对的是集中练习。为更好地理解这两种练习形式,可以假设对某项技能的学习要完成 100 次练习,完成这 100 次练习有两种典型的安排：一是集中一段时间完成这 100 次练习,每次练习之间没有休息或只有很短暂的休息,这种练习安排叫集中练习;二是将这 100 次练习分散在较长的时间内进行,每次练习之间有较长的休息时间或安排学习其他内容,这种安排叫分散练习或间隔练习。心理学的研究表明,间隔练习能较好地促进技能的保持。如一项研究让学生练习正确使用英语语法的技能,练习的任务是给出一些正误混杂的英语句子,要求学生识别出其中的错误并予以改

---

① 转引自[美]马吉尔,R.A.运动技能学习与控制(第七版).张忠秋,等译.北京：中国轻工业出版社,2006：313 - 314.

正,随后学生会得到其识别和修改情况的反馈。一组学生以 3 天的间隔时间进行练习,另一组学生以 14 天的间隔时间进行练习。两组的练习结束后,分别间隔 7 天和 60 天对学生进行两次测验,测验题目均与练习的题目不同。结果发现,在 7 天之后的测验中,两组成绩差不多,但在 60 天之后的测验中,以 14 天间隔进行练习的一组成绩明显优于以 3 天间隔进行练习的一组。[①]

那么,在安排某项技能的间隔练习时,两次练习的间隔多久比较合适呢?这一问题目前尚无固定的答案。不过已经明确的是,练习的最佳间隔要视最后一次练习结束至测验开始时的间隔(称之为保持间隔)而定。一般来说,保持间隔越长,需要的最佳的练习间隔也相应延长。根据不同学者的研究,最佳的练习间隔是保持间隔的 5%—40% 或 10%—20%。[②③] 在学校教育情境中,考虑到学生将来考试、升学等因素,最佳的练习间隔以周或月为单位可能是合适的,如上述研究中采用的 2 周练习间隔就在 2 个月后的测验上有了较好的效果。

在实施间隔练习策略时,要对其遇到的阻力有所估计。间隔练习的效果通常要在较长的保持间隔之后才会显现,在练习期间,间隔练习的成绩很多情况下不如集中练习或间隔较短的间隔练习,练习者会根据自己练习的表现和成绩而偏好集中练习,排斥间隔练习。如巴德利(Alan D. Baddeley)和朗曼(D. J. A. Longman)曾以集中练习方式和间隔练习方式训练邮政工人的打字技能。虽然在技能的长期保持方面,间隔练习的效果优于集中练习,但进行集中练习的工人对集中安排的培训更满意,而进行间隔练习的工人则对间隔进行的培训不大满意。[④] 此外,由于很多教科书对练习的安排是集中式的,这也会让很多学生(包括教师)感觉间隔练习的可行性不高。因此,要在教学实践中实施间隔练习策略,学生(包括教师)需要学习有关间隔练习效果的知识,同时也要在教学实

① Bird, S. (2010). Effects of distributed practice on the acquisition of second language English syntax. *Applied Psycholinguistics*, *31*, 635 - 650.

② Horvath, J. C., Lodge, J. M., & Hattie, J. (Eds.) (2017). *From the laboratory to the classroom: Translating science of learning for teachers*. London: Routledge, p.114.

③ Dunlosky, J., Rawson, K. A., Marsh, E. J., Nathan, M. J., & Willingham, D. T. (2013). Improving students' learning with effective learning techniques: Promising directions from cognitive and educational psychology. *Psychological Science in the Public Interest*, *14*(1), 4 - 58.

④ Bjork, R. A. (1994). Memory and metamemory considerations in the training of human beings. In J. Metcalfe & A. P. Shimamura (Eds.), *Metacognition: Knowing about knowing*. Massachusetts: The MIT Press, p.194.

践中有切身体会，这样才能有效实施这一练习策略，促进学生学习。

（五）交叉练习

通常，学生在某一门学科要学习多种技能。在初步学习过若干项技能后，往往会进行多项技能的混合练习，这种练习要求学习者在一定时间内练习多项不同的技能。假设学生初步学习了ABC三项不同的技能，在进行混合练习时有两种典型的安排：第一种安排是先练习A技能（假设练习3次），而后练习B技能3次，最后练习C技能3次。另一种安排是随机确定每项技能练习的顺序，换言之，练习完B技能1次后，接下来练习哪项技能是随机确定的，但每项技能练习的次数仍旧为3次。两种安排下的技能练习情况用字母表示分别是AAABBBCCC和CBBACABAC。第一种安排叫区组练习，第二种安排叫交叉练习（又叫随机练习）。研究发现，在练习阶段，进行区组练习的学习者的成绩优于进行交叉练习的学习者的成绩，但当测验学习者对技能的长期保持以及技能在新情境中的运用情况时，交叉练习的效果反而优于区组练习。

如古德（Sinah L. Goode）和马吉尔（Richard A. Magill）让女大学生练习在右侧发球区发羽毛球的动作，要学习的发球动作有三种：长球、短球和大力发球。每种发球动作要练习108次，练习时间为三周。按区组练习法练习的女大学生，每周只练习一种发球动作；按随机练习法练习的女大学生，在练习前由研究人员随机告知练习的动作。结果发现，随机练习组的保持和迁移测验成绩均优于区组练习组，尤其是在将发球位置由右侧发球改为左侧发球后，随机练习组的发球技能保持完好，但区组练习组不能很好地适应这一新的情境。[1]

又如罗赫（Doug Rohrer）和泰勒（Kelli Taylor）让两组大学生练习计算四种几何体（楔形体、球形圆锥、扁球体、半锥体）的体积。第一周和第二周各练习16道题目（每种几何体各有4道题目），第三周进行测验（共8道题目，每种几何体的题目顺序随机安排）。一组学生按区组方式练习，即先练习一种几何体的4道题目，而后练习另一种几何体的4道题目；另一组按交叉方式练习，16道题目的练习顺序随机安排。结果发现，在练习期间，区组练习组的成绩优于交叉练习组，在一周之后的测验中，交叉练习组的成绩反而优于区组练习组。[2] 此外，也

---

[1] ［美］马吉尔，R.A.运动技能学习与控制（第七版）.张忠秋，等译.北京：中国轻工业出版社，2006：304.

[2] Rohrer, D., & Taylor, K. (2007). The shuffling of mathematics problems improves learning. *Instructional Science*, 35, 481-498.

有一些研究让学习者识别不同艺术家的绘画作品、鸟的种类和蝴蝶的种类的任务,均发现按交叉方式练习的效果优于按区组方式练习。[①]

但交叉练习的效果优于区组练习是有条件的,其中很重要的一项条件是练习的几项技能彼此类似、易于混淆。在这种情况下,安排交叉练习就给练习者提供了辨析使用不同技能的机会,这有利于他们将来根据新情境的具体特点选择合适的技能。[②] 另外,交叉练习的优势并不为很多学习者认同,他们更倾向于区组练习,这需要使用交叉练习策略的教师有思想准备。

(六) 提供反馈

反馈是指在学习或教学之后提供给学习者用于修改其当前的认识以提高成绩的信息。反馈的提供者可以是教师、智能化的学习软件、学习者的同伴或学习者自己。就技能的学习而言,学习者在练习执行一项技能后,需要得到有关技能执行状况的信息以改进技能,因此反馈对技能的学习而言十分必要。

反馈是一种有关学习者学习状况的信息,这种信息要想实现改进学习的目的,还需要学习者对这种信息予以接收并进行加工,因此,作为一种教学策略的反馈,不能单单着眼于"提供"反馈,还要着重研究提供的反馈如何被学习者"接收",即反馈这种教学策略要致力于引发、支持和促进学习者进一步的学习过程,否则,只有单方面的"提供",缺乏学习者方面的"接收",反馈这种教学策略就会流于形式而难以真正促进学习者的学习。

反馈是影响学生学习的一种有效策略。哈蒂(John Hattie)等人综合多项反馈效果的元分析后提出,反馈的效果量范围为 0.48—0.79,这是处于中等至较大范围的效果量。[③] 不过,反馈虽然有良好的效果,但反馈效果的不稳定性或变异性也很大。在有些情况下,反馈对学生的学习没有效果,甚至会有负效果。导致这一现象的主要原因在于,反馈对学生学习的影响作用还受到学习任务、教学场景、学生特点等多种中介因素的影响,也就是说,最佳的反馈效果要视上述中介因素而定,不存在一种机械划一的反馈提供策略。

---

① Horvath, J. C., Lodge, J. M., & Hattie, J. (Eds.) (2017). *From the laboratory to the classroom: Translating science of learning for teachers*. London: Routledge, p.83.

② Horvath, J. C., Lodge, J. M., & Hattie, J. (Eds.) (2017). *From the laboratory to the classroom: Translating science of learning for teachers*. London: Routledge, p.88.

③ Wisniewski, B., Zierer, K., & Hattie, J. (2020). The power of feedback revisited: A meta-analysis of educational feedback research. *Frontiers in Psychology*, 10, 1 - 14.

　　舒特(Valerie J. Shute)、哈蒂等人综合了有关反馈效果的大量研究后,就如何给学习者提供有效的反馈提出如下建议。

　　首先,要针对学习任务本身而不是学习者本人提供反馈信息。这一要求可以称之为"对事不对人"原则。具体来说,一方面,要给学习者具体明确的、与学习任务直接相关的信息,即要针对学习者当前正在学习和完成的任务,提供如下与任务完成紧密相关的明确信息:任务完成方面的明确目标是什么? 当前学习者对学习任务的完成已达到何种程度? 学习者下一步应采取何种措施才能有助于其达成学习目标?[①] 另一方面,不应将提供给学习者的反馈信息聚焦在学习者个人的能力、特点上,也就是说,不能将反馈与表扬混淆起来,诸如"你真棒!""你的表现很好!"之类的信息是对学习者的表扬,其中没有包含如何改进其学习的信息,对学生完成学习任务作用不大,因为它将学习者的关注点从学习任务的完成转向个人的形象上。有关表扬对学生学习影响的研究也发现,表扬的效果量低至0.12或0.09,而不对学习者进行表扬的效果量达0.34。[②] 要避免反馈针对学习者个人的问题,还要注意在提供反馈时,不宜将学习者的表现与同伴的表现进行比较(如"你现在的成绩在班上只能算中等偏下水平""××同学对这些题目做得又对又快"),学习者会将这种信息解读为他个人的能力水平低下,从而打击学习者进一步学习的动力,而提供学习者学习前后变化方面的信息就可以避免这一问题。

　　其次,一般来说,给学习者提供详细阐释的反馈的效果优于给学习者提供正误式、等级式的反馈的效果。给学习者的任务完成情况提供反馈,至少有如下三种典型方式:一是仅告知学习者任务完成的正误情况,如题目做对了还是做错了;二是告知学习者任务完成的等级,如学生的作业得了A等还是C等,或者仅告知学生作业或考试的总分;三是对学习者学习任务的完成情况给出详细的信息,指出其问题所在、犯错的原因以及如何改进的策略。研究发现,第三种反馈的方式对学生的学习有明显效果,因为它给学习者提供了改进其任务完成的具体信息。[③] 即便如此,在有些情况下,详细反馈的效果也会大打折扣。如当学生要完成的学习任务是相对简单、低级的学习任务(如记忆外语单词、记忆零

---

　　①②　Hattie, J., & Timperley, H. (2007). The power of feedback. *Review of Educational Research*, 77, 81-112.

　　③　Shute, V. J. (2008). Focus on formative feedback. *Review of Educational Research*, 78(1), 153-189.

散的事实)时,正误式的反馈对学生的学习反而有积极效果。[①] 又如,详细阐释的反馈如果过于复杂并由此给学习者加工处理反馈信息施加较大的认知负荷,学习者就难以有效地用所给的反馈信息改进自己的认知,其效果也就难以保证。因此,在提供详细的反馈时,也要视学习者的知识水平而予以适当简化,避免出现认知负荷过重的问题。

最后,根据学习任务的特点选择提供即时反馈还是延迟反馈。从反馈提供的时间点来看,至少有两种典型的提供反馈的方式:即时反馈和延迟反馈。即时反馈是在学习者完成学习任务之后立即给予的,延迟反馈是在学习者完成学习任务后延迟一段时间后给予的,延迟的时间可以从数小时到数天乃至数周。这两种反馈方式在促进学生学习上均有相应的研究支持。目前的元分析发现,至少有两种因素影响这两种反馈方式的效果。一种因素是学习材料的性质,对于言语和程序性技能的学习而言,即时反馈有更好的促进效果;对于涉及迁移的学习任务而言,延迟反馈有更好的促进效果。另一种因素是学习任务相对于学习者的难度(即相对于学习者的原有能力水平而言),对于相对容易的学习任务,延迟反馈有更好的效果;对于相对难的学习任务,即时反馈有更好的效果。[②] 当然,不管哪种反馈方式,都需要学习者对反馈信息予以接收和加工。

第三节　教学策略的选择与设计

上一节以教学事件为分类依据,说明了教学实践中常用的教学策略及其促进学生学习的意图。在实际的教学情境中,教师或教学设计者使用的教学策略还有很多,一些教师也会在实践中创造出新的教学策略来。此外,通过学习和观摩其他教师的教学并总结提炼自己的教学经验,教师也会积累很多的教学策略。那么,在面对具体的教学情境,教师应当如何从自己积累的教学策略库中

---

① van der Kleij, F. M., Feskens, R. C., & Eggen, T. J. (2015). Effects of feedback in a computer-based learning environment on students' learning outcomes: A meta-analysis. *Review of Educational Research*, 85(4), 475–511.

② Shute, V. J. (2008). Focus on formative feedback. *Review of Educational Research*, 78(1), 153–189.

进行合适的选择或创造出新的教学策略呢？本节就阐释教学策略的选择与设计问题。

一、教学策略选择与设计的本质

要解决问题，首先要对问题有深刻的认识与理解。要回答教学实践中教学策略选择与设计的问题，就要先对这一问题的本质形成明确认识。布卢姆认知目标分类学(修订版)的思想可以被用来认识教学策略选择与设计的本质。

布卢姆认知目标分类学(修订版)提出的知识与认知过程相结合的观点，不仅可以用来解释教学目标，而且可以用来描述教学活动、教学评价的特征。教师面对具体的教学情境来选择和设计教学策略的活动，也可以用这一观点加以解释。具体来说，教师的这种活动是教师基于一定的知识进行评价创造的活动，或者说是教师基于一定的知识，依据一定的标准，对备用的多种教学策略是否有助于达成当前的目的进行评价，或者说是教师基于相应的知识，创造出新的教学策略以便达成当前目标的活动。

对备用的教学策略作出评价或创造出新的教学策略这样的认知活动需要教师依托相应的知识基础。缺乏这些知识基础，评价或创造的活动就难以执行。从教学心理学研究问题的角度看，教学策略致力于解决促进学生完成学习过程从而达成教学目标的问题，因而教师选择和设计教学策略依托的知识基础可以从以下三个方面来描述：一是教学目标的相关知识，包括教师期望学生学习什么知识，对这些知识掌握到何种程度以及教学目标所属类型(如知识、技能、态度等)的知识；二是学生与教学目标有关的知识基础，包括教师对学生学情的准确把握，有助于提升教学策略选择和设计的适切性；三是学生达成特定类型的教学目标所需要的学习机制与过程。具备了有关知识、技能、态度等教学目标习得机制的知识，可以让教师更好地"以学定教"，有目的、有针对性地选择和设计相应的教学策略。此外，在对备用的教学策略进行评价时，需要有一定的评价标准(这是概念性知识的一种)，以便对不同的教学策略是否有助于引发和促进学生的学习，或者在引发和促进学生学习的效率上作出判断。显然，这里的评价标准就是教学事件(包括教学策略)要实现的功能：有效引发、支持和促进学生的学习过程。

总之，从布卢姆认知目标分类学(修订版)的视角，结合教学心理学的研究内容，教师在教学实践中遇到的教学策略选择与设计的问题，其实质就是教师依托有关教学目标、学生的相关知识基础、学生达成特定类型教学目标的学习机制与过程以及教学策略要能有效引发、支持和促进学生学习的评价标准等知识,对多种备用的教学策略依据评价标准进行评价或创造出能有效促进学生学习的教学策略。

二、教学策略选择与设计的原则

在教学策略的选择与设计的实践中,需要坚持如下三个原则。

(一) 教学策略的选择与设计旨在引发和促进学生的学习过程

这一原则尤为重要,集中体现了教学的本质。这里以本书第三章介绍的学生学习涉及的三种重要过程(注意、整合与组织)为例来说明这一原则的运用。在具备了有关学生学习的知识基础后,教师的教学策略选择与设计就要明确指向这些认知过程的引发。

1. 指引注意的教学策略的选择与设计

在实际的教学中,采用相应的策略将学生的注意引向期望学生关注的内容十分重要。提问就是一种常用的指引学生注意的策略,设计有效的问题是实施该策略的重点。

例如,在教学"循环小数"的内容时,教学伊始,学生计算一道除不尽且结果为循环小数的除法题。学生面对这道除不尽的题目时会产生困惑,其注意有可能指向计算的过程而进行计算过程的检查,但这时学生应当关注的内容是计算的结果(即小数)的循环特征。为将学生的注意引向小数的循环特征上,就需要设计问题来指引学生的注意。一名教师设计的问题"真的有除不尽的题目? 我们一起来看看某某同学是怎么除的",明显将学生的注意引向计算的过程而不是小数的循环特征上,而另一名教师设计的问题"如果再除下去,怎样能很快知道商是几?""看来这道题是一直可以除下去的,你能说出小数部分的第八位是几吗?"[①]这些问题显然有更明确的指向性,即把学生的注意指向小数的循环特征,这样设计的问题,就能很好地促进学生的注意,推动学生达成教学目标。

又如,在教学《安塞腰鼓》一文时,学生通过观看安塞腰鼓的录像和阅读课文,很容易被课文传达的热烈奔放的感情吸引而沉浸其中,但学习这篇课文的主要目的是期望学生关注课文是如何表达感情的,即关注课文如何采用短句、排比等语言形式来表达热烈奔放的感情。为此,就需要对学生的注意进行有效

---

① 潘小明.*潘小明与数学生成教学*.北京:北京师范大学出版社,2017:9.

引导,教师设计了如下问题来实现其意图:"大家在朗读课文的时候,有没有发现有些句子传递这种感觉更强烈一些,而有些句子就不那么明显?""哪些句子让你们特别强烈地感觉到这种热烈奔放? 能不能独立地圈一圈?"①显然,这些问题能很好地实现将学生的注意由感情的体验转向对表达感情的语言形式上。

2. 促进组织的教学策略的选择与设计

建立新知识内在逻辑联系的组织活动,是学生学习新知识时要执行的一项重要活动。为推动学生做出这种活动,就需要教师有意识地采取措施。如对于"黄河中下游五省二市"内容的学习,其中就涉及较多的新知识,包括五省二市的气温、降水条件,五省二市的农业生产情况,五省二市的工业布局等。教科书上同时呈现这些新的知识,不能保证学生会主动地去做新知识内在逻辑联系的学习活动。面对这种情境,教师可以设计如下问题来引发学生的组织活动:"黄河中下游五省二市的气温、降水条件对农业生产有什么有利和不利的影响?"这一问题的题干涉及不同方面的新知识,通过询问有利和不利的影响而指引学生去关注不同方面新知识的内在逻辑联系,这样的问题就是一种能很好促进学生组织活动的教学策略。

3. 促进整合的教学策略的选择与设计

建立新知识与学生原有知识经验内在逻辑联系的整合活动,是学生学习时达成理解必不可少的,选择和设计相应的教学策略来引发学生的这种活动就显得尤为必要。例如,在教学圆面积公式的推导的内容时,由于教科书以图解的形式详细呈现了割圆、拼接的完整过程,因而可以让学生通过阅读教科书来学习新知识。学生学习新知识的一个重要过程是执行整合的活动,为此需要教师采取措施来引发和促进学生的这一活动。由于在学习圆面积公式之前学生已学习过长方形的长与宽以及圆的周长、半径等概念,而且在学习圆面积公式的推导过程时还要利用这些原有知识,因此,教师设计的促进整合的策略应致力于推动学生将新知识与以前学习过的有关圆的概念关联起来,为此教师设计了如下一些问题来实现这一目的:"照书上讲的拼,拼成的图形与已学过的哪种图形相近?""拼成的图形的长相当于圆的什么?""拼成的图形的宽相当于圆的什么?"②可以看出,这些问题是要学生将其有关长方形和圆的原有知识(圆的半

---

① 郑桂华,王荣生.语文教育研究大系:中学教学卷(1978—2005).上海:上海教育出版社,2007: 167 – 175.

② 邱学华.邱学华尝试教学课堂艺术.北京:教育科学出版社,2000:59.

径、周长)与要学习的圆面积公式推导的新知识加以关联,这样的问题能很好地起到促进整合的作用。

4. 促进注意、整合、组织的综合教学策略的选择与设计

上文介绍的教学策略针对的是学生学习的一种过程,也就是说,如果对学生的每一种学习过程均需要采用相应的教学策略,那么教师选择和设计教学策略的负担会加重,教学策略的效率也不高,但如果能选择和设计出可同时影响学生多种学习过程的教学策略,就可以减轻教师选择和设计的负担,提高教学策略的效率。教学心理学经过大量研究,已筛选出一些效果较好的综合性的教学策略,如写摘要策略、同伴教学策略。

写摘要策略要求学生用自己的话来概括所学内容的要点。可以要求学生自己组织一句话来概括一段学习材料的内容,也可以自己组织的一段话来概括一节、一章的内容。在写摘要时,允许学生参阅所学习的材料,但写出的摘要需要用自己的话来表述,不允许学生照搬学习材料的文字表述。

写摘要策略可以引发学生的多种学习过程。由于所写的摘要的内容要少于所学材料的内容,因而学生需要从所学材料中选择出最关键和重要的内容,这样可以引发学生的选择或注意过程;学生所写的摘要是连贯一致的,前后有逻辑联系的,而不能是杂乱无章的,这就需要学生在梳理新知识内部联系基础上撰写摘要;摘要的撰写还要求学生用自己的话来表述,这就推动学生将新知识用其原有知识经验来表述,从而执行新旧知识联系的过程。

菲奥雷拉和梅耶收集了 30 项有关写摘要效果的研究,这些研究比较了写摘要的学生与重复阅读或不写摘要的学生的学习效果,结果发现,有 26 项研究证实写摘要对学生的学习有积极作用,从这些研究中计算出的效果量的中位数为 0.5。[①] 但写摘要策略有一定的适用条件,在合适的条件下,写摘要的策略才能发挥促进学生多种学习过程的作用。一是写摘要策略适用于学生对文字材料进行摘要,对于涉及空间关系的学习材料而言,用文字来概括复杂的空间关系并不能促进学生的学习。二是写摘要需要学生具备良好的写摘要的技能,为此,可以对学生进行写摘要的先行训练,未掌握写摘要技能的学生,只会照抄照搬学习材料,不会用自己的话概括总结,他们就不会从这种教学策略中受益。

---

① Fiorella, L., & Mayer, R. E. (2015). *Learning as a generative activity: Eight learning strategies that promote understanding*. New York: Cambridge University Press, pp.25-34.

同伴教学策略是指教师组织学生将其学习过的内容教给另一名同学。具体来说，就是让学生站在教师的立场上来对另一名同学进行相关内容的教学，整个教学过程与教师的实际教学过程很相似。首先，在实际教学之前学生要先做好准备工作，不仅要学习要教的内容，在学习时还要带着教会同学的预期，这一点与教师的备课工作十分相像。其次，在前期准备基础上，学生要把所学习的内容讲解给同学听，这种讲解不是照本宣科式地宣读教科书或讲稿，而是要求学生用自己的话，讲述自己对所学内容的理解。最后，同伴教学策略还允许受教的学生提出问题，要求讲解的同学予以解惑。

对于进行同伴教学的学生来说，同伴教学策略能够引发他们的多种学习过程。在事先准备讲解的内容时，他们要思考选取哪些重要内容以及按什么样的逻辑顺序来讲，这样会促进他们对所学内容的选择与组织。实际讲解的活动要求他们用自己的话来讲述自己对所学内容的理解，这样又会促进他们针对所学习的内容进行整合与组织。受教的同学在听讲的过程中提出的疑惑，也会推动教学的同学反思自己的理解并对自己的理解和讲解作出改进和完善：可以是对所讲内容的重组，也可以是重新表述，从而促进学生对讲解内容的组织与整合。

从上述的阐释中可知，实施同伴教学策略的关键不是学生的教学行为本身，而是教学行为引发的学生的内在学习过程。目前有关同伴教学策略的研究还不够丰富。从已有的相关研究看，实施同伴教学策略的教学，相对于未实施该策略的教学而言有明显的优势，在 19 项有关研究中，有 17 项发现了这种优势效果，效果量的中位数为 0.77。[①]

(二) 教学策略的选择与设计因教学目标而变

选择和设计教学策略的目的是支持、促进学生达成相应的教学目标。本书第三章指出，不同类型的教学目标，其习得的机制与过程不尽相同，因而促进学生达成目标的教学策略的侧重点也不尽相同：促进知识理解的教学策略侧重点在整合、组织等学习过程的引发；促进技能习得的教学策略要额外关注练习的设计与反馈的提供；促进态度习得的教学策略侧重点在榜样的选择和呈现以及对态度行为的奖励与惩罚上。这时教学策略的选择与设计需要教师依托不同类型教学目标习得机制与过程的知识。

---

① Fiorella, L., & Mayer, R. E. (2015). *Learning as a generative activity: Eight learning strategies that promote understanding*. New York: Cambridge University Press, pp.156 - 162.

布卢姆认知目标分类学(修订版)强调知识与认知过程的结合可以构成不同类型的教学目标,达成不同类型教学目标所需要的教学策略也不尽相同,因此教师可以以其为理论依托来选择和设计针对特定类型的教学目标的教学策略。在给定教学内容的情况下,学生围绕该教学内容执行不同的认知过程就会构成不同类型的教学目标。如"比喻句"这一概念性知识,与记忆、理解、运用、分析、评价、创造相结合,就会构成六类不同的教学目标,面对这些不同类型的教学目标,教师可以在借鉴布卢姆认知目标分类学(修订版)对六类认知过程含义阐释的基础上,选择和设计与之对应的教学策略。表5-3列出针对"比喻句"概念而执行的不同认知过程的教学策略。

表 5 - 3　围绕"比喻句"概念而执行不同认知过程的教学策略

认知过程	教　学　策　略
创造	要求学生结合要描写的对象和表达目的,写出有创意的比喻句。
评价	要求学生在一定语境中判断别人写的比喻句是否合适。
分析	要求学生区分出比喻句中的本体、喻体以及比喻词。
运用	要求学生按照写比喻句的程序写出比喻句。
理解	要求学生从给出的许多句子中找出比喻句。
记忆	要求学生说出比喻句的定义。

(三) 教学策略的选择与设计视学生的原有知识基础而变

学生的原有知识基础不仅对其学习有重要影响,而且影响到教师的教学策略的选择与设计。需要指出,这里的原有知识属于广义的知识,不单指学生具备的陈述性知识,也包括学生的技能和学习策略。

首先,学生具备的相关陈述性知识或生活经验,会影响教师选择或设计的教学策略的效果。如学生要学习的新知识是半导体允许电流单向通过的特性。为帮助学生理解这一抽象的原理,需要教师采用促进新旧知识联系的教学策略,类比就属于这样的教学策略。进行类比前,教师首先要确定与新知识进行类比的对象,这时就必须考虑学生的原有知识基础。如果学生具备关于自行车气门芯的知识,那么教师就可以将半导体与气门芯加以类比。如果学生不具备气门芯的知识,这一类比就难以发挥促进新旧知识联系的作用。在这种情况下,如果学生具备有关地铁、车站进出站闸机的知识,教师就可以将半导体与进出站的闸机进行类比，从而有效帮助这类学生做好新旧知识的联系。可见，类比这一教学策略效果的优劣，要视学生的原有知识基础而定。

其次，随着学生技能水平的不断提升，促进学生技能习得的教学策略也应随之作出调整。如在技能学习初期，给学习者呈现技能的样例并引发学习者对样例的自我解释活动，可以有效促进技能的学习。但到了技能学习的后期，学习者对所学习的技能已进行了多次练习，其技能水平已有明显提高，这时给学习者呈现样例要求其研习，反而会干扰技能水平的提高。如果给学习者呈现问题并要求其运用所学习的技能解决，就能进一步提高其技能学习水平。[①] 又如，虽然有很多研究证实，交叉练习或随机练习对学生技能的习得与迁移有良好效果，但这并不是说与之相对的区组练习策略一无是处。研究发现，交叉练习与区组练习在促进学生技能学习上的效果要视学生的技能习得水平而定。在技能学习初期，学习者需要对所学习的某一种技能进行一定程度的练习，再加上学习者工作记忆容量的限制，这时采用区组练习的形式对学生技能的学习有帮助，采用交叉练习的形式会让学习者的工作记忆负担过重而损害技能的学习。随着学习者对彼此类似的几项技能的不断练习，其技能水平有了一定的提升，这时进行交叉练习有利于学习者聚焦类似技能的辨别，因而就多项容易混淆技能的学习而言，在选择和设计练习策略时，要考虑学习者的技能水平，在技能习得初期宜采用区组练习策略，在技能习得的中后期可以采用交叉练习的策略。[②]

此外，学生已掌握的学习策略也会影响教师所选择和设计的教学策略。教学策略是为促进学生的学习而存在和实施的，学生在学习过程中还会自发地使用一些学习策略（或认知策略）来调节和控制自己的学习，这样，在实际的学习过程中，会出现学生自己采用的学习策略和教师采用的教学策略同时支持、促进学生学习的情况。一般来说，当学生的学习策略能有效地促进其学习时，教师就没有必要通过教学策略来促进学生的学习了，这时的学生可以用"自我教学""自主学习"来刻画，因而教学策略的选用还要根据学生调控自己学习的具体情况来进行。

---

① Sweller, J., Ayres, P., & Kalyuga, S. (2011). *Cognitive load theory*. New York：Springer，p.158.

② Kang, S. H. K. (2017). The benefits of interleaved practice for learning. In J. C. Horvath, J. M. Lodge，& J. Hattie (Eds.) (2017). *From the laboratory to the classroom: Translating science of learning for teachers*. New York：Routledge，pp.87 – 90.

弗兰克斯(Jeffery J. Franks)等人 1982 年的一项研究说明了学习策略和教学策略的这种关系。[①] 在他们的研究中,学生学习一篇介绍两种机器人的文章,文章介绍了擦高层建筑物窗户的机器人和擦低层建筑物窗户的机器人各自的功能和特征。研究者将这篇文章设计成两种版本:明显版和内隐版。明显版除了介绍两种机器人的功能、特征外,还对其功能与特征之间的联系作了明确解释,如能擦高层建筑物窗户(功能)的机器人,脚上有吸盘,背上有降落伞(特征),吸盘可以帮助机器人在建筑物上攀爬,降落伞可以防止机器人从高空坠落而摔坏(对功能与特征之间关系的解释)。能擦低层建筑物窗户(功能)的机器人,具有锥形的脚和可伸缩的腹部(特征),锥形脚有助于机器人扎牢地面,可伸缩的腹部能让机器人伸到二楼(对功能与特征之间关系的解释)。内隐版只介绍了机器人的功能与特征,没有解释机器人为什么会有这些特征(即功能与特征之间的联系)。

研究选取学习好的学生和学习较差的学生分别学习这两个版本的文章。结果发现,对于外显版来说,学习好和学习较差的学生对文章内容的记忆(即记住哪种机器人有哪些特征)都很好,两组学生之间没有明显差异;对于内隐版的学习,学习好的学生记得很好,其成绩与学习明显版的学习好的学生相当,而学习较差的学生的成绩则很差。在这一研究中,外显版文章中提供的对机器人功能与特征关系的解释本质上是一种教学策略,学习好的学生已掌握了对功能与特征的关系进行解释来促进记忆的学习策略(一种精加工策略),因而提供与不提供教学策略对学习好的学生记忆文章内容没有影响。对于学习较差的学生来说,情况就不一样了。在学习外显版的文章时,由于其中提供了促进学习的教学策略,学习较差的学生能从这一版本的文章中受益,其记忆成绩与学习好的学生一样好。在学习内隐版的文章时,由于其中没有提供促进学习的教学策略,而且学习较差的学生也没有掌握精加工的学习策略,因而其记忆成绩明显不如学习好的学生。

---

① Lesgold, A., & Glaser, R. (1989). *Foundations for a psychology of education*. New Jersey: Lawrence Erlbaum Associates, p.225.

第六章

教学模式

教学模式是围绕一定的目的、按相对固定的顺序组织起来的一系列教学事件,其中的目的通常是要达成的教学目标类型或学生要习得的学习结果类型。这样,有了教学模式的指导,在面对具体的教学任务时,只要明确了学生学习结果或教学目标的类型,就可以用相应的教学模式来规范和指导整个教学过程的设计,因而研究教学模式对于提高教师教学设计的效率、减轻教师教学负担有着积极的意义。不过,目前教学模式的研究尚不够充分和全面,仅对某些类型的教学目标开发出相对成熟的、得到一定程度认可的教学模式。鉴于这一现状,本章仅介绍那些有良好理论依据,或者有良好实践效果,或者有广泛研究支持的教学模式。下面首先阐释国外研究者提出的针对知识、技能与动机的教学模式,而后评介我国教学实践中涌现的有影响的若干教学模式。

第一节　知识与技能的教学模式

一、知识教学模式

埃根(Paul D. Eggen)和考查克(Don P. Kauchak)提出了一个旨在促进学生习得有组织知识的教学模式,称之为"演讲-讨论教学模式",这一模式是在反思传统上使用的通过演讲来教知识的实践基础上经过改造而提出的。[①]

(一) 演讲-讨论教学模式提出的背景

演讲-讨论教学模式是在演讲法基础上提出的。演讲法是教育领域最常用

---

① Eggen, P. D., & Kauchak, D. P. (2016). *Educational psychology: Windows on classrooms* (10th ed.). Boston: Pearson, pp.566 – 571.

但也招致最多批评的教学方法。

演讲法之所以常用,主要是因为它具有如下特征:一是演讲法给教师施加的负担较轻,准备演讲时教师只需组织和呈现好相关的教学内容即可,不必劳神费力地去执行设计问题、提问学生、根据学生反应作出回应等活动,正因为这一优势,演讲法受到很多教师的青睐,在教学实践中也易于为教师选用。二是演讲法效率较高且有较广泛的适用性。演讲法可以在较短时间内呈现组织过的大量内容,这样学习者就不必再花费时间去收集、阅读、辨析、组织有关资料,从而节省了用于学习的时间;不同学科的内容都可以借助演讲法来教学,因而演讲法可以适用于多种不同学科。

不过,演讲法也招致了一些批评,这些批评主要集中在演讲法集中而单向的传输性上。演讲涉及大容量信息的集中传输,在这一过程中,学习者的注意很容易分散和游离,陷入被动接受的状态;在相对短的时间内接受大量复杂的信息,对于学习者容量有限的工作记忆而言,很容易超越其容量的限制而导致学习者难以接收、处理这些信息;单向的传输也让教师缺乏有效的手段和途径来了解学生对信息的理解的状况。

演讲法虽有问题,但这些问题并不是不能克服的。考虑到演讲法在各级教育中盛行的现状,埃根和考查克提出,在演讲过程中插入教师的提问,从而将较长的演讲分隔成小的片段,就可以避免演讲内容过多而使学习者工作记忆负担过重的问题。[1] 另外,学生对问题的回答也让教师有了了解学生理解状况的机会,有助于改变传统演讲法单向传输的问题。

(二) 演讲-讨论教学模式的步骤

埃根和考查克在综合考虑演讲法的优缺点基础上提出了演讲-讨论教学模式。该教学模式具体包括四步,每一步都与学习者的内在认知过程关联。

1. 导入与复习

在这一阶段,教师的演讲以一个关注焦点的形式引入,同时引导学生复习相关的原有知识。这一步的意图有二:一是以关注焦点的形式来引起学生的注意;二是激活学生相关的原有知识。

2. 呈现新信息

教师以演讲形式将新信息呈现给学生,不过这里的演讲不是连续的、长篇

---

① Mayer, R. E. (2011). Applying the science of learning to multimedia instruction. In J. P. Mestre & B. H. Ross (Eds.), *The psychology of learning and motivation* (Vol.55). San Diego: Academic Press, p.96.

大论式的，而是以不同片段的形式进行演讲，每个演讲片段呈现的信息较少，时间也较短，这样做的目的是使新的信息不至于超越学生工作记忆容量的限制。

3. 理解监控

教师就演讲的内容向学生提出一系列的问题，这些问题或者要求学生复述演讲的内容，或者要求学生总结演讲的内容，学生进行回答或讨论。提出这些问题的目的是检测学生对教师所讲内容的理解状况，同时也可以防止学生处于被动接受信息的状态。

4. 整合

教师进一步提问，提出的问题意在促进学生建立新知识内部的联系以及将新旧知识整合，具体提问的类型可以参阅上一章有关促进理解的教学策略部分对提问的阐释。

演讲-讨论教学模式的前两步吸收了演讲法的优点，后两步则意在弥补演讲法的不足，因而对于用惯演讲法的教师而言，用这一模式来教整体知识时，关键是做好后面两步。另外，由于在呈现新信息阶段采用的是分段呈现的方式以避免学习者的工作记忆负荷过重，因而演讲-讨论教学模式的四个步骤在实际教学中是可以多次循环进行的，演讲与讨论的交替也有助于维持学生的注意，克服演讲法单调乏味的缺点。

二、技能教学模式

技能是一种重要的学习结果。教学心理学以及相关学科对技能的教学问题进行了长期研究，目前已形成相对成熟的、有理论依据且有良好效果的技能教学模式——直接教学（direct instruction）模式，直接教学又称明确教学（explicit instruction）、主动教学或班级教学。[1][2]

需要指出的是，"直接教学"这一术语在英文文献中有两类不同的指称对象，第一种"直接教学"（Direct Instruction），因"直接"和"教学"两英文单词的首字母均大写，又被称为"大直接教学"，是由美国俄勒冈大学教授恩格尔曼（Siegfried Englemann）及其同事在 20 世纪 60 年代提出的一种教学模式，其核心思想是：学生学习上的失败不是其个人因素导致的，而是教学的不充分导致的，

---

[1]　Muijs, D., & Reynolds, D. (2018). *Effective teaching: Evidence and practice* (4th ed.). Los Angeles: SAGE, p.36.

[2]　［美］Woolfolk, A. *教育心理学*(第十版).北京：中国轻工业出版社，2007：487.

要让学生学习上取得成功,就需要为学生设计和开发完美的教学(faultless instruction),这种教学的特征是在教学之前,将学生要学习的相对复杂的任务分解成一系列的子技能,而后依据技能之间的逻辑关系,安排好子技能的习得顺序;教师要按照上述技能的顺序,对学生进行明确的、教师主导的教学,确保学生掌握前一项子技能之后再进行下一项子技能的学习。借助这种教学,实现所有学生都能学习的理想。有关大直接教学的研究分析表明,这种教学模式除了在情感学习方面效果不明显外,在阅读、数学、语言、拼写等领域的学习上均有明显的积极效果。[①]

第二种直接教学(direct instruction),因"直接"和"教学"两英文单词的首字母均小写,又被称为"小直接教学",是罗森辛(Barak Rosenshine)等人于 1986 年提出的一种教学模式,更关注教师的行为与学生的成绩,而不是大直接教学关注的课程设计。

两种直接教学的关系十分紧密。恩格尔曼的大直接教学更关注课程的设计,而罗森辛等人的小直接教学更关注课堂上教师的行为与学生的学习。不过,大直接教学的实施程序强调清晰界定要教的内容及其顺序,强调教师的主导作用,注重教师在教学过程中引导学生的反应并为学生的错误提供矫正性反馈,这些也都是小直接教学强调和看重的。下文所讲的"直接教学"是指由罗森辛等人提出的"小直接教学"。

(一) 直接教学模式的理论基础

直接教学模式的理论基础是在不断扩展和变化的,也就是说,随着有关教学的理论和研究的发展,直接教学不断地吸收新的理论和研究作为其理论基础。直接教学最初的理论基础是心理学的行为主义理论,该理论认为,学习就是行为的相对持久的变化,要让学习者的行为发生变化,需要让学习者操练新的行为,强化学习者表现好的行为,当要学习的行为较复杂时,可以将复杂的行为分解为若干小的部分分别加以操练和强化,直至完整的行为形成。操练、强化、分解的思想后来被吸纳进直接教学模式中,体现为其中的练习、反馈、小步子等教学措施。

20 世纪 70—80 年代开展的教师有效性研究也是直接教学的理论基础。教

---

① Stockard, J., Wood, T. W., Coughlin, C., & Khoury, C. R. (2018). The effectiveness of Direct Instruction curricula: A meta-analysis of a half century of research. *Review of Educational Research*, 88(4), 479 – 507.

师有效性研究意在找出能有效影响学生学习的教师特征。最初的研究试图从教师的个性特征入手来寻找有效教师的特征，结果却不尽如人意，因为教师的个性特征与其教学效果之间只有很弱的相关性。后来，教师有效性研究转向教师的课堂行为，观察教学效果良好的教师在课堂上有哪些具体表现，研究发现，教学效果良好的教师在课堂上倾向于面向全班开展教学，花更多时间进行讲授、演示以及与学生的互动。研究识别出的有效教师的上述典型课堂行为后来也被纳入直接教学模式。[①]

随着认知心理学的兴起以及认知心理学对教学影响力的增强，有关学习的认知架构理论也构成了直接教学的理论基础。认知架构理论强调学习者长时记忆中储存的知识对其习得新知识的重要作用，任何教学均需要考虑学习者的原有知识基础。认知架构理论也指出，技能的本质是程序性知识，而程序性知识是由陈述性知识转化而来的，先经历认知阶段理解陈述性知识，而后进入联系形成阶段，将陈述性知识转化为程序性知识，最后经过练习将程序性知识自动化。相应的教学模式也要体现出知识转化的这一过程。此外，认知架构理论还揭示了学生学习时涉及的主要认知过程，如注意、整合、组织等，这些认知过程也被纳入直接教学模式中，用以揭示教学模式关键步骤的意图或目的。

此外，其他学者有关教学的思想也被纳入直接教学模式。维果茨基提出的最近发展区概念，强调儿童在能力水平更高的成人或同伴的帮助指导下，可以解决自己不能独立解决的问题，因而最近发展区是教师发挥对学习者指导作用的最佳时机或节点，直接教学模式中涉及的教师演示、提问、指点均体现了最近发展区的思想。班杜拉提出儿童可以通过对榜样的观察而习得榜样展示的技能，因而教师的示范在技能教学中有独特作用。伍德（David J. Wood）、布鲁纳等人提出了支架（scaffolding）的概念，指教师为学生的学习提供的支持，这些支持可以使学习者在面对超越其能力水平的任务时，能专注自己能力范围内的任务成分，在其能力发展以后，原有的支架可以撤除。支架的思想也被纳入直接教学模式的练习环节。

（二）直接教学模式的步骤

罗森辛等人系统总结了直接教学的步骤，后来的学者又不断对其提出的步

① Muijs, D., & Reynolds, D. (2018). *Effective teaching: Evidence and practice* (4th ed.). Los Angeles: SAGE, p.37.

骤进行完善和调整。综合不同学者的观点,直接教学模式一般涉及如下六个步骤。[①]

1. 告知教学目标,引起学生注意

这一步又被称为定向,即要让学生知道接下来要学什么和学的内容的重要性,以引起学生的注意,注意的对象是要学生学习的内容,具体方式可参阅上一章有关引起学生注意策略的介绍。告知目标的方式不一定是机械地将教学目标呈现给学生,也可以用问题的方式让学生形成要学什么的意识。

2. 复习相关的原有知识

复习的内容与要学习的内容密切相关,或者说,是学生掌握新的内容前必须先行掌握的内容。这些要复习的内容可能是上节课或前一天学习过的内容,也可能是学生上个月乃至上个学期、学年学过的内容,因而要从与新知识关系的角度确定复习的内容,不可将这一环节简单地等同于复习上节课学习的内容。复习的具体方式可以是小测验、提问、重学等。要求学生复习的相关内容与新的学习之间有紧密关系,这样原有知识就能发挥对新学习的促进作用。

3. 呈现新材料,提供学习指导

这一步的目的是将要学生学习的新材料呈现给学生,并采取措施促进学生的理解。可以采用上一章介绍的促进理解的教学策略来实现这一目的,如教师可以使用举例、示范技能的执行、小步子呈现等方式来呈现学习材料。在这一阶段,教师还需要通过提问等方式来了解学生的理解状况,当学生出现错误理解时,要及时采取措施予以纠正。在这一阶段,主要目的是让学生理解所学的材料,但一些教师会误将学生对所学材料的记忆作为理解的指标,或者未利用充分的问题来了解学生的理解状况,在这种情况下,不宜急着过渡到下一阶段。

4. 提供有指导的练习与反馈

在这一步,教师给学生提供练习的机会,不过这里的练习是在教师指导或支持下的练习,教师的指导或支持通常体现为提供支架或技能执行过程的提示。借助这些支架,学生可以执行相对复杂技能中的部分技能。随着练习的进行和学生技能水平的提高,教师提供的支架可以逐渐撤除。在这一阶段的练习过程中,教师还要根据学生的练习情况给学生提供反馈,指出并纠正学生的错

---

① Eggen, P. D., & Kauchak, D. P. (2016). *Educational psychology: Windows on classrooms* (10th ed.). Boston: Pearson, pp.562–566.

误理解,必要时对学生进行重新教学。当学生在这一阶段的练习能达到 80% 的正确率时,可以进入下一阶段。

5. 提供独立练习与反馈

这一步的练习没有教师支架的支持,通常由学生独立完成,常见的形式是学生的家庭作业。这一阶段的练习一般要求学生达到 95% 的正确率,同时还有速度方面的要求,旨在让学生的技能学习达到自动化程度。这一阶段教师的反馈也是必要的,不过反馈的目的要与上一阶段有所区别。在有指导的练习阶段,学生的练习会出错,反馈重点是让学生认识到并纠正其错误认识,同时反馈要将学生练习上的成败归因于其努力的程度和使用的方法,因为这两种因素都是学生自己能够控制的,这样的反馈有助于增强学生练习的动机。在独立练习阶段,学生通常较少出错,这时提供的反馈要强调学生技能或能力水平的提高,不宜再强调其努力。

6. 提供间隔练习

这一步的目的是促进学生对所学技能的保持与迁移,采用的措施是间隔练习(spaced practice)或分散练习(distributed practice),即间隔一段时间后再练习学过的技能。间隔期可以是一周,也可以是一月。正如上一章介绍的,有关练习方式的研究表明,就技能保持与迁移的效果而言,间隔练习优于集中练习。

(三) 有关直接教学模式实施效果的研究

自直接教学模式提出以来,就有研究者研究了直接教学模式的实施效果。如古德(Thomas L. Good)和格鲁斯(Douglas A. Grouws)开展的密苏里教学有效性研究,将 40 名小学四年级数学教师分为两组,一组教师接受直接教学方面的培训,另一组不接受培训,按其以前惯常使用的方法进行教学。结果发现,受训组教师不仅在真实的课堂教学上使用了教给他们的直接教学模式,而且所教学生的成绩也优于控制组教师所教的学生。[①]

斯奈尔(Maria Johanna Snel)等人 2012 年比较了直接教学模式与有指导的共同建构模式在阅读教学领域。有指导的共同建构模式是指学生依据其原有知识经验与指导者合作构建字、词、句,在其构建过程中,教师作为指导者,会给全班学生或个别学生以明确的指导或支持。研究将小学一年级学生分成两组,

---

① Good, T. L., & Grouws, D. A. (1979). The Missouri mathematics effectiveness project: An experimental study in fourth-grade classrooms. *Journal of Educational Psychology*, 71(3), 355-362.

分别接受直接教学与有指导的共同建构教学,结果发现,刚开始时,共同建构组的成绩优于直接教学组,但随着研究的进行,结果却发生了变化,在最后一次学习结果的测量上,直接教学组的成绩反而超过共同建构组。而且,参与研究的学生中有一部分来自移民家庭,对这部分移民学生,一些接受直接教学,另一些接受有指导的共同建构教学,结果发现,接受直接教学的移民学生,比接受有指导的共同建构教学的移民学生在阅读能力上进步更大,表明直接教学模式更适合移民学生。[①]

国际教育比较研究也支持了直接教学的良好效果。如雷诺兹(David Reynolds)和法雷尔(Shaun Farrell)比较了英国课堂上使用的教学模式与国际比较中学生成绩排名靠前的国家(如新加坡)的课堂教学模式,结果发现,学生成绩排名靠前的国家的课堂上更广泛地使用了直接教学模式。对英国和中国数学教学的比较也发现,中国学生在数学学习上优于英国学生,中国的数学课堂也更多地采用直接教学模式。[②]

但也有一些有关直接教学效果的研究发现,受过直接教学模式训练的教师教出的学生并不比其他教师教出的学生成绩更好。对这一发现,许多研究者分析说,直接教学模式涉及的许多教学内容已被大多数教师掌握,或者说是教师从教必须掌握的技能,因而受过直接教学模式训练的教师与未受过训练的教师,在教学的效果上无明显差异,主要原因在于参与比较的两组教师在接受培训前已掌握大部分的直接教学技能。[③]

(四) 有关直接教学模式的争议

自提出起,直接教学模式就受到一些批评,这些批评认为,直接教学是一种以教师为中心的教学模式,强调教师给学生呈现和讲解有关内容并给学生的反应提供反馈。在这种教学模式中,学生是被动的"容器",等着教师往其头脑中灌输知识,其学习是被动的。20世纪90年代,教育领域兴起了建构主义思潮,主张学生的学习是学生主动建构意义的过程,在教学上倡导以学习者为中心的

① Snel, M. J., Terwel, J., Aarnoutse, C. A. J., & van Leeuwe, J. F. J. (2012). Effectiveness of guided co-construction versus direct instruction for beginning reading instruction. *Educational Research and Evaluation*, 18(4), 353–374.

② Muijs, D., & Reynolds, D. (2018). *Effective teaching: Evidence and practice* (4th ed.). Los Angeles: SAGE, p.39.

③ [美] 斯莱文, R. *教育心理学:理论与实践*(第十版).北京:人民邮电出版社,2017:203.

教学,强调学生在真实的任务情境中面对真实的问题,通过探究的方式解决问题、建构意义、获得知识。建构主义也将批判的矛头对准了直接教学模式,在批判其以教师为中心、无视学生主动性的基础上,主张用体现学生主动建构的探究教学取代直接教学。

教学心理学家对这些批判进行了积极的回应。首先,不能将直接教学与学生的被动学习画等号。上述对直接教学导致学生被动学习的批评与历史上对行为主义的批评如出一辙。[1] 行为主义强调学生的行为反应及相应的强化,忽视学生的主动反应,由于行为主义也是直接教学的理论基础,直接教学招致这样的批评也是可以理解的。不过,直接教学的理论基础并未在行为主义理论上停滞不前,而是不断发展扩大的,强调学生主动学习、主动建构的认知教学理论、维果茨基的社会建构主义理论均充实和丰富了直接教学模式的内容,直接教学的各个关键步骤均以引发、支持和促进学习者主动的心理建构活动为目的,[2]因而不能简单地将直接教学等同于侧重行为训练的行为主义。不过,在具体实施直接教学的实践中,一些教师未能很好地把握直接教学的要义,在呈现学习材料、提供学习指导、提供练习与反馈等环节,未充分评估学生学习状况,常常在学生的学习未达成充分理解或技能未完全形成的情况下,机械地按直接教学的步骤转向下一环节,这样做的实际效果就是直接教学重视教师对步骤的执行,忽视对学生学习的关注。造成这种结果的根本原因不在于直接教学模式本身,而在于对直接教学模式的不当实施。

其次,强调学生的主动建构性并不能否定明确教学或直接教学的价值。正如本书第一章指出的,建构主义所宣称的学生的学习是其主动建构意义的过程,描述的仅仅是学生学习的规律,教学要做的工作就是采取各种措施来引发和促进学生的主动建构过程。直接教学模式吸纳了认知心理学以及维果茨基的社会建构主义观点,坚持学生学习的主动建构性,在此基础上又提出告知教学目标、复习相关原有知识、提供学习指导、提供练习与反馈等措施来引发和促进学生的注意、整合、组织以及陈述性知识向程序性知识转化等建构过程。建构主义强调学生学习的主动建构性并没有错,但以此来否定教师教学的价值就有问题了,因为它混淆了学习的科学与教学的科学的界限。

---

[1] ［美］Woolfolk, A. *教育心理学*(第十版).北京：中国轻工业出版社,2007：490.

[2] Eggen, P. D., & Kauchak, D. P. (2016). *Educational psychology: Windows on classrooms* (10th ed.). Boston：Pearson, p.563.

此外,教学心理学家还广泛收集证据,证实了直接教学的效果优于建构主义极力倡导的探究教学。如本书第一章提及的一项元分析表明,半个世纪以来共有 580 项对照研究表明,对学生进行直接教学的效果优于纯粹的发现学习(即探究教学)。此外,哈蒂采用元分析的方法分别计算了直接教学与探究教学的效果量,发现直接教学得到的效果量为 0.6,为中等以上的效果量,探究教学的效果量只有 0.4。[1] 可见,半个多世纪的大量研究证据均支持直接教学的效果优于探究教学。

(五) 直接教学模式的适用条件

如上所述,直接教学模式是一种既有良好理论基础,又有充分实证研究证据支持的技能教学模式,但这并不是说直接教学模式是适用于各种情境的最佳教学模式,相反,根据有关直接教学的研究,直接教学有其独特的适用条件。

从学习结果的类型来看,直接教学模式主要适用于明确(well-defined)技能的教学,包括明确的规则、程序,相当于我国教育界讲的基本技能。不过,有关认知策略这类相对高级技能的习得与教学的研究发现,大部分学生难以独立发现有效的认知策略,或者会发现错误的认知策略,因而认知策略教学的基本模式应当是明确的教学或直接教学,以确保学生习得正确有效的认知策略。[2]

从学习者的类型来看,直接教学模式适用于小学低年级学生、成绩不良的学生以及特殊儿童。这些特殊的学习者通常面临新的基本技能的学习任务或者未完全掌握的基本技能。对这些尚未掌握必要基本技能的学生而言,给他们提出批判性思维、创造性思维等高级目标是不合适的,因为他们缺乏相应的知识基础来执行这些高级的思维。直接教学是确保他们习得必要的基本技能的最佳方法。[3]

从适用的学科来看,当前有关直接教学的研究主要集中在数学与母语学科,因而对于数学及母语读写的基本技能的教学而言,直接教学有着良好效果。

---

[1]　Hattie, J. (2018, October 1). 250+ Influences on Student Achievement. Retrieved May 2, 2019, from https://www.visiblelearningplus.com/content/research-john-hattie.

[2]　Richmond, A. S. (2016). Teaching learning strategies to pre-service educators. In M. C. Smith & N. DeFrates-Densch (Eds.), *Challenges and innovations in educational psychology teaching and learning*. Information Age Publishing Inc., p.62.

[3]　Willingham, D. T. (2009). *Why don't students like school?* San Francisco: Jossey-Bass, p.48.

也有研究在科学学科开展直接教学的研究，发现直接教学及教师指导的探究活动优于学生进行无指导的探究。[①] 直接教学模式在其他更多学科的适用性还有待进一步研究。

第二节　动机教学模式

动机是影响学生学习的重要因素，没有合适的学习动机，学生不可能完整地经历既耗费心力又耗费时间的学习过程，因而在设计和安排以支持、促进学生学习为目的的教学时，必须考虑学生学习动机的激发与维持问题。美国佛罗里达大学的凯勒(John M. Keller)1987 年提出一个相对完整且系统的动机教学模式，并取该模式中四种主要动机成分注意(attention)、相关(relevance)、信心(confidence)、满足(satisfaction)的英文首字母，称之为 ARCS 动机教学模式，简称 ARCS 模式。[②]

一、ARCS 动机教学模式的理论基础与开发过程

凯勒构建 ARCS 动机教学模式的努力始于 1979 年，其初衷是提高教学材料对学生的吸引力，或者说创设能激发学生学习动机的教学。要实现这一目的，就需要以有关学生学习动机的理论作指导。在综合当时有关动机及学习动机理论的基础上，根据教师面临的为特定学习者选择和设计激发学习动机的策略这一实际问题，凯勒选择了期望-价值理论作为开发的理论基础。这一理论认为，人们对某一活动的投入受期望和价值两种因素影响，期望是指人们对自己成功完成任务的预期，价值是指任务的完成是否能满足个人的需要。当人们认为某项活动对他们既有价值又有成功完成的把握时，他们就会有动力投入到这项活动中。

在根据期望-价值理论开发动机教学模式时，"价值"这一因素被分成"兴趣"和"相关"两个类目，以便区分引起学习者注意的好奇心和唤醒因素以及学习者的成就需要和对任务的有用性知觉等因素。保留"期望"这一因素，又增加

①　Muijs, D., & Reynolds, D. (2018). *Effective teaching: Evidence and practice* (4th ed.). Los Angeles: SAGE, p.39.

②　Keller, J. M. (1987). Development and use of the ARCS model of instructional design. *Journal of Instructional Development*, 10(3), 2 - 10.

了一个被称为"结果"的类目,用以指称教学的强化价值,由此形成动机教学需要考虑的四个类目:兴趣、相关、期望、结果。

在上述四个类目基础上,凯勒又开始开发适合每个类目的动机激发策略。他首先从有关的动机理论、激发动机的实践操作手册以及对教育实践工作者的访谈中整理出一些激发动机的策略,而后由 4 名研究者将这些策略分别归入四个类目,4 人归类一致的策略就作为适合相应类目的动机激发策略。后来,为了从名称上更好地突出每个类目在激发学生动机上的特点,也为了让每个类目的名称能形成一个简单易记的首字母缩略词,凯勒又重新命名四个类目,将"兴趣"改为"注意",将"期望"改为"信心",将"结果"改为"满足",保留"相关",并取四个类目英文单词的首字母组成缩略词 ARCS,该模型正式定型,被称为 ARCS 动机教学模式。

二、ARCS 动机教学模式的步骤与策略

ARCS 动机教学模式涉及注意、相关、信心、满足四个类目,这四个类目之间存在一种相对固定的顺序关系。[①] 每个类目都有一些激发学生动机的教学策略。[②]

(一) 注意

注意是学生学习得以进行的先决条件。教学不仅要吸引学生的注意,更要维持学生的注意。吸引学生的注意相对容易,停顿、加大音量等措施都可以实现这一目的,维持学生的注意相对较难,需要采取一些措施来唤起学生探求知识的好奇心。表 6 - 1 列出引起和维持学生注意的一些具体策略。

表 6 - 1　引起和维持学生注意的策略

---

1. 不一致、冲突
- 引入一条与学习者过去经验相矛盾的事实。
- 呈现一个看起来并未很好例示给定概念的例证。
- 引入两条看起来都有道理的事实或原理,但只有一条是正确的。
- 唱反调。

---

① Keller, J. M. , & Kopp, T. (1987). Application of the ARCS model of motivational design. In C. M. Reigeluth (Ed.), *Instructional theories in action: Lessons illustrating selected theories and models*. Hillsdale, NJ: Lawrence Erlbaum Associates, pp.289 - 320.

② Keller, J. M. (1987). Development and use of the ARCS model of instructional design. *Journal of Instructional Development*, 10(3), 2 - 10.

续　表

2. 具体
- 以视觉方式呈现任何重要的物体、观点或关系。
- 对重要的概念或原理均给出例子。
- 使用与内容有关的轶事、案例研究、自传等。

3. 变化
- 站着上课时，变化音调、使用肢体动作、停顿和教具。
- 根据学生注意的持续时间变化教学方式（呈现信息、练习、测验等）。
- 变换教学媒体（讲台讲授、电影、视频、印刷材料等）。
- 使用空白、图片、表格、不同字体等将文字材料拆分开。
- 改变呈现方式（从幽默到严肃、从快到慢、从高到低、从主动到被动等）。
- 在师生互动与生生互动之间切换。

4. 幽默
- 当呈现的信息重复时，可以适当使用俏皮话。
- 使用幽默的开场白。
- 使用幽默的类比来解释和总结。

5. 探究
- 运用创造技术，让学生创设针对教学内容的不同寻常的类比与联系。
- 定期插入问题解决活动。
- 让学生有机会选择能满足其好奇心且需要进一步探索的主题、项目和作业。

6. 参与
- 组织游戏、角色扮演、模拟等需要学生参与的活动。

（二）相关

相关是指开发的教学与学生有关联，或者说教学要能回答学生提出的"我为什么要学这些"的疑问。具体来说，这种关联涉及三个方面：一是与学生的原有知识经验相关；二是与学生当前及未来从事的职业相关；三是与学生个体的需要（如附属的需要、成就需要）相关。表6-2呈现了促进相关的具体策略。

表6-2　促进相关的策略

1. 经验
- 明确陈述教学是如何以学生现有技能为基础的。
- 使用学生熟悉的类比。
- 找出学生的兴趣点并将其与教学关联起来。

2. 当前价值
- 明确陈述所学内容的当前内在价值（不同于它对将来目的的价值）。

3. 未来用处
- 明确陈述教学与学生将来活动的关系。
- 要求学生将教学与其未来的目标关联起来。

续 表

4. 需求匹配
- 提供在中等风险条件下达成出色目标的机会以促进学生提高成绩的行为。
- 提供担责、权威及人际影响的机会以使教学利用学生的权力动机。
- 建立信任以及提供无风险的、合作性互动的机会以满足学生的需要。

5. 榜样示范
- 邀请热心的往届学生座谈。
- 在自定进度的课程中,让先完成的学生做小先生。
- 示范对所教内容的热爱。

6. 选择
- 提供达成某一目标的有意义的备用方法。
- 让学生自主安排自己的学习活动。

(三) 信心

信心与学生对成功的期望有关,影响学生学习上的坚持和取得的成就。对自己有信心,认为自己能在学习上取得成功的学生,才会在有竞争和压力的环境中维持学习的动机。在解释自己学习上的成功时,他们会用自己的能力和努力而不是运气或任务难度来解释;在学习上犯错误时,他们不会因为错误有损其颜面而放弃学习;他们在学习过程中坚信,只要采取了行动就能达到目标。为让学生在学习过程中保持充分的信心,凯勒提出如表 6-3 中的一些策略。

表 6-3 树立信心的策略

1. 学习要求
- 在教学材料中纳入明确陈述的、有吸引力的学习目标。
- 在明确陈述的目标基础上提供自我评价的工具。
- 解释评价学生行为表现的标准。

2. 难度
- 以难度渐增的方式组织教学材料,即恰当地安排教学材料的结构给学生提供一个"可克服的"挑战。

3. 期望
- 要讲明在一定能力并付出一定努力的条件下获得成功的可能性。
- 教学生如何安排计划来实现目标。
- 帮助学生设置现实的目标。

4. 归因
- 在合适的时候(即你知道实际情况如此)将学生的成功归因于努力而不是运气或任务容易。
- 鼓励学生尽力说出自己对成败的归因。

续　表

5. 自信
- 让学生有机会在学习和练习某项技能上变得越来越独立。
- 学习新技能时尽量不要让学生犯错,但对已掌握的技能,要让学生在真实的条件下练习。
- 帮助学生认识到,追求卓越并不意味着有一点不足就是失败;要学会欣赏真正的成就。

(四) 满足

满足是指学生满意自己学习上取得的成就。虽然奖励是实现这一目的最明显的手段,但如果学生认识到自己完全受外部奖励控制时,他们会产生愤怒而非满意的情绪,因而让学生满足的关键是提供合适的、不会让学生有被控制感的奖励,同时还要鼓励学生获得学习上的内部满足感。表 6-4 提供了更具体的策略。

表 6-4　产生满足的策略

1. 自然结果
- 尽快让学生在真实的场景中运用新习得的技能。
- 在言语上要强化学生完成困难任务的内在自豪感。
- 允许已掌握某一任务的学生去帮助还未掌握的学生。
2. 意外奖励
- 对学生已有内在兴趣的任务表现,用其预料之外的奖品进行奖励。
- 用外部的、预料之中的奖品来奖励学生完成枯燥的任务。
3. 积极的结果
- 对成功的进展或成绩给予口头表扬。
- 对学生予以个别关注。
- 在当时有用的情况下,提供信息性的、有益的反馈。
- 在完成任务后立即提供激励性的反馈(表扬)。
4. 消极影响
- 避免使用威胁来让学生完成任务。
- 不要监视学生(要积极关注学生)。
- 只要有可能帮助学生自己评价自己的工作,就不要使用外来的表现性评价。
5. 安排强化
- 在学生学习某一新任务时,要提供经常性的强化。
- 当学生在完成某一任务上变得熟练时,要提供间隔强化。
- 在间隔和数量上变换强化的日程安排。

三、ARCS 动机教学模式的实施效果研究

ARCS 动机教学模式有着明确的步骤和具体的实施策略,易于在教学实践

中运用。那么,运用该模式能否带来良好的教学效果? 为此,凯勒等人收集整理了自 ARCS 动机教学模式提出以来应用该模式的实证研究文献,初步回答了这一问题。[①]

研究发现,ARCS 模式在世界许多国家的各级教育中得到较为广泛的应用,美国、中国、土耳其是应用该模式较多的国家,应用涉及的学习者群体涵盖了从基础教育到高等教育的不同类型学习者,应用涉及商业、外语、社会学科、STEM(科学、技术、工程与数学)以及一些职业课程。

凯勒等人的文献研究重点考察了 ARCS 模式的运用对学生学习动机与学习成绩的影响,不过研究的结果并不一致。就学生的学习动机来说,一些研究发现,接受 ARCS 模式教学的学生比控制组表现出更强的学习动机以及对所学内容更积极的态度,但也有研究发现接受 ARCS 模式的实验组与未接受的控制组在学习动机上没有明显差异。就学生的学习成绩而言,结果也类似,既有一些研究发现 ARCS 模式的应用能提高学生成绩,也有一些研究发现用与不用该模式,对学生的成绩没有明显影响。

对这种不一致的研究结果,凯勒及相关的研究者给出如下解释。首先,虽然各研究中应用的 ARCS 模式是一样的,但应用的对象(学习者)、国家、学科不同,而且实际教学时开发的体现 ARCS 的教学材料也有很大差异,因而不一致的研究结果可能是因为模式应用的具体场景以及选择的不同策略所致。其次,许多应用 ARCS 模式的研究持续时间都较短,难以充分展现该模式的效果。如有研究发现,应用 ARCS 模式的实验组刚开始的学习成绩反而不如控制组,但在后来进行的第二次测验中,其成绩超过控制组,说明 ARCS 模式实施的时间长短很关键。此外,学习动机仅仅是影响学生学习成绩的一个因素,学生的原有知识、智力水平等都对其学习成绩有影响,不能将学生成绩上的差异单用学习动机一种因素来解释。考虑到开发 ARCS 模式的初衷是激发学生的动机,提高学习材料对学生的吸引力,不宜用过于苛刻的学习结果标准来评价该模式的应用效果。事实上,凯勒等人在总结其文献研究结果时也指出:“总体而言,学生对 ARCS 模式中的策略以及整合了这些策略的学习材料表现出积极的态度。”[②]

---

①② Li, K., & Keller, J. M. (2018). Use of the ARCS model in education: A literature review. *Computers and Education*, 122, 54 – 62.

四、ARCS 动机教学模式的应用建议

根据 ARCS 模式开发的过程及其实施效果的实证研究，在教学实践中应用该模式应认真考虑如下建议。

首先，应用该模式就是将其整合进针对具体内容的教学中。ARCS 模式虽然是一个激发学习动机的教学模式，但它并不是一个可以脱离具体教学内容而独立存在并运用的模式，因为它旨在激发的学生的学习动机总要指向具体的学习内容。根据 ARCS 模式的特点，它与技能学习的过程有很好的吻合关系，比较适宜整合进针对技能的教学中。表 6-5 列出技能教学的直接教学模式与 ARCS 动机教学模式的对应关系，也指出了两者整合的着力点，或者说指出了在直接教学的不同阶段，激发并维持学生学习动机策略选择和设计的方向与重点。

表 6-5   直接教学模式与 ARCS 动机教学模式的对应关系

直接教学模式	ARCS 动机教学模式
告知教学目标，引起学生注意	注意
复习相关的原有知识	相关
呈现新材料，提供学习指导	信心
提供有指导的练习与反馈	信心
提供独立练习与反馈	满足
提供间隔练习	满足

其次，应针对具体学生的特点灵活应用该模式，不可机械死板地套用。这一点可以从两方面来详细阐释。一方面，ARCS 动机教学模式的四个步骤不一定缺一不可，对特定的学生而言，其学习动机的问题可能集中在注意和信心部分，因而要针对这两部分采取必要措施；而相关和满足部分可能不需要教师采取相应策略。如凯勒等人就针对学生可以选修的收发国际电子邮件的教学内容，从学生特点、学习任务、教学媒体、教学软件四方面，分别分析了学生在 ARCS 模式四个动机成分上的情况，最后对分析结果进行综合，提出教学时可实际采用的动机激发策略的建议：由于学生对所学内容及使用的计算机媒体有较大兴趣，明确所学内容对自己将来的学习、交流、工作的重要性，而且收发国际电子邮件这项技能可以很快应用并带来令人兴奋的结果，因而对注意、相关、满足三种动机成分采取较少的支持策略即可；但学生在英语交流、键盘录入上的

技能较弱,而且网络连接不够稳定,这些因素有可能削弱学生学下去的信心,因而对信心这一动机成分需要采取有力且必要的策略,如设置渐进式目标、使用翻译软件、请英语教师来辅助教学等。[①] 德里斯科尔(Marcy P. Driscoll)也运用ARCS模式分析了为通过教师资格考试而修习教育学的学生,认为学生在相关、满足两种动机成分上有较强动机,在注意和信心成分上动机较弱,需要教师在教学的相应阶段采取措施予以激发和维持。[②] 另一方面,对于每种动机成分类目下的多种实施策略,不宜将其视作处方直接运用,而应将其看作启发性策略,教师要根据学生的年龄、文化背景、学习内容等具体条件,在模式提供的相应策略的提示与启发下,设计和开发出适合实际情况的策略。

此外,应当持续不断地在教学中实施 ARCS 模式。也就是说,在教学中应用 ARCS 模式是一个长期的过程,或者说 ARCS 模式应尽可能多地结合不同教学内容实施。长时间、不间断地运用该模式,才能让学生有持续的学习动机,这样才有可能得到预期的学习结果。短期地、片段化地实施 ARCS 模式,难以充分展现其激发学生动机、促进学生学习的效果。

第三节　我国教学实践中的三种
教学模式评析

上一节介绍了国外学者依据相应的理论和研究证据提出的几种教学模式。其实,在我国教育实践界,优秀的教育工作者在长期的教学实践中总结出一些行之有效的教学模式。这些教学模式虽然没有明确依据相应的教育学或心理学理论提出,但其中暗含教学心理学揭示的一些学习与教学的原理。本节意在以教学心理学的有关理论和研究为依托,分析和提炼我国教学实践中的典型教学模式,指出其合理的成分,分析其适用的对象和条件,以便更有效地发挥这些教学模式对教师教学实践的指导作用。

---

① Keller, J. M. (1999). Using the ARCS motivational process in computer-based instruction and distance education. *New Directions for Teaching and Learning*, 78, 37 - 47.

② [美] 德里斯科尔,M.P. 学习心理学: 面向教学的取向. 王小明,等译. 上海: 华东师范大学出版社,2008: 287 - 290.

一、邱学华的尝试教学模式

20 世纪 80 年代初,邱学华在其长期积累的教学经验(主要是数学教学经验)基础上提出尝试教学法,最先在数学学科中推广应用,后来逐渐推广到其他学科。邱学华的尝试教学法源于小学数学学科,因而这里先结合小学数学学科来简单介绍并分析这一教学模式。

(一) 尝试教学模式简介

完整的尝试教学法包括以下七个步骤。[①]

1. 准备练习

这是尝试教学法的准备阶段,对解决问题所需的基础知识先进行准备练习。如应用题教学的一道准备练习题是:农机厂计划造 100 台抽水机,已经造了 40 台,剩下的要 4 天完成,平均每天要造多少台?

2. 出示尝试题

尝试题是根据课本上的例题设计的。一般与例题同类型、同结构,但难度不同,只要把准备题的条件或问题改变一下,就成为尝试题。如针对上一阶段的准备题而拟定的尝试题是:农机厂计划造 100 台抽水机,已经造了 5 天,平均每天造 8 台,剩下的要 4 天完成,平均每天要造多少台?

3. 指导自学课本

学生自己阅读课本,尝试探索解题思路和方法,从而去解决尝试题。在这一阶段,教师除了要保证学生有充分的时间阅读课本并激发学生阅读的兴趣外,还要用精心设计的自学思考题对学生加以引导,促进他们对课本例题的理解。编拟自学思考题要有利于学生回忆和应用基础知识,有利于引导学生思考算理,有利于学生掌握思考方法。如教学"圆面积",可以设计如下思考题:(1)照书上讲的拼,拼成的图形与已学过的哪种图形相近?(2)在拼时去掉或加上什么没有?(3)拼成的图形的长相当于圆的什么?(4)拼成的图形的宽相当于圆的什么?

4. 安排尝试练习

这是对自学课本结果的检验。一般请数名学习程度不等的学生板演,全班同时练习。板演的结果最好是有做对的,有做错的,以便为下一步讨论提供材料。教师要注意从如下四方面及时掌握学生的反馈信息:(1)学生做尝试题正

① 邱学华.邱学华尝试教学课堂艺术.北京:教育科学出版社,2000:50-74.

确与否;(2) 错在哪里? 有几种错法? 什么原因? (3) 学生对本节课的内容哪些理解了? 哪些还有困难? (4) 学习有困难的学生做尝试题的情况如何? 困难在哪里?

5. 组织学生讨论

这是要求学生说出解题思路,以验证自我尝试的正确性。讨论一般从评议尝试题着手。

6. 教师进行讲解

教师针对从尝试练习和学生讨论中得到的有关学生新知识理解状况的反馈,有针对性地重点讲解,而不是面面俱到、按部就班地从头讲起。讲解一般是针对学生尝试过、讨论过、印象深刻的尝试题,要分析学生尝试练习中学生做对的地方和做错的地方,找出原因。

7. 进行第二次尝试

这一步是给学生"再射一箭"的机会。在第一次尝试练习中,有的学生可能会做错,有的学生虽然做对了但没有弄懂道理。经过学生讨论和教师讲解后,大部分人会有所领悟。为了了解学生掌握新知识的情况,以及提高学生的认识水平,应该进行第二次尝试练习,再进行一次信息反馈。这一步对学习有困难的学生有所帮助,也可以说是为学习有困难的学生专门安排的,是面向全体学生的一项有力措施,能够保证他们尝试成功。尝试练习题不能同第一次相似,否则就失去第二次尝试的意义。

(二) 尝试教学模式的分析

下面按照从局部到整体的思路,先分析尝试教学模式中使用的教学策略,而后从教学模式的角度分析完整的尝试教学模式。

首先,尝试教学模式中运用了多种能有效引发和支持学生内部学习过程的教学策略。(1) 将第一步"准备练习"和第二步"出示尝试题"合并起来看,由于尝试题与准备题相比,在类型、结构上相同但难度有所提高,而且准备题是学生运用已有技能可以解决的,因而这两步便通过尝试题与准备题的同与异,给学生创设了认知上的冲突,这种冲突状态有助于学生维持对新内容的注意。此外,准备题练习的技能是解决尝试题需要的,因而准备题的练习相当于用练习的形式让学生回忆其相关的原有知识。(2) 第三步"指导自学课本"借助课本呈现新内容并要求学生自学,同时对学生学习课本的活动,编拟了自学思考题以引发学生学习课本时的注意、整合、组织等认知活动。针对"圆面积"设计的第

一、三、四道思考题,正如本书第五章分析的,均属于引发学生整合活动的有效策略,而第二道思考题则引导学生思考课本上呈现的新知识之间的内在联系(这里指圆面积与拼成的图形的面积的等价关系),是一种促进组织活动的策略。(3)第四到第六步,是在学生进行尝试练习、讨论等学习活动基础上,教师进行有针对性的讲解。从样例学习的角度看,可以将第三步进行的自学课本活动以及这里的尝试练习、讨论活动看作学生在自我解释所学习的内容或样例,这是学生从样例中学习的重要过程。但学生的自我解释不可能完全正确,也不可能解决其学习中的所有疑惑,因而教师对内容或样例的教学解释就很有必要,第六步就是教师提供教学解释。有效的教学解释要视学生学习的情况而定,通常是应学生的主动要求而提供以便切合学生的学习需要。这里的教学解释就属于有效的教学解释:它不是面面俱到的讲授,而是针对第四、五步学生的学习情况有针对性地提供的。

其次,综合尝试教学模式的各个步骤及其相互关系来看,基本上可以将尝试教学模式看作一种适合技能教学的直接教学模式。第一步"准备练习"相当于复习相关的原有知识,第二步"出示尝试题"的主要目的是通过创设认知冲突来引起学生的注意,第三步是借助课本呈现新内容,并通过设计思考题来给学生的学习提供指导。第四至六步有两个目的:一是在课本、教师的帮助指导下,学生进行练习,由于有课本和教师的指导,因此可以将这次的尝试练习看作直接教学步骤中的"有指导的练习";二是借助教学解释给学生新内容的学习提供有针对性的指导。第七步相当于给学生提供独立的练习。表6-6列出直接教学模式与尝试教学模式在步骤上的对应关系。

表6-6　直接教学模式与尝试教学模式的对应关系

直接教学模式	尝试教学模式
告知教学目标,引起学生注意	出示尝试题
复习相关的原有知识	准备练习
呈现新材料,提供学习指导	指导自学课本,组织学生讨论,教师进行讲解
提供有指导的练习与反馈	安排尝试练习,组织学生讨论,教师进行讲解
提供独立练习与反馈	进行第二次尝试
提供间隔练习	／

从表 6-6 中可以看出,除"提供间隔练习"外,尝试教学模式涵盖了直接教学模式的所有步骤,只不过个别步骤的顺序(第一步和第二步)有所调整。"提供间隔练习"这一步的缺失可能是因为尝试教学模式重点关注的是一节或几节课的课堂教学,没有采用学期、学年等较大时间跨度的视角来关注课堂教学所致。

二、钟德赣的反刍式单元教学模式

广东顺德的中学语文特级教师钟德赣,在长期的教学实践中摸索出"五步三课型反刍式单元教学法"。虽然名为教学法,但实质仍然是一种教学模式。

(一) 反刍式单元教学模式简介

反刍式单元教学模式主要由如下五个步骤组成。[①]

1. 总览

学生通过自学,在浏览全单元课文基础上,自行寻找并确定单元及每课教学目标,而后进行小组讨论或全班讨论,辨认单元及每课的目标,最后教师引导学生确定教学目标,统一全班认识,为整个单元的学习定向。

2. 阅读

阅读阶段分三个层次,每个层次都由自练课、自改课、自结课三种课型组成。

第一个层次是导读,是学生在教师指导下进行自学阅读。导读的教材是单元讲读课中的典型课文。在自练课中,教师引导学生扫清字词障碍及认识时代背景、作家作品后,要求学生按教师精心设计的思维训练题进行个体自学思考,在这个过程中,教师自始至终要巡视检查,及时了解和掌握不同学习水平学生(根据学生学习成绩,将学生大体分为三类:第一类学生成绩较好;第二类学生成绩中等;第三类学生成绩处于班级下游)的反应,搜集各种反馈信息,指导学生解决个别疑难问题,为下一课型有的放矢的指导做准备。在自改课中,教师将前一课型中收集到的一些共性的疑难问题(往往是课文的重点或难点)提出来让学生进一步思考,通过小组讨论或全班讨论来解决,以求得正确的答案。在自结课中,教师要引导学生自行回顾前两个课型的学习情况,在复习中巩固所学的知识。教师检查三个类别的学生(重点是成绩处于中、下水平的学生)掌握知识的情况,引导学生自行总结归纳,并通过比较阅读引导学生进行同类辨

---

① 钟德赣,等.钟德赣中学语文反刍式单元教学法.济南:山东教育出版社,1999:52-82.

析,将所学的知识化为能力迁移到课外(比较阅读)。

第二个层次是仿读,是学生依据导读的格式与步骤进行自学阅读。仿读的教材是单元讲读课文中的其他课文。在仿读的自练课上,学生要认真钻研课文,然后仿照导读中的思维训练题的思路格式要求,自行设计有价值的疑难问题。在学生钻研课文和设计问题过程中,教师要及时巡视,搜集上中下三个类别学生的反馈信息,为下一课型做好准备。在自改课上,在学生提出大量问题后,教师要及时收集汇总并进行系统综摄,围绕单元教学目标归纳成几条思维训练题,组织小组议论或全班讨论,寻求正确答案。在自结课上,教师要引导学生做好自我总结工作。在学生自我总结的基础上,教师可以帮助学生更明确地认识到仿读过程中采用的格式和步骤,并将这些格式和步骤上升到阅读方法或规律的层次,提示学生在其他课文的阅读中可以灵活运用。

第三个层次是自读,是学生在没有教师指导情况下的独立自学阅读。在自练课上,要求学生依照导读、仿读的格式和步骤,利用课前自学时间独立自学阅读,写好分析评价笔记,交给老师(逐步可过渡到语文课代表)检查。成绩较差的第三类学生对作业可能感到困难,这时可以在课前对其作适当辅导(此辅导工作起初由教师负责,逐步可组织成绩较好的第一类生带成绩较差的第三类生,组成帮学对子,具体指定"小先生"辅导)。在自改课上,教师(逐步过渡到语文课代表)从学生分析评价笔记中挑选几份典型的(不一定都是最好的,应该是有特色的),利用课内自读时间让其作中心发言,全班经过议论或讨论,分析和评价他们的中心发言。在自结课上,每个同学结合全班的分析评价意见修改自己的分析评价笔记,作出尽可能一致的结论。要搞好教学管理,逐步由语文课代表和第一类学生取代教师的工作。语文课代表及第一类生也可以通过此工作提高工作能力和语文水平。也可以制定三年计划,全班同学轮流当自读课主持人,使每位同学都有上讲台锻炼的机会。

3. 写说

先由教师命题,全班进行限时作文或听说训练,而后分组交叉评改作文或作听说评价,教师巡视回收信息,最后教师小结,学生写"自我评析"交老师审评。

4. 评价

首先全班进行单元测试(教师命题或学生自测),而后分组交叉评改试卷,教师巡视回收信息,最后教师作测试总评,学生填写"语文测试反馈信息表"。

5. 补漏

首先学生自行系统检查总结本单元缺漏,而后学生小组讨论本单元缺漏及补救办法,最后教师指定专人负责落实查漏补缺措施。

(二) 反刍式单元教学模式分析

对钟德赣的上述教学模式,本书试从教学心理学的理论观点出发予以分析。

第一步"总览",体现了教学目标的作用。这里的教学目标不是由教师告诉学生,而是学生自己寻找并确定下来,经过师生讨论后共同明确,这样就使教师的教与学生的学都有共同的指向性,两者合拍保证了教与学过程的协调。此外,教学目标主要由学生自己来确定,自己设置教学目标的学生相对于没有目标和由他人设置目标的学生,前者要具有较高的自我效能。[①] 因此,鼓励学生发挥主动性,让学生来确立目标,对学生自我效能及动机的激发都有积极作用。

第二步"阅读"是该模式的核心和精华所在。本书作者曾专门撰文分析了这一阶段,认为这一步是以支架式教学的形式教给学生单元课文的阅读策略。[②] 该策略主要是如下五种策略的顺序组合:(1)针对课文提出疑难问题;(2)从上述问题中选出有价值的问题,选出的问题往往是课文的重点或难点,而且要使学生略动脑筋或大动脑筋才能解答;(3)阅读课文、回答问题可以采取小组讨论或全班讨论的方式来进行;(4)对问题的回答进行总结归纳;(5)进行比较阅读,巩固从课文中得来的认识。这五种策略,可以简要地称作"提问-选问-回答-总结-巩固"策略,前两步是自练课上的任务,第三步是自改课上的任务,后两步是自结课上的任务。教会该策略的教学程序见图 6-1。

```
          提问———选问———回答——总结——巩固
导读课     师      师     师生    生     生

仿读课    师生     师     师生    生     生

自读课    生生    生生    生生    生     生
          └──┬──┘  └─┬─┘  └──┬──┘
           自练课    自改课    自结课
```

图 6-1　反刍式阅读教学图解

---

① Alderman, M. K. (2004). *Motivation for achievement: Possibilities for teaching and learning* (2nd ed.). New Jersey: Lawrence Erlbaum Associates, p.116.

② 王小明. (2002). 阅读教学的要义:中外两种阅读教学法的分析与比较. *课程·教材·教法*, 7, 74-78.

　　从图6-1中可以看出，最初是教师与学生合作运用这些策略来读懂课文。如在导读这一环节中，提问和选问这两种策略完全由教师来做，这就是教师"精心设计思维训练题"的含义。回答则由师生合作完成。总结和巩固可能在学生能力范围之内，由学生来完成。而在仿读课上，提问这一策略则由师生合作完成，教师给学生以提示和引导，这就是钟德赣所讲的"学生参照'导读'思维训练设计的问题去考虑拟题，作为自己学习拟题的一根拐棍，等到他们学步（拟题）较熟练了，就可以去掉这根拐棍去'师其意'了"。[①] 选问这一策略学生还难以完成，因而要由教师对学生提出的问题"及时收集汇总，及时进行系统综摄，围绕单元教学目标归纳成几条思维训练题"。[②] 到了自读这一步，则完成上述五种策略的责任就完全交给学生，此时的教学变成"会话"，在相互讨论中，学生自己读懂了课文。需要指出的是，这一阶段虽然教的是阅读的策略，但这只是手段，通过学习和运用阅读策略，学生掌握了单元的教学内容，实现了单元教学目标。

　　第三步"写说"是由读向写的纵向迁移。[③] 这一步是在阅读中习得了相关知识后的练习和转化，即通过说和写的练习促进知识向技能的转化。在这一过程中，强调作文评改和听说评价，要求学生当堂完成作业，这相当于为学生的练习提供了反馈。

　　第四步"评价"和第五步"补漏"则是对教学目标的检测并对未达标的学生进行补救，以确保大多数学生能够达到教学目标的要求。

　　综合来看，反刍式单元教学模式以目标为龙头，通过支架式教学渗透阅读策略的训练，完成阅读教学目标，并安排变式练习和反馈促进相关知识向技能的转化，最后还辅以评价和补救，体现了技能教学的完整过程，而且其中的策略训练方法很值得参考和推广。

三、王俊鸣的"五子"教学模式

　　北京市第十二中学的语文特级教师王俊鸣秉持语文教育家叶圣陶提出的语文教学要让学生"自能读书，不待老师教；自能作文，不待教师改""语文教材无非是个例子，凭借这个例子要使学生能够举一反三，练习阅读和作文的熟练技

①　钟德赣，等.钟德赣中学语文反刍式单元教学法.济南：山东教育出版社,1999：64.
②　钟德赣，等.钟德赣中学语文反刍式单元教学法.济南：山东教育出版社,1999：65.
③　钟德赣，等.钟德赣中学语文反刍式单元教学法.济南：山东教育出版社,1999：72.

巧"等思想,经过长期的语文教学实践与探索,在 20 世纪 80 年代总结出体现语文学习与教学规律的"五子"教学模式(他本人称之为"五子"方针)。

(一)"五子"教学模式简介

"五子"教学模式认为,语文教学的全过程可以大体按照如下五个阶段顺次展开:选例子、指路子、做样子、给场子、挂牌子。[①]

1. 选例子

这项工作是选择适用于教学目的的材料,重点解决"教什么"和"用什么材料(或例子)教"的问题。我国语文教材的编排体例长期以来是文选式的,教材的编写者没有明确指出所选的课文要教给学生阅读和写作方面的哪些规律。在实际的教学中,这项工作通常落到语文教师身上。语文教师不仅要选择学生习得的有关阅读与写作的方法或规律,而且要选择能够例示这些方法或规律的例子(主要就是课文)。在选例子时,要注意区分教阅读的例子和教作文的例子,前者要有一定的阅读难度,学生需要付出努力才能读懂;后者应尽量降低阅读难度,以便于学生将更多精力集中到例子例示的写作规律上。显然,选例子这一阶段主要是在课堂教学之前进行的,处于教师的备课阶段。

2. 指路子

指路子是就上一阶段选出的例子,为学生的学习指示线索、指引方向,引导学生认识到读写的规律,从而往"自能读书、自能作文"的境地靠拢。这一阶段教师的主导作用十分重要,如果教师引导不得法,学生就无法把握读写的规律,学习将走向歧路。

3. 做样子

做样子是指教师将上一阶段给学生指出的"路子"(阅读与写作的方法或规律)示范给学生看,相当于教师进行"下水阅读"或下水作文,其目的不仅是促进学生理解教师所指的"路子",而且要让学生看到所指的路子走得通,进而增强学生按照路子走下去的兴趣和信心。如在上一阶段为学生指出阅读的"互解法",就要结合具体例子来给学生示范如何进行"互解";指出议论文"起承转合"的论证结构,就要选择好作文题目,并以此题为例,现场为学生展示一下如何进行"起承转合"。

---

① 王俊鸣.(2008).说说我的"五子"方针.*中学语文教学*,9,20-22.

4.给场子

这一阶段是给学生提供练习的机会,让他们照着教师指引的"路子"走一走,在学生练习的过程中,教师可以通过观察、讨论、激发、点拨等手段来为学生提供指导。

5.挂牌子

挂牌子是指在学生研读完一段或一篇文章,或者写完一篇作文后教师所做的讲评。讲评的工作既要指出学生练习中的缺点和不足,也要通过"挂金牌""挂银牌"的方式来表扬、鼓励学生练习中的亮点与成功之处,以调动学生进一步学习的积极性。

(二)"五子"教学模式分析

用通俗的词语表述的"五子"教学模式,不仅易于为教师理解和操作,而且准确把握住了技能学习与教学的规律。

首先,"五子"教学模式明确指向技能目标的教学。在布卢姆认知目标分类学(修订版)的理论框架中,技能实质上涉及概念性知识或程序性知识的运用,而概念性知识要达到运用程度之前,需要学生先将其转换成可以执行的程序,而后才可以加以运用。"五子"教学模式强调要选择阅读与作文中的规律或方法来教给学生,而读写规律或方法的知识属于概念性知识或程序性知识。"选例子"和"指路子"两阶段的工作旨在促进学生理解所要学习的读写规律,"做样子"的阶段则由教师将有关读写规律的概念性知识转化成可以操作的程序并示范给学生,"给场子"和"挂牌子"阶段则引导学生练习教师示范的程序并给予相应反馈。可见,"五子"教学模式的五个步骤通俗地阐释了技能学习的过程,因而该模式是一个指向技能习得的教学模式。虽然"五子"教学模式是在语文教学领域提出的,但由于它是一个指向技能习得的教学模式,也适用于语文学科之外的其他学科(如数学、物理等)的技能教学。

其次,"五子"教学模式用通俗的语言表述了技能教学中的关键教学事件,但在实施每个教学事件的具体策略上还有很大的补充、拓展和细化的空间。"指路子"的策略可以是提问,也可以是提示,还可以是直接阐释;"做样子"除了教师的示范,也可以给学生提供流程图之类的提示,或者由学生自己探讨应用的程序;"给场子"的策略可以有变式练习、间隔练习、渐退练习、交叉练习等多种方式备选。在实施这一教学模式时,具体要采用哪种教学策略需要根据学生的学习情况作出具体的决断。

第七章

教学评价

明确了教学目标,厘清了学生达成目标的学习机制并据此选择、设计和实施了教学策略与模式,接下来就要看相应的教学是否有效促进了学生的学习,并推动学生达成相应的教学目标,这时就需要对学生的学习结果进行评价,这项工作在教学实践中通常称为教学评价。本章首先阐释教学评价的基本思想,而后针对本书第二章列出的主要学习结果类型,介绍每类学习结果的教学评价技术,最后重点论述旨在促进学生学习的教学评价技术。

第一节　教学评价的基本思想

教学评价通常是指在收集学生学习证据的基础上,对学生是否达成预设的教学目标或习得相应的学习结果所作的判断。教学评价与学生的学习紧密相关,要阐明教学评价的基本思想,离不开对学生学习的有关认识。

一、学习的定义与教学评价

学习通常被界定为"由经验引起的能力或倾向的相对持久的变化",这一定义涉及三个关键成分:"由经验引起的""能力或倾向""相对持久的变化"。学习定义中的第一种成分("由经验引起的")和第三种成分("相对持久的变化")相对稳定,第二种成分(涉及"习得的是什么"这一问题)则有很大变化。[①]　近年来,学者们通常用"知识""素养"等概念来总称习得的内容。"能力或倾向""知识""素

---

① Mayer, R. E. (2005). Conceptual understanding versus computational skill. In J. M. Royer (Ed.), *The cognitive revolution in educational psychology*. Greenwich: Information Age Publishing Inc., p.110.

养"这些概念的含义虽然不尽相同,但都有一个共同特征,即它们描述的都是学习者的内在品质,这些内在品质通常储存在学习者头脑之中但又很难找到相对应的部位,换言之,这些概念是心理学家根据学习者外在的行为表现作出的有根据的推断。这类概念与我们平常接触的"苹果""汽车"等概念不同,后者在现实世界中通常都有对应的实物。为区分心理学的这类概念,心理学家将其统称为构念(construct),意为构想出来的概念,于是学习就可以与构念的相对持久的变化关联起来了。

由此看来,学习涉及构念的变化,而构念又具有内潜性,不像物体的长度、重量等特征一样能进行直接测量,那么,我们如何知道学生的学习结果发生了相对持久的变化呢? 这就需要运用心理学的学习与表现(performance,又译操作、作业,其实际含义就是学生完成一定任务的外显行为)的关系原理来解决。学习与表现的关系原理指出,学习涉及学习者构念的变化,这些构念具有内潜性而不能被直接观察到,但这种内潜的构念会通过学习者的外部行为表现出来,于是学习者的外部行为表现就成为观察内潜的构念的"窗口",可以通过对学习者外部行为表现的观察来间接推断其内潜的构念的情况,从这一意义上讲,对学生学习结果情况的判断是一种间接的、需要推断的评价活动。

根据学习的定义,学习涉及的构念的变化还是一种相对持久的变化,在借助学习者的外部行为表现推断其内潜构念的情况时,还要考虑"相对持久"的要求,那种因酒精、焦虑、疲劳而致使人的行为表现发生的短暂变化并不能表明其内在的构念发生了相对持久的变化,因而不能据此作出学习已经发生的推断。为此,所选择观察的学习者的外部行为表现的变化需要"相对持久",依据这一相对持久的外部行为表现的变化,才能可靠地推断出学习者内潜性的构念(知识或素养)也发生了相对持久的变化,也就是说,学习确实发生了。

在对学习作出推断时,"相对持久"的要求通常体现为在学习结束之后相隔一段时间再来收集学习者外部行为表现的变化情况。这一时间的长度变化较大,但至少要相隔一天的时间,也可以相隔一周、一月甚至数月、数年的时间。在有关学习的研究中,相对持久的行为表现的变化通常是采用保持测验和迁移测验的形式来收集的。保持测验是在学习结束一段时间后考察学习者对所学内容的保持情况。迁移测验则要在学习结束一段时间后在新的情境或条件下考察学习者灵活做出相应行为表现的情况,或者说,迁移测验要求学习者将其习得的内容用于解决他们未曾见过的新问题。[1] 如教小学生识记字形,当堂教学,当堂测验,发现学生都能正确读、写、默,这时学生的行为虽然有所变化,但还没有证据表明这种变化是相对持久的,不能判定学生身上发生学习了。在第二天或一周之后测量学生对这些生字的读、写、默的情况,这时测量到的表现的变化才能算是"相对持久"的变化,才能有充分的证据来推断学生身上发生了学习,因而小学语文教师在教学中十分看重学生学习生字的巩固率,这是很有道理的。又如,中学生在课上学习了生物进化的概念,在将来的工作中,能用这一概念来解释某一企业的生存发展问题,说明其能将课上学习到的进化的概念在相隔较长时间后用于描述和解释新的情境,其行为表现也发生了相对持久的变化,学习在其身上也发生了。

总之,根据学习的定义,要对学习作出评价,就需要在学习结束之后相对持久的时间段采用保持测验和迁移测验,对学习者的行为表现进行观察和测量,并依据学习者行为表现的相对持久的变化来推断学习者内潜性的构念是否发生了相对持久的变化。

二、教学评价的三个关键问题

佩莱格里诺(James Pellegrino)等人依据学习与表现的关系原理,提出教学评价实质是要厘清三个关键问题:(1)构念,对所测量的构念的界定与描述;(2)观察,对学习者习得所测量的构念后表现出的行为的观察;(3)推断,行为资料本身没有意义,只有通过对其进行解释才能彰显其作为所测量构念证据的价值。[2] 他们将这三个问题称为教学评价的三角,因为这三个问题彼此紧密关联。只有在彼此的联系中处理好这三个问题,才能进行有效且可靠的教学评价。可以说,教学评价的三角提供了一个很好的分析和设计教学评价的概念框架。

(一) 构念

教学评价中的构念问题是对学习者"习得的是什么"这一问题的回答,该问题的答案直接影响教学评价所评价的对象。本书第二章介绍了教学心理学对

---

① Mayer, R. E. (2021). *Multimedia learning* (3rd ed.). Cambridge: Cambridge University Press, p.99.

② Pellegrino, J., Chudowsky, N., & Glaser, R. (2001). *Knowing what students know: The science and design of educational assessment*. Washington, DC: National Academy Press, pp.42 - 44.

学习结果的分类，其中加涅的学习结果分类、布卢姆认知目标分类学（修订版）等理论，都对学习者习得的是什么作出了明确的界定和描述。不同的理论虽然具体内容不尽相同，但都认同学习者习得的内容或学习结果涉及不同类型，这对教学评价的启示是，教学评价首先需要界定清楚要评价的究竟是什么。另外，由于存在多种学习结果类型，这也为教学评价三角中的另两个角——观察和推断——提出了挑战。

（二）观察

观察是指一定的任务要求或特定情境引发的学习者的行为表现，被学习者之外的人观察、记录并被用于推断其内在构念的情况。日常教学中所讲的作业、考试、测验主要指的就是收集学生行为表现的方式。学习者的行为表现可以是他所说的话、他写下的内容、他的肢体动作或者借助一定工具而做出的行为。当然，这些行为表现的前提是要有一定的任务要求或相应情境的引发。在学校教育情境中，引发学生行为表现的典型情境是纸笔测验，即通常所说的卷面考试，试卷给学生提出了任务要求，学生根据要求在卷纸上用笔作答，教师则依据其书写行为的结果并结合任务情境来推断其学习状况。不过，纸笔测验这种收集学生行为表现的方式也受到诟病，主要是其任务要求和情境通过纸面呈现，无法考察和收集学生在真实的、复杂的情境中的行为表现（如在卷面上回答如何稀释浓硫酸与在实际情境中真实操作稀释浓硫酸是不一样的）。为此，教学评价专家又提出了表现性评价（performance assessment）、真实性评价（authentic assessment）的思想，主张在真实的任务情境中要求学生表现出相应的行为。这种方式收集的学生的行为表现相较于纸笔测验收集的行为表现而言更真实，也更具有代表性，因而能更准确地推断学生习得的学习结果。如现在流行的外语口试中采用的人机对话，就是给学生提供相对真实的交流情境，要求学生用自己的口头言语行为作答，其实质也是一种表现性评价。

（三）推断

推断是指根据收集到的学生的外部行为表现的资料，对其内在的构念情况作出推论和判断的过程。这一推断过程与结果的有效性、可靠性受多种因素的影响：对所要评价的构念描述和界定的清晰性，所选择的学生的行为表现是否是其所习得构念的可靠指标，对学习者行为表现的抽样是否有代表性，依据行为表现进行推断时推断者的主观性，等等。考虑到上述因素都有可能影响所作推断的可靠性和有效性，因而推断过程是一个易于出错的过程。为尽可能提高推断的有效性和可靠性,需要针对上述影响因素采取多种措施,确保教学评价有良好的效度和信度。

1. 教学评价的效度

效度是指测验测量到它所要测事物的程度。就本章讲的教学评价而言,测验的效度就是指测验的题目与教学目标匹配的程度。如果两者匹配良好,那么测验的效度就好。如教学目标是"能根据沉积岩的特征从一些岩石标本中识别出沉积岩"。测验题目是"沉积岩的特征是_____"。这里的目标是技能(加涅学习结果分类中的"概念"),测验题测的是知识,两者不匹配,因而该测验题效度不好。为保证测验有良好的效度,需要测验编制人员严格对照教学目标来编制测验。用行为目标陈述技术陈述的教学目标,规定了学生的行为、行为的条件和标准,在此基础上将其具体化和进行补充,就能转变成一个很好的测验题,因而清晰陈述的教学目标不仅对学生的学习和教师的教学有导向作用,而且能给测验的编制提供指导,提高测验效度。在整个教学设计过程中,测验的编制一般是在教学目标陈述好之后进行,著名的迪克(Walter Dick)和凯里(Lou Carey)教学设计模型就是这样安排的。[①] 目标陈述与测验编制紧密相连,十分有利于保证目标与测验的匹配。

布卢姆认知目标分类学(修订版)的两维表也可以作为一种工具来促进教学目标与测验的一致以提高测验的效度。两维表的四类知识和六类认知过程的不同结合,可以描述不同类型的教学目标,在开发测验收集学生达成目标后的行为表现时,还可以继续利用两维表,使所开发的测验题目在知识类型与认知过程类型上与教学目标保持一致,即教学目标要求学生"理解概念性知识 A",相应的测验题目也要求学生作出理解概念性知识 A 的行为表现。当测验做到这一点时,会发现教学目标与测验题目都落在两维表中相同的格子内,这就直观地展示了测验题目与教学目标的一致,从而保证测验题目有良好的效度。

2. 教学评价的信度

信度是指测验测量其所要测量的事物前后一致的程度,是衡量测验是否可靠的一项重要指标。如对学生进行一项测验后,过了一个月,再用该测验对学生进行测量,假设学生在这一个月之内没有习得任何新的知识技能,如果两次

---

① Dick, W., Carey, L., & Carey, J. O. (2005). *The systematic design of instruction* (6th ed.). Boston: Pearson, p.6.

测验学生的分数相差不大，就说明该测验信度高。由此看来，信度是就测验得到的结果而不是测验本身而言的。[1]

如何提高测验的信度？这需要教师在编制测验和评分时注意如下一些问题。首先，测验题及指导语要清晰准确，不要用模糊、易引起歧义的语句，否则学生会因为对测验题有不同理解而降低测验的信度。其次，要保证测验题目有足够多的数量。只有1个题目的测验与有10个题目的测验相比，如果学生在两个测验中全部做对，那么后一种测验中学生的表现能更可靠地推断学生的学习结果。最后，要保证评分的客观性。一些客观性试题，如填空题、选择题，评分比较客观，但论文式测验的评分带有很大的主观性，容易导致测验结果不够稳定，从而降低测验的信度。对这类题目的评分，一般需要列出答案要点，或描述答案的不同水平的特征来指导评分者评分，也可以由多名评分者协商确定分值，以尽力减少主观因素的影响。

三、教学评价的目的

对学生的学习结果作出的评价，可以服务于多种目的，综合来看，主要涉及促进学生的学习、测量学生的成就以及评价教学方案或教学机构的成效三个目的。

(一) 促进学生的学习

这是教学评价的重要目的之一。对学生学习结果的评价，是为了促进学生的学习，具体可以从如下三方面分析。首先，教学评价的结果可以被教师用于分析学生学习上的缺陷，反思自己在教学目标设置、教学策略选择与设计等方面存在的问题，从而对教学目标、教学内容、教学策略等作出修改和调整，以便更有针对性地促进和支持学生的学习。其次，对学生而言，教学评价的结果可以被学生用于查找自己学习上的缺陷，从而作出有针对性的补救学习。此外，教学评价通常要借助测验，测验时学生通常要从自己的长时记忆中进行相关信息的提取，这种提取的活动会催生测验效应，从而促进学生对所提取内容的长久保持，促进学生对所学内容的迁移，促进学生对自己学习的元认知监控等。[2]

---

[1]　Linn, R. L., & Gronlund, N. E. (2000). *Measurement and assessment in teaching* (8th ed.). Columbus, OH: Merrill, p.108.

[2]　Roediger III, H. L., et al. (2011). Ten benefits of testing and their applications to educational practice. In J. P. Mestre & B. H. Ross (Eds.), *The psychology of learning and motivation: Cognition in education*. San Diego: Academic Press, pp.1-36.

以这种目的谈论教学评价时,服务于促进学生学习这一目的的教学评价又被称为形成性评价,可以将形成性评价描述为教师和学生用来收集证据以指导下一步学习的正式和非正式过程。[①]

(二) 测量学生的成就

在学生完成某门课程的学习之后或者在完成相应阶段的学习之后,对学生取得的或能达到的成就作出综合、全面的判断,判断的结果可以用作学生毕业、升学的重要依据。由于这类教学评价与学生的升学、毕业紧密相关,对学生个人的利益有较大影响,因而这类教学评价中使用的测验又叫高利害测验。以这种目的谈论教学评价时,这类教学评价又叫总结性评价。总结性评价与形成性评价是就评价的目的而言,前者重在报告学习的情况,后者重在支持学习。

(三) 评价教学方案或教学机构的成效

教学评价的前两类目的针对的都是学生的学业学习情况,第三类教学评价的目的则转向与学生的学习密切相关的教学方案或教学机构。由于这些教学方案或教学机构最根本的目的是促进学生的学习,可以用学生的学习结果情况来评价教学方案或教学机构的成效。在这类评价中,选择和编制合适的测验非常重要,这里的合适主要包含几层意思。首先,这些测验要能测量到教学方案或教学机构期望在学生身上发展的学习结果,而不是测量了与这些结果无关的学习结果,即测验要有良好的效度。其次,这些测验要对教学方案或教学机构发展的学生的学习结果敏感,即学生学习结果上的细微变化也能在测验上体现出来。测验不合适,就难以对教学方案或教学机构的成效作出客观准确的评价。如对于基于新兴媒体的教学效果的研究常常引起争议,有人认为新兴媒体的教学没有显著效果,有人认为新兴媒体的教学有良好的效果。引发争议的焦点在于对新兴媒体教学方案效果的测量与评价。如用计算机来发展学生的空间推理技能,但在评价效果时使用的测验只有极少的题目测量学生的空间推理技能,这样的测验结果就会表明计算机教学在发展学生空间推理能力方面没有明显效果。又如,新兴媒体的一些特性可以方便学习者进行合作性的、设计性的以及问题解决的活动,因而在评价基于新兴媒体教学的成效时,就要把学习者的上述学习结果纳入相应的测验,否则,排除这些内容的测验,会导致测验的

---

① Chapuis, J., & Stiggins, R. (2017). *An introduction to student-involved assessment for learning* (7th ed.). New York: Pearson, pp.20 - 21.

效度降低,测验就难以侦测到新兴媒体教学的效果。① 需要指出的是,在这类针对教学方案或教学机构的评价中,学习者的学习成就仅仅是其中的一个方面,或者一部分的资料来源。就教学方案的评价而言,除了学生的学业成就,还要收集教学材料的效果、教学方案的执行情况、学生对教学方案的反应等方面的资料。② 综合所有这些资料,才能对教学方案作出全面客观的评价。

第二节　主要学习结果类型的测量与评价技术

教学评价涉及构念、观察、推断三个关键问题。本书第二章对各类教学目标的介绍描述了要学生习得的构念类型,上一节也有针对性地介绍了推断的有效性和可靠性,本节重点介绍不同类型学习结果或教学目标的行为表现资料的收集问题,即针对知识、技能、态度等主要教学目标类型及其亚类,应当如何设计任务情境来引发学生相应的行为表现,从而让这些行为表现成为以后推断学生目标达成状况准确、可靠的证据。

一、事实的评价

由于对学生事实学习的认知要求主要是记忆,对事实学习的评价也要体现这一点。在测验题目的形式上,根据记忆的两种形式(即再认和回忆),可以确定具体的测题形式。用于评价学生对事实再认的测验形式主要有选择题、匹配题等。用于评价学生对事实回忆状况的测验形式主要有填空题、简答题,测量学生对某一事实的回忆,通常只需一道测验题目即可。学生在这道题目上的表现,可以让我们推断学生对事实是否有良好的记忆。如要测量学生对"世界四大文明古国名称"的记忆程度,就可以采用填空题的形式:世界四大文明古国分别是＿＿＿＿、＿＿＿＿、＿＿＿＿、＿＿＿＿。又如,要测量学生对国家及其首都名称的记忆程度,英语单词与其中文意思的记忆,可以采用填空题的形式

① 王小明.(2018).媒体与方法之争及其影响.全球教育展望,12,14-26.
② [美]加涅,R.M.,等.教学设计原理(第5版).王小明,庞维国,等译.上海:华东师范大学出版社,2007:311.

（回忆），也可以采用匹配题的形式（再认）。

一般来说，学生对事实再认的难度要低于对事实回忆的难度，也就是说，对有些事实，学生能正确再认，但不能回忆。不过心理学研究也发现，有时再认的难度高于回忆的难度，学生能正确回忆却不能再认。在具体的评价实践中，需要教师根据各学科课程对事实记忆的具体要求以及学生将来使用事实的方式来确定对事实的评价是重在回忆还是再认。如数学上的圆周率的值，$\sqrt{2}$ 的值，由于在以后的计算中要经常用到（需要学生回忆），对其的评价应重在回忆而不是再认，可以采用填空题、简答题的形式进行测量和评价。

填空题的编写和评分都比较容易，而且学生猜中答案的概率近乎为零。不过，测验专家还是为提高填空题在测量事实的回忆上的效度和信度提出了一些具体建议。[①]

第一，在编写填空题时，不要从教科书中原封不动地摘录一句话，然后把其中的某些部分空出来而变成填空题。这样做一方面是在鼓励学生去死记硬背教科书上的具体内容，另一方面，由于摘录的句子脱离了上下文情境，使得改编自这些句子的题目变得模糊或有多个正确答案。为编写好的填空题，教师可以先针对要考查的目标，在不参阅和照搬教科书的情况下写一句完整的陈述，而后再对照教学目标的要求，将陈述中的某些词语或短语空出来供学生作答。[②]

第二，确保填空题中所有空的长度相等。这主要是为了防止学生从空的长短这一线索中识别出要作答的具体内容情况（如答案是要写一个词语还是一句话）。

第三，将填空题中空的位置安排在句子末尾，一般不要将空放在句子开头或中间。这是因为学生在回答填空题时，要先在心里将填空题转换成一个问题，将空放在开头或中间，会给学生的这一转换过程造成障碍，这样，学生（尤其是小学生）即使具备相关的知识，也会因此而难以正确作答，从而降低测验的效度。

第四，在对学生作答过的填空题进行计分时，对于学生作出的部分正确的答案，也要酌情给分。教师最好针对填空题开发一个评分标准，列出学生的答案存在部分正确的不同情况以及应给予的分值，这样可以提高评分的信度。

---

① Nitko, A. J., & Brookhart, M. S. (2014). *Educational assessment of students* (6th ed.). Pearson, pp.107 – 109.

② Tuckman, B. W., & Monetti, D. M. (2011). *Educational psychology*. Wadsworth, p.533.

二、概念的评价

学生掌握概念的指标是其能运用概念的关键特征识别概念的正反例证。学生能正确背诵出概念的定义却不能正确识别出概念的例证，说明学生习得的仅仅是对事实的记忆而不是对概念的理解。根据这一要求，评价概念的基本形式是给学生呈现概念的许多正例和反例，要求其指出其中的正例。在这种情况下，选择题尤其适合测量学生对概念的掌握情况，题目中的多个选项描述或呈现的便是概念的正反例证，学生能选出正确的例证，就表明他有可能习得了概念。此外，简答题也可以用来测量概念的理解，这类题目通常要求学生举例说明某个概念，其实质是要求学生从其长时记忆中识别并提取出概念的新例证，这也符合概念评价的要求。如要测量学生对"奇点"（从某点发出的线条数目为奇数的点）这一数学概念的掌握情况，就可以采用如下的选择题的形式。

　　　　　右边图形中属于奇点的点是（　　　）。

上述题目中选择题的选项就是图中标出的各个点，这些点有些是奇点，有些不是，学生要从中选出正确的例子。

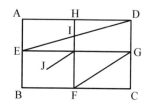

在用选择题测量概念时，要注意以下三点。一是要尽量减少学生凭猜测或答题技巧（而不是对相关内容的掌握）来作答的影响，这需要命题者精心设计好选择题的题干和选项。题干要明确，同时不能给学生提示正确或错误的选项；选项中的错误选项要对学生有一定干扰性，尽量确保每个错误选项都有被学生选中的可能，同时可以增加选项的数目以降低学生猜中的概率。二是要用多道题目来测同一个概念。若用一道选择题来测量学生对某个概念的掌握情况，则学生可凭猜测来选出正确的选项，这样我们根据学生回答的情况来判断其是否习得概念的依据就不是很充分。若用3道选择题来测同一个概念且学生在3道题上回答正确，则我们就更有把握断定学生习得了该概念。三是要保证测题中使用的概念的例子不能是课堂上教师教概念时使用过的例子，也不能是学生练习识别概念时使用过的例子。如果是这样，学生在选择题上的正确选择可能是其记住了该概念的例子而不是其运用概念的关键特征予以识别的结果，这样我们测量到的是学生对概念例子的记忆而不是对概念本身的掌握情况。因此，在确定选择题的选项时，保证其中概念的例子对学生而言都是新颖的、未接触过的，对于保证测验的效度非常重要。一些概念在现实世界中存在很多例子，这样就很容易做到教师

教学、学生练习时使用的概念例子与评价概念时使用的例子不重复。但有些概念在现实世界中的例子有限,如"联邦制"这一概念的例子就是实行联邦制的国家(包括历史上的国家),但这些国家的数目有限。在对这类例子不多的概念进行测量和评价时,为保证测题中所用的例子与教学中所用的例子不同,可以使用概念的假设或假想的例子来测量和评价学生。如对于"联邦制"这一概念,测验时可以给学生呈现 A、B、C、D 四个假设国家的政治架构的描述,要求学生判断其中哪些国家实行的是联邦制。测验中使用的这类假想的或假设的例子能较容易地做到不与教学中使用的例子相同,从而有助于保证测验的效度。

三、整体知识的评价

整体知识通常有一定的概括性,而且不同知识之间存在密切的逻辑联系。学习者习得的整体知识,既要能回忆出来,也要能用来解决一些新的问题,因此需要用保持测验和迁移测验来检测学习者对整体知识的掌握情况。

(一) 保持测验

这里的保持测验是指给学生提出回忆的任务要求,学生用口头或书面的言语行为来作答。如梅耶让学生学习完汽车刹车系统的工作原理、闪电的形成机制等大段有组织的内容之后,就给学习者提出如下的问题:"假设你要给一个对汽车刹车系统一无所知的人讲解汽车刹车系统的工作机制,请把你的讲解内容写下来",或者是"假设你要为初学者阅读的百科全书撰写一条有关闪电形成机制的条目,请写下你从刚才阅读过的有关闪电形成机制的短文中能记住的内容"。

在对学生的作答进行评分时,事先计算出整体知识包含的要点数目,而后再计算学生回忆出的要点数目,计数时应以学生回忆出的要点意义为准,不应拘泥于与原文完全一致的语言表述。

(二) 迁移测验

这里的迁移测验要给学生呈现他们在学习阶段未曾遇到过的问题,要求学生解决。梅耶针对涉及因果的整体知识提出如下四类迁移问题,可以作为编制这类测验的参考。[①]

---

① Mayer, R. E. (2021). *Multimedia learning* (3rd ed.). Cambridge: Cambridge University Press, pp.99 – 105.

第一，查找故障类问题。呈现系统不能工作的情境，要求学生找出其中的问题所在。如："你踩了汽车的刹车板但刹车不灵，问题可能出在什么地方？""你看到天空有云但没有闪电发生，这是为什么？"

第二，重新设计类问题。如何对系统进行重新设计以满足新的需要。如："如何让打气筒更有效率（即打出的气更快一些）？""你打算如何提高闪电的强度？""如何使刹车系统更有效，即减少刹车后汽车滑行的距离？"

第三，预测类问题。系统的某一部分发生了新的变化，要求学生预测这一变化对系统其他部分的影响。如："当你连续快速地踩踏并松开刹车板时，会发生什么情况？""气温的升降对闪电有什么影响？"

第四，概念性问题。就系统按其方式运作的背后的原因或原理询问学生。如："空气为什么会进入打气筒内？ 又为什么会从中逸出？""汽车的刹车片为什么会变热？"

在对学生的作答进行计分时，首先计算学生的作答中所有可接受的答案的数目，在此基础上，针对每一道题目，列出可接受的答案。

为保证测验的信度，由两名评分者对学生的作答进行评分，在两人有分歧时通过协商来解决分歧。

四、技能的评价

技能体现在学生的操作上，因而评价学生对技能的掌握，首先要引出学生实际执行技能的行为表现，而后据此对其技能的掌握情况进行评价。这一思想可以用表现性评价来描述，即学生通过执行某一活动或产出某种产品来展示其习得的知识和技能的一种评价形式。[①] 具体来说，在评价技能时，先要给学生一定的任务或问题，要求学生运用所学习的技能来完成任务，评价者则观察并记录学生的操作表现和结果并据此对其技能掌握情况作出判断。这样看来，测量学生技能掌握情况的测题形式一般要求学生自己建构反应，如计算题、论述题、实际操作等。如要测量学生使用托盘天平的技能，就可以给学生一台托盘天平，观察学生使用的具体表现。

由于技能是通过学生实际操作的过程表现出来的，对学生技能的评价涉及

---

① ［美］Eggen, P., & Kauchak, D. 教育心理学：透视课堂（第六版）. 西安：陕西师范大学出版社，2005：511.

两方面：技能执行的过程和技能执行的结果。在对技能执行的过程进行评价时，常根据技能执行的步骤，采用核查表的方式进行。如果学生都能正确执行技能的各个步骤，表明学生技能掌握较好。如表7-1就是一个评价托盘天平使用技能的核查表。

表7-1 托盘天平使用技能的核查表

步　　骤	是	否
1. 放置水平桌面		
2. 将游码归零		
3. 用平衡螺母将指针调至中央		
4. 左盘放物，右盘放砝码进行测量		
5. 读数，物体的质量等于砝码的示数加上游码的示数		
6. 整理仪器		

在对技能执行的结果或产品进行评价时，通常依据对结果的不同层次描述或结果的评分标准来进行评价。如表7-2就是一个评价学生构段技能的评分标准。[①]

表7-2 学生构段技能的评分标准

分值	评　价　内　容		
	主　题　句	支　持　句	总　结　句
1	无主题句，读者不知道这段要讲什么	支持句杂乱且与主题句无关	无总结句或总结句与前边的句子无关
2	有主题句，但主题句没有清晰明确地告诉读者这段要讲什么	支持句阐述了另外的信息，但没有完全围绕主题句展开	总结句与主题句有关但未对段落内容作总结
3	有主题句，而且主题句对段落的内容作了清晰的概括	支持句提供了与主题句有关的支持性细节	总结句对段落内容作了正确总结，而且与主题句有关

---

① ［美］Eggen, P., & Kauchak, D. 教育心理学：透视课堂(第六版).西安：陕西师范大学出版社，2005：508.

在上述评分标准中，对学生写出的段落，从主题句、支持句、总结句三个方面进行评价，每个方面均区分了三个层次或水平，每个层次的分值分别是 1、2、3分，这样写得好的段落最高能得 9 分。

五、态度的评价

态度作为学习者的一种内部状态，其评价也要通过学习者的行为来进行。由于态度与行为之间存在复杂的关系，对态度评价的准确性尚不如对知识与技能的评价。目前，对态度的评价主要综合学生多方面的行为表现来进行推断。这些行为表现包括以下三类。

一是学生对态度问卷的反应。教师可以通过编制相应的问卷，询问学生对一定的态度对象的行为反应倾向，而后根据学生的作答来推断其态度。表 7 - 3就是一个测量学生对科学课程的态度问卷。考虑到学生在回答问卷时会出于多种原因掩盖自己真实的态度转而迎合教师偏好的态度，因而学生在态度问卷上的反应是否真实还需要其他证据的支持。

表 7 - 3   科学课程的态度问卷

对以下每项陈述，圈出左边合适的字母来表明你同意或不同意的程度。其中 A 表示非常同意，B 表示同意，C 表示不确定，D 表示不同意，E 表示极不同意。

A B C D E 1. 科学课很有趣。

A B C D E 2. 科学实验是枯燥的，令人厌倦。

A B C D E 3. 解决科学问题有乐趣。

A B C D E 4. 课堂活动很好。

A B C D E 5. 阅读教科书是浪费时间。

A B C D E 6. 实验室实验很有趣。

A B C D E 7. 大多数课堂活动很单调。

A B C D E 8. 我喜欢阅读教材。

A B C D E 9. 我们研究的问题不重要。

A B C D E 10. 我对科学并不是非常热心。

二是在学生不知情的情况下观察学生对态度对象的行为反应，即在一定的情境中，观察学生是否会表现出我们想要学生习得的态度。如果情境相对稳定，就可以观察学生在一定的时间内表现出相应行为的频率，以此作为学生态度习得状况的指标。如要评价学生是否形成关爱班级同学的态度，教师可以在课堂上观察学生帮助和关心同学的频率。通过观察学生的行为评价其态度，得

到的结果通常可靠,但是受时间、地点等因素的限制,教师通常难以通过观察收集到学生的态度行为,这时就需要采用其他方法来评价态度了。

三是采用情境问卷的形式来评价学生的态度。这种评价方式是对态度问卷的改进。具体来说,这种评价方式给学习者描述了一个情境,其中的主人公面对特定的态度对象要作出反应,而学习者的任务则是将情境中主人公应当作出的反应描述出来。由于其中的主人公不是学生本人,他们会根据自己的态度给主人公的行为反应提出建议。从这些建议中,我们可以窥见其中隐含的态度。例如,下面就是一个测量有关垃圾分类态度的情境问卷样例。[①]

阅读下列场景,然后指出你同意或不同意主人公行为的程度。

星期二早上,小强要和小华一起去上学,同时他还要把废报纸放到可回收的垃圾箱里。但由于小华有急事想早点到学校,他催促小强快点走,于是小强就将废报纸随便扔到了不可回收物的垃圾箱里。

你赞同小强行为的程度是:非常同意　同意　不同意　强烈反对

第三节　促进学生学习的教学评价

本章第一节提出,就学生的学习而言,教学评价有两个目的:报告学生当前或过往的成就以及支持和帮助学生的学习。第二种目的正得到越来越多的教学评价专家的青睐,他们认为,教学评价不能仅满足如何对学生进行分类,而且应当关注如何帮助学生学习。[②] 形成性评价、为了学习的评价(assessment for learning)、动态评价(dynamic assessment)等有关教学评价的概念均指向教学评价的这一目的,其中动态评价鲜明地体现了教学评价支持学生学习的重要特征。本节对动态评价作专门介绍。

---

① 改编自 Smith, P. L., & Ragan, T. J. (1993). *Instructional design*. New York: Maxwell Macmillan International, p.121.

② Lauchlan, F., & Carrigan, D. (2013). *Improve learning through dynamic assessment*. London: Jessica Kingsley Publishers, p.16.

一、动态评价产生的背景

动态评价是在多种因素推动之下出现的,这些因素主要有如下三方面。

(一) 对传统智力测验的不满

传统的智力测验是一种标准化的测验,测验的题目、指导语、计分方法对所有受测儿童都是一样的,而且施测者在测验过程当中不能给受测者提供任何帮助或提示,因为这些帮助或提示会"污染"测验结果。测验结束后给儿童一个测验分数(智商)或画出剖面图,指出儿童能力上的强项与弱项,并以此为依据针对每个儿童的特点提出干预建议。对这种标准测验程序,坎皮奥内(Joseph C. Campione)和布朗(Ann L. Brown)认为存在如下一些缺陷。一是这种测验是对儿童当前能力的静态评价,评价的是结果而不是产生这一结果的过程,也就是说,传统的智力测验评价的是已形成的能力,对于形成过程中的能力未加评价,因而智力测验存在低估儿童潜在能力的倾向。二是智力测验通过剖面图的方式指出了儿童能力上的优点与不足,但这只是对儿童问题的一种模糊与笼统的描述,与学校中的具体的学习任务没有多大关联,因而也无法为教学措施的设计提供具体信息,测验中发现的学生的问题与不足,只能留给学生自己去解决或弥补。三是智力测验测量的是学生的一般的、相对稳定且不易改变的能力,不是可以用于具体领域的技能,因而智力测验的分数通常被认为反映了学生在所有情境中相对固定的特点。[①] 对传统智力测验的这些批评,实际上是在呼唤一种能够更全面评价学生的能力,同时又能对学生具体学业上的困难进行诊断的测验。

(二) 有关潜能的研究

对学习者潜能的最早关注是格式塔心理学家苛勒(Wolfgang Köhler)有关黑猩猩的研究。苛勒在长期研究黑猩猩学习的基础上认识到,仅仅调查黑猩猩在没有帮助的情况下如何表现出智力行为已不再重要,重要的是要弄清楚如果给予帮助,黑猩猩在多大程度上能够理解功能复杂的结构和情境。[②]

---

① Campione, J. C., & Brown, A. L. (1987). Linking dynamic assessment with school achievement. In C. S. Lidz (Ed.), *Dynamic assessment: An interactional approach to evaluating learning potential*. New York: The Guilford Press, pp.85 - 87.

② Guthke, J. J. (1992). Learning test. In J. S. Carlson (Ed.), *Advances in cognition and educational practice. Vol.1, Part A, Theoretical issues: Intelligence, cognition, and assessment*. Greenwich: JAI Press Inc., p.214.

后来,研究儿童心理发展的心理学家发现,皮亚杰对儿童能力发展的描绘低估了儿童的能力。心理学家采用皮亚杰当初研究用的任务,通过改变提供给儿童的指导语,发现儿童能成功解决原来不能解决的任务。如在经典的皮亚杰任务中,给儿童呈现两堆数量不一的糖果,问哪堆更多,儿童通常不能作出正确回答。但是,如果将问题改为"你想吃哪堆糖果",儿童就可以很容易地作出正确选择。这些研究说明,在获得适当的提示或帮助的情况下,儿童可以展示出原来不具备的能力。

(三) 维果茨基的最近发展区理论

维果茨基开创的文化历史学派十分看重社会性的互动以及文化群体创造的文化工具与心理工具对儿童学习与发展的促进作用。维果茨基进一步将儿童的能力发展分为两种水平。一是现有发展水平,是儿童不需要成人帮助可以独立解决问题的水平,传统的智力测验测量到的就是儿童的这种水平。二是儿童在成人指导下或与能力更强的同伴的合作下可以解决问题的水平,维果茨基称之为潜在发展水平。现有发展水平与潜在发展水平之间的距离被称为最近发展区。处在最近发展区的儿童,其能力处在发展过程中,潜在的能力是尚未成熟的花蕾或花朵而不是成熟的果实。教学对最近发展区具有较大影响。这里的教学涉及儿童与成人或教师的社会性相互作用。通过教学,可以将儿童的最近发展区水平变为现有发展区水平,同时再寻找或创设新的最近发展区,以此来促进儿童的发展。维果茨基区分的儿童发展上的现有水平和潜在水平以及教学对儿童发展的影响,为后来的教学心理学家发展出旨在促进学生学习的教学评价提供了重要的理论基础。

二、动态评价的含义

动态评价是教学评价的一种特殊类型,可以用教学评价的三角来阐释动态评价的含义及特殊之处。首先,动态评价要评价的构念不是学习者已习得的静态构念,而是处在习得或发展过程中的构念;其次,动态评价也需要依据学习者的外部行为表现的观察,学习者的行为表现不仅包括一定的情境或条件以及学习者的反应,而且包括评价者给学习者的帮助(或提示、支持),这些帮助可以随学习者的行为表现而作出相应调整;最后,在推断学习者构念的发展情况时,需要参照学习者接受的帮助的力度,即学习者完成任务得到的帮助越少,说明所测量的构念发展得越好(越接近"成熟的果实"),反之亦然。

从上述对动态评价的阐释中不难发现，动态评价的关键特征是评价者在评价过程中为受测者提供帮助，或者说，动态评价就是依据评价与教学的动态关联性，在学习者接受评价期间为其提供动态的教学或干预，以促进其学习的进步。[①] 在动态评价的过程中，受测者对帮助的敏感性（即在外来帮助之下取得进步的敏感性）可以用作选择和设计教学干预的依据，以有效促进学生的学习。此外，动态评价的"动态"有两层含义：一是所评价的学习者的构念是处在发展和形成过程中的；二是评价时提供的帮助要根据学习者的反应而进行动态调整。"动态"的这两种含义紧密联系在一起，帮助的动态调整或变化是学习者动态发展的构念的重要外部指标。

与动态评价相对的评价类型被称为静态评价（static assessment），这种评价首先区分了主试和受试，主试负责拟定和呈现题目，受试则对这些题目进行作答，而且在作答过程中没有得到任何反馈或干预，测试结束后，受试会得到自己的测试分数。可以看出，这里描述的静态评价主要是指总结性评价。动态评价相较于静态评价的重要特征是在对学习者进行评价时是否允许对学习者的表现给予干预、反馈或修正。静态评价是不允许这样做的，因为这会威胁到测验的信度和效度等指标。[②]

三、动态评价的实施程序

维果茨基的最近发展区理论虽然区分了学生的现有水平和潜在水平，但没有提出可行的操作技术来测量学生的这两种水平。鲁利亚（Alexander R. Luria）则将维果茨基的这一思想转化成具有可操作性的程序，具体做法是，将成人与儿童之间的动态相互作用转化成介于前测和后测之间的标准化的训练阶段。通过比较前测和后测的分数，就可以区分出儿童的实际表现水平（前测成绩）和潜在表现水平（后测成绩）。[③]

后来，布朗和弗伦奇（Lucia A. French）提出更为具体可行的评价学生潜在

① Davin, K. (2016). Classroom dynamic assessment: A critical examination of constructs and practices. *The Modern Language Journal*, *100*(4), 813–829.

② Poehner, M. E., & Lantolf, J. P. (2005). Dynamic assessment in the language classroom. *Language Teaching Research*, *9*(3), 233–265.

③ Hamers, J. H. M., & Ruijssenaars, A. J. J. M. (1997). Assessing classroom learning potential. In G. D. Phye (Ed.), *Handbook of academic learning: Construction of knowledge*. San Diego: Academic Press, p.551.

水平的技术。① 潜在水平可以通过在接受帮助的情况下所能达到的能力水平反映出来,这里的帮助具体是指提供一些可以促进问题解决的渐进线索。儿童需要的线索的数目,反映了他们最近发展区的"宽度"。② 据此,动态评价的程序是先进行前测,而后进行教学,最后进行后测。这里的教学是以提供线索的方式进行的。根据儿童达到给定作业水平所需的线索的数目,就可以区分出儿童的潜能大小。需要较少线索的儿童学习潜力大,需要较多线索的儿童学习潜力小。

具体讲,这种评价始于对儿童最初能力的评价,而后儿童被置于学习情境中,由成人与他们合作,直到他们能独立解决几套问题。如果儿童不能解决某个具体问题,就给他们提供一系列的提示来帮助他们。这里的提示是以对任务的细致分析为基础的,而且按照具体程度排列起来,即每条提示都比前边的提示提供了更具体的帮助信息。这些提示通常是教师依据教学目标以及学生达成教学目标过程中所犯错误的预估事先拟定的,其目的是推动学生改正其所犯错误。这些提示以固定顺序提供,一般不能逾越。如果发现儿童自己能生成某条提示提供的信息,则可以跳过这条提示而提供下一条提示。因此,刚开始的提示是笼统的、不太明显的,后续的提示则越来越明确和具体,最后一条提示实际上提供了如何生成正确答案的详细步骤和方法。这一程序可以使我们估计具体某个儿童解决每一问题需要的最小帮助量。在这一过程中,学生学习的状况或进步的情况可以从其需要的提示的频率和质量反映出来。当随着动态评价进程的执行,学生需要提示的次数减少,或者需要的提示的明确性、具体性降低,都说明学生正走向独立的学习。

这些事先拟定的提示的层级是教师进行动态评价时依赖的重要工具,可以大大减轻教师的负担,但也有一些不足:一是因其层级的相对固定性,难以应对教师预估不到的学生的错误;二是这种提示层级更适合针对一两名学生的动态评价,在班级教学的情境中,固定的提示可能难以有效针对在目标达成方面处于不同阶段的学生。因此,有人主张教师在实施动态评价的过程中,对涉及多名学生以及预料之外的学生的错误等情况,允许教师根据实际情况，抛开预先拟定的提示层级，通过与学生进行教学性的对话来给学生提供提示或教学。[①] 这一建议措施仍然要求教师针对学生的情况不断进行评价和教学，实施的仍然是动态评价，不过对教师根据学情进行"即席创作"的要求更高。

四、动态评价的案例

从上述对动态评价实施程序的介绍中不难看出，实施动态评价的关键是构建一个在学生学习期间给其提供帮助或提示的层级。下面以小学生学习简单加法和外语句型的任务为例来说明这种提示层级及其使用。

（一）小学生简单加法学习的动态评价

费拉拉（Antonella Rita Ferrara）以 5 岁儿童学习简单加法的任务为例，开发了用于动态评价的提示层级。[②] 加法任务以口头方式陈述给儿童，典型的题目如"凯利的糖果盒里有 5 块糖，我又往他的糖果盒里放了 3 块，现在凯利的糖果盒里一共有几块糖？"儿童在与研究者做游戏的情境中通过操弄实物并采用如下的全部计数（count all）策略来解决这类问题：儿童要记住实物的原始量和后来的添加量，然后借助实物数出原始量，再借助实物数出添加的量，最后将两堆实物合并在一起重新计数，由此就得到了总数，问题得以解决。

在开发动态评价的提示层级时，费拉拉的出发点是儿童会在上述计算过程中的每一步上都会遇到困难，因而就针对每一步设计了提示，并依据提示提供的解决问题的帮助力度大小进行排序，具体的提示层级如下（帮助的力度由弱到强）。

层级一：提供简单的出错反馈。这是在儿童反应错误但能自己改正的情况下提供的，如"这是一次很好的尝试，但结果并不正确，你想再试一次吗？"

层级二："刷新"工作记忆的内容。如果儿童一开始没有注意听题目或者儿童要求复述题目时，逐句重复儿童所要求重复的题目的内容，如"波利钱包里原来有 4 枚硬币"或者"我又往里面放了 3 枚硬币"。

层级三：用数字来辅助记忆。如果儿童仍旧记不住题目中的已知条件，就

① Davin, K. (2016). Classroom dynamic assessment: A critical examination of constructs and practices. *The Modern Language Journal*, 100(4), 813 - 829.

② 改编自 Ferrara, A. R. (1987). *Learning mathematics in the zone of proximal development: The importance of flexible use of knowledge*. Ph. D. Thesis, University of Illinois, Urbana-Champaign, pp.79 - 80.

提供如下提示:"钱包里有 4 枚硬币,你可以在磁板上放上数字 4 来提示自己"或者"我又往钱包里放 3 枚硬币,你为什么不在磁板上放上数字 3 来提示自己呢?"

层级四:"迁移"提示。在变换题目的情况下,对于与上一道题目的内容有所区别的新题目,给儿童提供如下提示:"为什么不试着用我们上次玩游戏的方式来玩这次游戏?"

层级五:提示通用的计数策略。为儿童提供更明确的提示以促进儿童将旧题目的解法迁移到新题目上来,如"你可以把这次游戏里的木柄当作上次游戏里的硬币,然后就和上次一样,用摆弄硬币的方式来摆弄木柄,这样就能数出总数了"。

层级六:完整的演示与解释。完整详细地向儿童展示计数的程序并说明理由:(1) 告诉儿童组建一个原始量的集合,如"这次波利一开始有 4 个木柄,我们假设它们就是上次游戏里波利一开始就有的 4 枚硬币";(2) 告诉儿童组建一个添加量的集合,如"上次我往波利的钱包里放了 3 枚硬币,这次我换成了放 3 个木柄";(3) 告诉儿童把两个集合合并到一起重新计数,如"上次问波利钱包里共有几枚硬币,这次你可以把木柄当作硬币,数出这些假想的硬币也就是所有的木柄的数目";(4) 告诉儿童得出合并后集合的数目,如"钱包里共有几枚硬币?你最后数出的数字是 7,所以 7 就是总共有的硬币数"。

当儿童能连续做对 6 道题目且均不需要教师的提示时,就对儿童达成这一水平所需的提示数目进行计数,儿童需要的提示数越少,说明其学习的效率越高,学习的潜能越大。

(二) 小学生外语句型学习的动态评价

达文(Kristin Davin)以小学生学习外语(西班牙语)句型为例,开发并实践检验了动态评价中使用的提示层级。在外语学习过程中,学生不可避免地会犯错误,而教师也需要及时地对学生的错误作出反应,这就要求教师能识别出学生的最近发展区并为最近发展提供教学干预。为此,达文开发了针对外语句型学习的提示层级,这些层级由内隐转向明确,给学生提供的帮助也由弱到强,具体的层级见表 7 - 4。[①]

---

① Davin, K. (2013). Integration of dynamic assessment and instructional conversations to promote development and improve assessment in the language classroom. *Language Teaching Research*, *17*, 303 - 322.

表 7 - 4　针对外语句型学习的提示层级

提示的层级	提示的内容
1	带着疑问的表情停顿一下。
2	教师复述学生的整个句子，对错误之处予以特别强调。
3	仅对句中的错误之处进行重复。
4	针对错误之处，提供一正一误两个选项要求学生二择一。
5	提供正确答案并加以解释。

下面用达文研究中两名学生（分别用 S1 和 S2 表示）课堂学习西班牙语句型的过程为例说明教师（用 T 表示）如何用表 7 - 4 所述提示层级来进行动态评价，从而识别出不同学生的最近发展区并通过提供合适的教学来促进学生学习（例子中涉及的西班牙语句型已译成英语句型）。

第一名学生的学习过程如下：

S1：What is your favorite singer?

T：（带着疑惑的表情停下来注视学生）（提示 1）

S1：（沉默）

T：What is your favorite singer?（提示 2，教师复述学生错句，同时对错误处在语气上予以特别强调）

S1：哦！Who is your favorite singer?

第二名学生的学习过程如下：

S2：What is your favorite soccer team?

T：（带着疑惑的表情停下来注视学生）（提示 1）

S2：（沉默）

T：What is your favorite soccer team?（提示 2，重复学生的错误表述，对错误处予以强调）

S2：Soccer team ...

T：（重复学生句子中出错的部分）team favorite?（提示 3）

S2：对的，是 team favorite?

T：（给出正误两个选项，要求学生选择）What is your team favorite or favorite team?（提示 4）

S2：favorite team

T：为什么?

S2：嗯。

T：What is your favorite team? 为什么是 favorite team 而不是 team favorite?

S2：(沉默)

T：我前边讲过的,形容词要放在名词的前边。(提示 5)

从上述两名学生句型学习的片段可以看出,学生 S1 学习过程中,教师首先通过停顿来给其提供提示,但学生没有反应,说明该生还需要更明确的、力度更大的提示,于是教师提供了第二级提示(重复学生有问题的问句),这一提示对学生 S1 能给予有效帮助,学生改正了错误,说明第二级提示正好处在其最近发展区,能很好促进其学习。相比之下,学生 S2 完成学习所需的提示更多,教师提供了前两级提示后,学生均未有从提示中明显受益的表现,于是教师提升了提示的层级,加大了帮助的力度,提供第三条提示(仅为学生重复其句中的错误处),但学生仍未作出正确反应,在了解到学生的这一表现后,教师又提供了第四级提示(给出正误两个选项,要求学生选择),这次学生能作出正确选择。与学生 S1 相比,学生 S2 达到正确反应需要的提示数量更多(4 条提示),据此教师可以对两名学生在句型学习上的潜能作出判断(学生 S1 的潜能更大),同时,对于如何最佳地促进学生句型的学习,教师也可以在动态评价中找到最适合每个学生的教学干预措施。

第八章

学习困难的诊断与补救

上一章在阐释教学评价的相关技术时指出,教学评价要服务于学生的学习,在对照教学目标对学生的学习状况作出评价后,如果学生没有达成预设的教学目标,那么评价的结果就要用来帮助和促进学生的学习。本章是对教学评价的这一根本目的的进一步阐释,即教学评价的结果证实学生未达成教学目标的情况下,如何诊断学生学习中存在的问题,以及如何安排和设计补救教学以推动学生达成教学目标,从而让教学评价促进学生学习的目的充分展现。

第一节　学习困难的含义与原因

本章用"学习困难"一词来统称学生学习过程中未达成教学目标的情况。本节先阐释学习困难的含义,而后分析导致学生学习困难的原因,为后续的诊断和补救奠定基础。由于这里讲的学习困难是笼统地指称学生学习未达成教学目标、学习成绩差的现象,为了更好地界定学习困难的含义,有必要先来了解一下影响学生学习成绩的主要因素。

一、影响学生学习的主要因素

从经验上讲,影响学生学习成绩的因素有很多。从外部因素来说,有教师的教学方法、教学态度、学习内容的难度,甚至学生的家庭关系、父母的职业都有可能影响学生的学习成绩;从内部因素来说,有学生的学习动机、学习策略、原有知识基础、学习焦虑等诸多因素。教学心理学在探讨这一问题时,在承认影响学生学习成绩的因素多种多样的前提下,采取的是抓住主要矛盾的策略,即对各种影响因素"删繁就简",找出对学生学习成绩影响较大的因素。由于学生是学习的主体,影响学生的外部因素要通过影响学生的内部因素才能影响学生的学习成绩,因而教学心理学家在寻求影响学生学习成绩的主要因素时,将寻找的方向放在学生的内部因素上。

如教学心理学家加涅和迪克就采用"删繁就简"的策略,从影响学生学习的诸多因素中识别出学生的智慧能力和原有学习的累积效应(即学生的原有知识基础)这两个关键因素。[①] 平特里奇(Paul R. Pintrich)等人也采用这一策略,从众多影响学习的因素中识别出智力和动机两个关键因素。[②] 皮连生综合这些学者的观点后提出了一个学生学习成绩的大致公式:学习成绩=f(学习动机,原有知识,IQ)。[③] 这一公式相当于将影响学生学习的主要因素归结为学生的智力水平(用智商分数即 IQ 表示)、学习动机以及原有知识基础。

来自心理测量学方面的证据为教学心理学家的上述论断提供了支持。心理测量学方面的研究表明,智力可以解释学生成绩的 10%—25%的变异,智力和原有知识合起来可以解释学生成绩的 40%—50%的变异,而诸如兴趣、自我效能之类的动机因素可以解释学生成绩的 10%—20%的变异。[④]

二、学习困难的含义

在了解影响学生学习的主要因素基础上,可以进一步探讨学习困难的含义。在上述有关学习的三个主要影响因素中,智力水平是通过智力测验测得的,当前国际上流行的韦氏智力量表主要测查学生的言语智力和操作智力,而且测验时尽量排除受测者原有知识经验的影响,尽量做到测验题目对所有受测者的公平,因而可以认为,智力测验测得的智力水平主要反映的是学生先天的能力。[⑤] 智力水平对学习成绩有影响,智力水平低下的学生,其学习成绩很难有明显提高,而且由智力缺陷导致的学习成绩不良问题是很难从根子上解决的。

出于上述考虑,本章所讲的学习困难虽然是从学生的学习成绩未达到规定

① Gagné, R. M., & Dick, W. (1983). Instructional Psychology. *Annual Review of Psychology*, 34, 261-295.

② Pintrich, P. R., et al. (1986). Instructional Psychology. *Annual Review of Psychology*, 37, 611-651.

③ 皮连生. 智育心理学.北京:人民教育出版社,1996:385.

④ Byrnes, J. P. (2008). *Cognitive development and learning in instructional contexts* (3rd ed.). Boston:Pearson Education Inc., pp.146-156.

⑤ 皮连生. 智育心理学(第二版).北京:人民教育出版社,2008:70.

要求的角度界定的，但还是要排除由智力缺陷导致的学习成绩不良的学生。因此，这里讲的学习困难是指在学校教育情境中智力正常的学生因学习成绩达不到规定要求而实现不了预设的教学目标的情况。需要指出的是，依据学生的学习成绩判断学习困难的标准是预设的绝对标准而不是相对标准，也就是说，学生未能达成预设的教学目标，或未能完成测验中 80%—90% 的项目（掌握学习的标准），可以据此判断学生出现了学习困难的情况；对于学生达到预定的标准但在班级或年级中仍排名靠后的情况（如学生考了 90 分，而班级均分是 95 分，学生排在最后一名）并不被认定为学习困难。

三、学习困难的主要原因

根据影响学生学习成绩的主要因素以及本书对学习困难的界定，不难确定导致学生学习困难的主要原因就是学生的原有知识基础缺陷和学习动机不足。

（一）学生原有知识基础的缺陷

学生学习上出现困难，一个主要的原因是其原有知识上的缺陷或不足，即学生没有掌握或没有很好掌握他应当习得的相关知识。这里的原有知识不仅包括关于"是什么"的陈述性知识，而且包括关于"如何做"的程序性知识和策略性知识。教学心理学有许多研究为此提供理论支持。

如在阅读教学中，有些学生会在阅读理解上出现问题。这些学生能正确地读出课文，但抓不住课文里讲了什么内容。为此，布朗等人开发了一套教学程序，教给学生四种阅读技能：总结、提问、澄清、预计。总结是自我回顾的活动，它要求读者确定并整合课文中的重要信息；提问是一种自我检测的方式，即找到所问问题的信息类型并形成该问题的答案；澄清则要求读者注意不熟悉的单词及组织得不好的课文，并采用相应的修正策略；预计既有设置目标的作用，又有激活背景知识和课文结构知识的作用。经过对这四种阅读技能的教学，学生的阅读理解能力有了明显提高。对此，安德森（John R. Anderson）和舒恩（Christian D. Schunn）指出，这些技能以前没有教给学生，而且学生自己也没有发现。[①] 缺乏上述技能，阅读理解就出现困难；教了相应的技能，阅读理解就有了明显改善。

---

① Anderson, J. R., & Schunn, C. D. (2000). Implications of the ACT-R learning theory: No magic bullets. In R. Glaser (Ed.), *Advances in instructional psychology: Educational design and cognitive science*. New Jersey: Lawrence Erlbaum Associates, p.20.

又如学生学完了如何做退位减法后,在教学评价中有时会出现如下一些错误的计算:

$$
\begin{array}{r} 326 \\ -117 \\ \hline 211 \end{array}
\qquad
\begin{array}{r} 542 \\ -389 \\ \hline 247 \end{array}
\qquad
\begin{array}{r} 731 \\ -452 \\ \hline 321 \end{array}
$$

有些教师认为这是学生粗心所致,其实不然。学生的错误表现不是偶然出现的,而是经常一贯地表现出来。教学心理学家的调查和研究发现,这是因为学生掌握的计算退位减法的程序或技能是错误的。这类学生在遇到退位减法时,不是按照教师教的正确程序计算,而是按照自己生成的错误程序计算:对齐位数后,比较相应位数上数字的大小,用大数减小数即得到结果。[1] 学生掌握了错误的知识,其能力表现也会相应出错。

(二) 学生学习动机不足

学生的学习困难不仅表现在相关知识上存在缺陷,而且在学习动机上也会存在问题。在学校教育情境中,学生在学习动机上的问题主要体现在三方面:不良的能力信念、对学业失败的不良归因以及较低的自我效能。

1. 不良的能力信念

这里讲的能力信念是指学生对自己的学业能力性质的主观认识。德韦克(Carol S. Dweck)提出,学生对其学业能力通常持有两种看法:固定观和增长观。能力的固定观认为学业能力是固定不变的,是需要向他人证明和展示的;能力的增长观则认为学业能力是动态变化的、可培养的,能通过学习得到提高与发展。[2] 这两种能力观是学生在学习过程中,在学习环境的影响下自主构建的。已形成的这两种对学业能力的看法会影响学生对学习活动的看法和采取的学习行为,进而影响学生的学习成绩。表 8-1 综合了两种能力观的学生的不同观念和做法。[3]

---

① Resnick, L. B. (1983). Toward a cognitive theory of instruction. In G. M. Olson, & H. W. Stevenson (Eds.), *Learning and motivation in the classroom*. Hillsdale: Lawrence Erlbaum Associates, pp.22-23.

② Dweck, C. S. (2016). *Mindset: The new psychology of success*. New York: Random House, pp.6-9.

③ Dweck, C. S. (1999). *Self-theories: Their role in motivation, personality, and development*. Philadelphia: Psychology Press, pp.20-43.

表 8 - 1　两种能力观的不同表现

	固　定　观	增　长　观
对学习的看法	学习是用来证明自己的能力或天赋的活动；关注学习的成绩、等级、排名	学习是让自己变得更聪明的过程，需要付出时间和努力；关注挑战和学习新事物
对成功的看法	成功是超过别人，即使自己没学到什么也很满足	成功是个人的进步，即使别人比自己成绩高也很满足
对努力与能力关系的看法	努力是衡量能力水平的指标，努力越多，能力水平越低；能力水平不高，即使付出努力也没用	努力是开启能力的钥匙，有助于更充分地使用能力
面对困难与挫折	容易放弃努力，放弃学习机会	以持续努力来应对，有韧性，能坚持
面对失败	质疑自己的能力；视作对自己能力的威胁；焦虑水平高；不愿寻求帮助	关注努力不足和策略不当；视作学习和提升的机会；焦虑水平低；愿意寻求帮助
对学习任务的选择	倾向于选择容易的学习任务	倾向于选择有挑战性的学习任务
学习成绩	成绩容易下降，排名靠后	成绩通常较好，排名靠前

　　从表 8-1 可以看出，持能力增长观的学生对学习持更积极的看法，他们相信通过自己的努力可以提高学习成绩；而持能力固定观的学生则会在学习过程中表现出一些不具建设性的学习行为，如不愿寻求帮助，不会从失败中学习，回避挑战等，这些不良的学习行为和信念会让这类学生在学习上遇到困难和挫折时很容易选择放弃努力，从而导致其学习成绩下滑。学习困难的学生之所以在学习上不断遇到困难，与其持能力固定观这种不良的能力信念紧密相关。

　　2. 对学业失败的不良归因

　　学生会对其学业成败的原因作出解释。用于解释其学业成败的原因通常有先天能力、努力、机会、任务难度、知识技能、偏见、他人帮助等。学业成败的归因不同会对学生后续的学习有不同影响。研究归因的理论家识别出一些良性归因和不良归因。

　　良性归因主要是指将学业上的失败归因于努力、知识技能这样的因素，这些因素都是学习者个人内的因素，而且都是学习者可以控制、可以改变的。将学业失败归因于这些因素后，学习者会通过付出更多努力、改变学习策略等方法来进一步提升自己的学习,其后续学习动机能得到维持,学习成绩也因此会得以提高。

不良归因主要是指学习者将学业失败归因于先天能力这一因素上。由于先天能力是学习者的个人因素,而且还是学习者自己无法也无力改变的,一旦将失败归因于此,学习者就认为自己学业上的失败是不可避免的,于是就会在学习上放弃努力,对学习持一种"破罐破摔"的态度,这种现象被心理学家称为"习得性失助",大多数学习困难的学生都有这种心理。有时,学生会将学业上的失败归因于自己的努力不足,这本来是一种良性的归因模式,但在这种归因模式下,如果学习者付出努力但还是不断遭遇学业上的失败,那么,学习者会在"先天能力与后天努力两者之间存在此消彼长关系"的引导下,将自己不断付出努力又不断遭遇失败的经历重新解释为自己先天能力的不足。一旦作出这种解释,他就会掉进习得性失助的恶性循环中:先天能力的不足——放弃努力,期待失败——失败的实现——强化先天能力的不足。习得性失助是很多学习困难学生身上常见的现象,这是导致学生学习困难的重要原因之一。

3. 较低的自我效能

这里的自我效能是指学习者对自己完成某种学习任务的能力水平的主观判断,又可以称为学业自我效能。自我效能水平较高的学生会对自己完成某一学业任务(如学习三角函数、学习英语的虚拟语气)的能力有较高判断,通常比实际的学业能力稍高一些,他们会在这一判断的指引下,选择并投入到相应的学业任务学习中,学习过程中遇到困难时也不会轻易放弃,而是坚持学下去。相反,自我效能水平较低的学生会回避相应的学业任务,即使勉强参与到相应的学业任务的学习中,在遇到困难和挫折时也会很快放弃学业任务。学习者自我效能水平的高低受学业成败经历的影响很大,在学业任务的学习上经常成功的学习者通常有较高的自我效能水平;在学业任务的学习上经常遭遇失败的学习者,其自我效能水平通常较低。学习困难的学生,因在学业学习上反复遭遇失败,他们倾向于对自己完成相应学业任务的能力水平低估,从而在学习上出现回避、退缩甚至惧怕的行为。

第二节　学习困难的诊断

由于学习动机旨在引发并维持学生的学习活动,而学生学习活动又是以知识的学习为对象,相比较而言,知识掌握上的缺陷是导致学生学习困难的根本原因。诊断学生的学习困难,首要的是诊断出学生知识学习上的问题所在。本节介绍一种诊断学习困难尤其是学习中知识掌握上缺陷的技术——认知任务分析。

一、认知任务分析的含义

认知任务分析是指对学习者完成某项任务所要求的知识与认知过程的描述。[1] 换言之,学习者为完成某项任务(如解应用题),既需要一些知识,又需要围绕这些知识执行认知过程。显然,认知任务分析的思想与布卢姆认知目标分类学(修订版)强调的知识与认知过程相结合的思想完全一致。由于知识和认知过程可以结合成教学目标,认知任务分析又被称为教学目标分析,即将要完成的任务视作一个总的教学目标,而后分析出为完成这一总的教学目标需要学生事先掌握哪些子目标(当然每个子目标都可以表述成知识与认知过程的结合),还要为达成总目标而习得这些子目标的顺序进行安排,这样分析的结果相当于描绘出达成总目标的蓝图或实现路径。

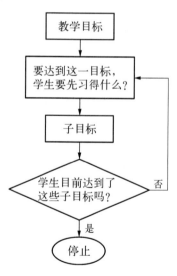

图 8-1　认知任务分析的常用程序

在进行教学目标分析时,通常按照如下程序进行。首先对总的教学目标或学习任务提出如下问题:学生要达到这一总目标必须事先习得什么?而后教师根据对学习任务和学生学习基础的了解,通过回答这一问题来确定所需要的子目标。接下来,以上一阶段分析出的子目标为对象,重复上述问题并予以回答,直至教师认为所分析出的子目标均已被学生掌握。上述程序可以用图 8-1 的流程图直观地展示。

如对于"能计算三位数的连续退位减法"这一教学目标,依上述程序进行分析,分析的结果见图 8-2。

---

① Mayer, R. E. (2005). Conceptual understanding versus computational skill. In J. M. Royer (Ed.), *The cognitive revolution in educational psychology*. Greenwich: Information Age Publishing Inc., p.112.

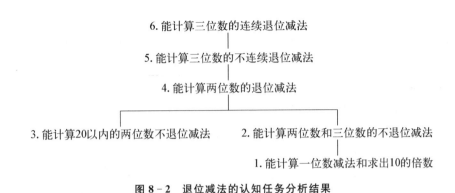

图 8-2　退位减法的认知任务分析结果

二、认知任务分析示例

教学心理学家根据其对专家完成相应任务的研究,对中小学常见的学习任务作过详细的认知任务分析,分析结果在一定程度上可以替代或指导教师对相应任务所作的认知任务分析。下面列举教学心理学家对学生解应用题、写作文、阅读理解三种学习任务的分析结果,以便更好地阐释认知任务分析的思想。

(一) 学生解应用题的认知任务分析

教学心理学家梅耶认为,解应用题的过程其实可以看作问题解决的过程,他主张从认知过程与知识相结合的角度来描述问题解决的心理机制。问题解决涉及四种认知过程:问题转译、问题整合、解题方案的计划与监控、解题方案的执行。每种认知过程的执行都需要学习者具备并调用相应类型的知识。

问题转译是指问题解决者将问题的陈述转化成内在的心理表征,这需要问题解决者具备语言的知识和事实的知识。如在遇到题目中的"增加到""翻两番""结余"等词语时,学习者要知道其具体的意义,不能有错误的理解;在涉及一些单位换算时,学习者要知道单位换算的数量关系。问题整合是指学习者将问题的各条陈述组织成连贯一致的表征,即学习者要发现问题各条陈述之间的内在联系或将这些陈述组织成一定的模式。为了完成对问题的整合,需要学习者具备题型图式的知识。图式是学习者长时记忆中围绕某一主题而储存的多种知识的结构,其中既包括某种问题类型的知识,也包括如何解决该种问题方法的知识(相当于程序性知识)。有了相关的图式知识并被激活后,图式会引导学习者将问题的各条陈述组织成一定的结构(如将题目中的各条陈述组织成"路程＝速度×时间")而实现对问题的理解。解题方案的计划与监控包括学习者回想起以前解决过与当前问题有关的问题,将问题分解为几个小的问题,对自己正在执行的问题解决活动进行监控。在这一阶段,学习者要利用其有关的策略和信念,如用化归、特殊化等策略找到相关的问题解决办法。解题方案的执行则是通过具体的数学运算来执行所形成的解题方案,得出问题解决的结果,这需要学习者具备相关的程序性知识。

　　梅耶以一个典型的数学问题解决为例,说明了数学问题解决中的认知过程以及所需要的知识类型。[①] 这个问题如下:商店出售的正方形地砖的每边边长为30厘米。如果每块瓷砖的价格为0.72美元,那么要铺满一个7.2米长、5.4米宽的长方形房间总共需要多少美元? 解决这一问题涉及的认知过程与需要的知识类型见表8-2。

表 8 - 2　数学问题解决的认知过程与需要的知识类型

认知过程	知识类型	地砖问题的例子
问题转译	事实性知识	1 米等于 100 厘米
	语言性知识	"地砖"与"瓷砖"指同一个事物;7.2 米长、5.4 米宽的长方形房间
问题整合	图式性知识	地砖问题要用到如下公式:面积＝长×宽
解题方案的计划与监控	策略性知识	首先用 7.2×5.4 得出房间面积;其次,以 0.3×0.3 得出每块地砖的面积;再次,用房间面积除以每块地砖的面积得出所需的地砖数;最后用所需的地砖数乘以 0.72 美元求出总费用
	元策略知识	做乘法时,很容易出错,因此最好检查一下我的计算过程
	信念	我数学很好,数学题都是有意义的,因此我将努力理解问题
解题方案的执行	程序性知识	$7.2×5.4＝38.88$ $0.3×0.3＝0.09$ $38.88÷0.09＝432$ $432×0.72＝311.04$(美元)

(二) 学生写作文的认知任务分析

　　弗劳尔(Linda S. Flower)和海因斯(John R. Hayes)通过对专家和新手的比较,研究了写作的内部认知过程。他们选择的写作新手是大学一年级新生,专

① Mayer, R. E. (2008). *Learning and instruction* (2nd ed.), New Jersey: Merrill Prentice Hall, p.158.

家是大学里教写作的教师。研究内容是给他们布置写作任务,并要求他们在写作过程中出声思考,即将自己写作过程中所思所想的内容立即说出来。研究者录制了专家和新手的出声思考资料,然后对这些原始资料进行分析,形成如图 8 - 2 所示的有关写作的认知过程以及所需的知识。①

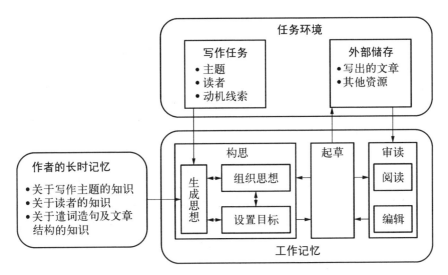

图 8 - 2　弗劳尔和海因斯对写作的认知任务分析

　　图中表明,学生进行写作前,至少需要具备两个方面的条件。一是学生头脑中(即图中的"作者的长时记忆")要储存有与写作有关的知识,包括关于写作主题的知识、关于读者的知识、关于遣词造句及文章结构的知识。二是学生要明确写作任务,有写作的动机(即图中的"写作任务")。在这两方面条件都具备的情况下,学生头脑中(即图中的"工作记忆")还要进行一系列的认知活动,即利用长时记忆中的知识对写作任务进行思考。这一思考过程又涉及构思、起草、审读三个相互作用的子过程,其中最重要的是构思。构思是在动笔写作前,学生在头脑中考虑写什么、如何写等问题的活动,涉及相互作用的三个子过程,分别是生成思想、组织思想、设置目标。生成思想是指收集和获取与写作有关的内容或素材,主要解决写作中"言之有物"的问题。生成思想的方式主要有三种不同的来源。一是从记忆当中提取。这主要是采用自由联想(或急骤联想)的

---

①　转引自 Bruning, R. H., Schraw, G. J., & Norby, M. M. (2011). *Cognitive psychology and instruction* (5th ed.). Boston: Pearson, pp.290 - 293.

方法来进行,即拿到一个需要写作的主题后,迅速在头脑中搜索有关的信息,将所有想到的,不管与写作主题有无关系或关系大小,都一律记写下来以备挑选。二是通过查找相关资料来获取写作内容。三是丰富生活经验,获得感性认识。组织思想是根据一定标准,对生成的写作内容或素材进行取舍,并将选取的内容组织成连贯一致的有意义结构。设置目标是指在构思过程中根据生成和组织思想的结果来确定下一步的目标,这些目标可以是继续生成思想,也可以是把不同的思想关联起来,而且目标的设置是在写作过程中动态变化的,不是预先设置好的。起草是指通过写出文章来执行构思中的写作计划。审读是对文章初稿进行审查,找出错误并改正过来。

(三)学生阅读理解的认知任务分析

这里讲的阅读理解含义比较宽泛,不单指语文课上对课文的阅读理解,也包括学生在物理、历史、地理等课上对教科书内容的阅读理解。教学心理学家对阅读理解涉及的认知过程很感兴趣,综合多年的研究发现,优秀的读者在进行有效的阅读理解时,一般涉及如下四个认知过程。[①] (1)整合,指个体运用其原有知识来理解课文的意义,包括两个密切联系的子过程:一是激活个体头脑中具有的与阅读内容有关的原有知识;二是将这一原有知识与课文中的新信息关联起来理解新信息的意义。(2)组织,指识别课文中的要点及其相互关系。有人把这种要点间的关系称为文章的宏结构,读者对这种关系或结构的把握体现在他们能识别和注意到对文章主题十分重要的信息上。(3)精加工,指读者在阅读时并不是原封不动地接受课文的内容,而是要超越给定的信息,作出一些课文中没有明确指出的推断。(4)监控,指读者对自己是否理解了所阅读的内容实时监控并根据自己的理解状况随时调整。

优秀的读者在执行上述认知过程时,还需要调用已经掌握的相关知识,这些知识主要涉及如下四种:(1)内容知识,主要指与所阅读的文章内容有关的知识(又叫背景知识),这是读者执行整合、精加工过程需要的;(2)有关一类文章一般结构的知识(又叫图式),这是读者执行组织、精加工过程时需要的;(3)策略性知识,指读者已掌握的能让阅读理解更有效的程序或技能,如识别文章要点和细节的程序,在上下文情境中理解生词含义的程序,总结文章内容的

---

① Mayer, R. E. (2008). *Learning and instruction* (2nd ed.). New Jersey: Merrill Prentice Hall, pp.117-118.

程序等,这是读者执行组织、精加工过程时需要的;(4)元认知知识,指读者对自己阅读的认知过程的认识以及监控自己理解状况的策略,这是读者执行理解监控过程时需要的。[1][2]

三、根据认知任务分析结果诊断学生的学习困难

认知任务分析描绘出了学生完成学习任务的蓝图,当学生未能完成相应的学习任务或达成相应的教学目标时,我们就可以依据这张蓝图找出学生的具体问题所在。这主要借助两种方法来实现:正式的诊断测验和与学生的会谈。

(一) 正式的诊断测验

诊断测验和教学评价中使用的测验实质上是一样的,不过教学评价中的测验是针对教学目标编制的,诊断测验则主要是针对认知任务分析分析出的教学目标的子成分编制的。诊断测验要获得学生学习困难的准确信息,也要讲究效度和信度。这里的效度是指与构成教学目标的子成分相匹配。为保证信度,一般对每种成分用4—5个题目来测量。[3] 在根据认知任务分析分析出的学习层次来诊断学生的缺陷时,一般从层次的底部开始,一次检测一个成分,逐步向上,直至检测出学生不能完成的成分为止。如果学习的层次很多,尼特科(Anthony J. Nitko)建议先从中间的成分检测起,如果学生掌握了中间层次的成分,表明问题出在中间层次与最终目标之间的某个地方,这时可以检测中间层次与最终目标之间的中间层次成分,直到检测出学生完不成的目标成分为止。[4]这一方法有一内在假设,那就是如果学生能完成层次中某点上的任务,那么在这一点以下的任务学生都已掌握。但这一假设并不是绝对的,有时这一假设并不正确,需要教师在实际诊断时注意。

如对于退位减法的计算任务,在认知任务分析基础上编制的诊断测验如下。

---

[1]　Mayer, R. E. (2008). *Learning and instruction* (2nd ed.). New Jersey: Merrill Prentice Hall, pp.79 - 82.

[2]　王小明. *学习心理学*. 北京:开明出版社,2012:50 - 52.

[3]　Nitko, A. J. (2001). *Educational assessment of students* (3rd ed.). New Jersey: Merrill Prentice Hall, p.298.

[4]　Nitko, A. J. (2001). *Educational assessment of students* (3rd ed.). New Jersey: Merrill Prentice Hall, pp.298 - 299.

1	2	3	4	5	6	7	8	9
$\begin{array}{r}17\\-12\\\hline\end{array}$	$\begin{array}{r}15\\-13\\\hline\end{array}$	$\begin{array}{r}43\\-32\\\hline\end{array}$	$\begin{array}{r}337\\-226\\\hline\end{array}$	$\begin{array}{r}654\\-423\\\hline\end{array}$	$\begin{array}{r}43\\-25\\\hline\end{array}$	$\begin{array}{r}63\\-57\\\hline\end{array}$	$\begin{array}{r}562\\-453\\\hline\end{array}$	$\begin{array}{r}667\\-374\\\hline\end{array}$

其中 8、9 两道题目检测的是"能计算三位数的不连续退位减法"的子目标，6、7 两道题目检测的是"能计算两位数的退位减法"的子目标，3、4、5 三道题目检测的是"能计算两位数和三位数的不退位减法"的子目标，1、2 两道题目检测的是"能计算 20 以内的两位数不退位减法"的子目标。假设一名学生在前 5 道题目上全部做对，6、7 两道题做对一道，8、9 两道题全部做错，则可以判断，该生没有掌握两位数的退位减法和三位数的不连续退位减法，补救教学应从这两个子目标开始。

(二) 与学生的会谈

由于测验信度和效度的影响，仅用诊断测验有时难以对学生的问题作出正确诊断，在有些情况下也不便于对学生进行诊断测验，这时教师和具体学生的会谈就起到了重要的诊断作用。这里的会谈是指教师向学生提出一些问题，要求学生回答或解释自己是如何解决的。当然，这里的问题是有目的、有根据的，通常是参照认知任务分析的结果来提问。从学生的回答中，教师可以收集到相关的诊断信息。

为提高会谈的有效性，尼特科对教师提出如下建议：(1) 要记住，与学生会谈的目的是收集学生的想法，不是从学生那里得到正确答案。(2) 要像对待正式考试一样来对待与学生的会谈。找一个安静的、不受干扰的地方，除了要记住所要问的问题外，手边要准备一些必需的材料。(3) 用非正式的和友好的方式进行会谈，不要吓着学生。(4) 不要连珠炮式地向学生发问。(5) 向学生提出问题后，至少要留出 5—10 秒的时间让学生准备回答。(6) 先从较宽泛的问题问起，而后逐渐缩小问题的范围，所问的问题要集中于搜集诊断性的信息。(7) 在学生回答时要做好笔记，以防止会谈后遗忘，也便于以后安排补救性的教学。[①]

---

① Nitko，A. J. (2001). *Educational assessment of students* (3rd ed.). New Jersey：Merrill Prentice Hall，p.307.

第三节　学习困难的补救

采用认知任务分析的技术,辅以测验和对学生的访谈,找出学生在达成预设教学目标的具体问题之后,就可以对学生进行有针对性的补救教学了。本节首先阐释补救教学的一般原则,而后以几个补救教学的案例予以说明。

一、学习困难补救的原则

学生的学习困难有学生知识掌握上的缺陷和学习动机不足两方面的原因。认知任务分析技术有助于识别出学生在知识方面的具体原因,但仅仅针对学生知识掌握上的缺陷进行补救教学的效果并不好,因为学习困难的很多学生同时还具有动机不足的问题,因而对学生的学习困难补救,必须坚持知识补救与动机激发双管齐下的原则。下面对这一原则作具体阐释。

(一) 及时补上学生未掌握的知识

学生未能达成预设的教学目标,深层次的原因是未掌握构成教学目标的相关知识。认知任务分析识别出这些学生缺乏的知识,补救教学要及时跟上。对知识的补救教学要从布卢姆认知目标分类学(修订版)的视角来看,也就是说,要明确学生在知识掌握上的具体要求,即学生围绕知识要执行的认知过程是什么。那种一谈知识的补救教学就把相关知识告知学生,要求学生记住就认为补救教学已完成的思想其实是对知识的补救教学的误解。要根据认知任务分析的结果,明确学生对所缺乏知识的掌握程度是低阶的记忆、理解、运用还是高阶的分析、评价、创造,要据此作出具体的补救教学决策。

(二) 避免学生认知负荷过重

学习困难学生往往知识基础薄弱,他们在接受补救教学时,其容量有限的工作记忆与其原有知识基础的薄弱叠加在一起,很容易导致其工作记忆难以处理对他们而言过于复杂的补救教学的内容,这会使补救教学的效果大打折扣。为此,教师在安排补救教学的内容和进度时,要时刻将学生的工作记忆容量有限放在心上。具体来说,可以对补救教学的内容进行分割,以小步子的方式为学生提供教学;也可以为学生的学习提供合适的支架,使学习的内容处在其最近发展区之内;还可以放缓补救教学的进度,同时在教学的过程中多进行即时的测验或提问，及时了解学生对补救教学内容的学习情况。

（三）在进行知识的补救教学的同时，激发和维持学生的学习动机

学生知识掌握上的缺陷和学习动机不足的问题要一并解决才能真正解决学生的学习困难。根据第一节对学习困难学生学习动机状况的分析，补救教学要引入一些激发和维持学习动机的措施。

1. 小步子教学，让学生有获得成功的机会，提高学生的自我效能水平

小步子教学有助于减轻学生学习的认知负荷，让他们更有可能在学习过程中取得成功。由于个人的成功经验有助于提升其自我效能水平，因而这一举措对于学习困难学生提高自我效能水平，重拾学习信心非常重要。学生有了信心，才有可能进一步学习所缺乏的知识。

2. 引导学生进行良性归因

学习困难学生很容易将失败归因于自己能力低下，"脑子笨""没有××细胞"是他们的口头禅。不转变其消极的归因，后续的补救教学也难以发挥作用。因此，首先要引导他们将学业上的失败归结于自身的努力不足，努力这一因素是个人的可控的因素，有助于调动学生继续学习下去的积极性。其次，在学生付出努力后仍然失败的情况下，不能一味地将失败归因于学生的努力不足，因为过多的努力不足的反馈也会让学生认为失败源头是能力不足，在这种情况下，应引导学生将学业失败归结为相关的知识、技能未能掌握，或没有运用有效的策略，因为知识、技能、策略这些因素仍是学生个人的可控的因素。教师在对学生的归因进行引导时，会给学生的成败原因作出解释，这些解释要准确、真实、可信，也就是说，在将失败归因于努力不足时，要确保学生经过付出努力能成功；在将失败归因于知识、技能、策略掌握上的不足时，要确保相关的知识、技能、策略确实能解决学生当前的学习问题（作出这一判定可以依据对学生完成任务的认知任务分析结果）。[①] 教师不要为了鼓励学生或维护学生的自尊而给学生提供虚假的归因（如努力不足、方法不对等），因为虚假的归因最终会被学生的学习实践否定，而后学生会容易再次滑向能力不足的消极归因。

3. 在平常的教学中为所有学生创设一种能力增长观的氛围

学生的能力信念不是天生的，主要是其所处的学习环境影响的结果。为了

---

① Schunk, D. H., Meece, J. L., & Pintrich, P. R. (2014). *Motivation in education: Theory, research, and applications* (4th ed.). Boston: Pearson, pp.115 – 119.

让学生形成能力增长观的信念,教师在平常的教学中要强化如下三方面的认识:一是在学生中树立正确的成功观,要从个人的进步与成长的角度界定成功,不要用超越别人来界定成功;二是引导学生正确看待学习中的错误,错误是学习过程中的正常现象,要让学生多关注从错误中学习和进步的榜样并对这些榜样进行表扬;三是淡化同学之间的竞争,强调学生个人的进步,尽量不要对同学之间的学习成绩作横向比较。

二、学习困难补救教学的案例

(一)作文"记流水账"的补救教学

"记流水账"是小学生写作文过程中常出现的一个毛病。他们写作时,常常只按事情发展的自然顺序,从头到尾记叙事情的过程,其中有时还夹杂许多与主题无关的废话,甚至出现"跑题"现象。

学生为什么会写出这种类型的文章呢?我们不妨用学生写作文的认知任务分析结果来诊断其中的问题。在学生具备写作动机和头脑中有与写作主题相关的知识储备后,接下来的写作一般包括构思、起草、审读三个相互作用的环节,其中最重要的是构思,由此生成信息、组织信息、设置目标三个子过程构成。

可以对照这张蓝图来查找一下学生"记流水账"的病根何在。学生能写出文章来,说明病根不在起草和审读环节,而应从构思中寻找。学生在作文时又懂得按事情发展的自然顺序来记叙,说明学生是有相关素材的,而且也能按一定顺序将这些材料组织起来。这样看来,病根就不在生成信息和设置目标上,最有可能出在组织信息环节上。学生写作文时容易夹杂许多与主题无关的废话,说明学生不善于选择信息,这从另外一个方面印证了刚才的分析。可以认为,学生"记流水账"是因为他们头脑中缺乏"根据写作目的(中心思想)和读者对象来取舍材料"的构思规则。

明确了原因,接下来就要对症下药,进行补救教学。由于学生缺乏的是构思的规则,其教学应按照技能学习的规律来进行补救。

补救教学的第一步,是结合学生以前学过的多篇课文,让学生理解"根据中心思想来选材"的规则。教学时首先学习讨论《列宁与卫兵》一课。在学习过程中,教师将构思的规则明确告诉给学生:文章要表达的中心思想叫立意;能表达立意的材料就写,否则就不写。而后根据课文中心思想(表现列宁自觉遵守纪律的革命品质),逐一分析其中涉及的各项材料。如列宁低头思考的问题是什么，与中心无关，不写；卫兵阻挡列宁，与中心有关，写；小胡子阻止卫兵盘查列宁，与中心有关，写；列宁进克里姆林宫以后都干了哪些工作，与中心无关，不写；卫兵事后是受批评还是受表扬，与中心无关，也不写。

　　而后再来学习《赶羊》一课，用新的例证进一步巩固规则。教师先提了两个问题供学生思考：第一，例文的写作立意是什么？第二，猜一猜或想象一下，作者根据立意舍掉了哪些材料？接下来学生温习例文，师生共同讨论，最后形成如下认识：文章中心思想是表现"我"热心助人、不怕困难的精神。围绕这一中心，选择了如下材料：(1)去姥姥家路上遇到羊吃麦苗；(2)把羊赶出麦地还不放心；(3)要把羊赶回圈遇到困难；(4)想办法克服困难；(5)把羊赶回圈，心里高兴。舍弃了如下一些材料：(1)"我"去姥姥家干什么，文中没有写。(2)第一次把羊赶出麦地，是怎么赶的作者也没有写。(3)把羊赶回家以后，妈妈说了什么，是批评"我"还是表扬了"我"，也没写。最后引导学生巩固如下认识：写作文时，要选择能表达立意的材料，舍去不能表达立意的材料。

　　补救教学的第二步，是在学生理解规则基础上，让学生运用规则练习，形成实际的构思技能，同时在练习过程中为学生提供反馈和指导。练习题目是让学生"记在暑假里经历的一件事"。学生先根据题目拟定中心和写作提纲，而后教师选取典型例子在课上讨论，为学生提供反馈。课堂实录如下：[①]

　　师：现在先请同学们说一说，你选择了假期里经历的哪一件事？立意是什么？

　　生：我选的是在暑假拾西瓜这件事。立意是通过在看球赛路上拾到西瓜还给主人的事，反映了一个少先队员应有的热心助人精神。

　　师：能不能进一步说说你的提纲是怎么拟的？

　　生：全文提纲共分四部分。(1)交代事情发生的时间、地点、天气等。(2)发现老爷爷瓜车上掉下来一个大西瓜。(3)大家争论：还瓜还是不还瓜？(4)还瓜后跑步去赛球场看球赛。

　　师：你再给大家谈一谈，你在构思这篇作文时，有没有丢弃某些材料的情况？

　　生：没有。都写了。

　　师：老师的意思是说，在拾西瓜这件事发生时，本来还有一些与拾西瓜不相

　　① 金洪源，等.先行组织者策略和作文能力图式训练法.青岛：中国石油大学出版社，1994：54－57.

干的事也发生了,你觉得没有必要把它写进来,所以把它舍弃了。(教师示意板书内容:能表达立意的材料就写,否则就不写。)

生:不能表达立意的材料就不写。不写的材料有:一件是当我们来到街道转弯处时,还没看见瓜车就听见老爷爷用高嗓门像唱歌似的喊:"哎嗨嗨,瓜车来了,别碰着啊!"(材料5)。这时,和我一块走的许大兴正在我背后搞鬼,想要把一个石子放进我衣袋里(材料6)。另外,还有老爷爷拉车时的样子,脸上的汗、脖子上的又黑又湿的黑毛巾(其实是白毛巾,擦成黑色的)(材料7)。还有车转弯时,道边工地上不知是谁扔过来一块砖,险些砸在瓜车上。老爷爷一点都没有察觉,一咬牙就把车从砖块上轧过去了。车子猛地一颠,一个大西瓜就滚下来了(材料8)。由于这些都与立意无关,就丢弃了。

生甲:老师,我认为这里边有许多材料都不应该舍弃。比如写老爷爷拉车时艰难的样子(材料7),更能说明还瓜行为是热爱劳动人民的表现。

生乙:我认为车子轧在砖上,把西瓜颠下来(材料8),这也应该写。不然,谁知道西瓜是怎样掉下来的呀?

生丙:我认为老爷爷拉车时的喊声应该写下来(材料5)。它反映出老爷爷劳动很辛苦。

师:刚才三名同学的意见,你认为可取吗?

生:可取,可是都写进去太长了,因为后边还要写跑步去球场呢。

师:为什么要写跑步去球场?

生:因为还西瓜耽误了时间。那天天气很热,跑的滋味很难受。

生甲:我认为应该详细写追老爷爷还瓜的场面,而不是详细写去看球赛的场面。

师:正好突出文章还西瓜这个中心,是不是?

生乙:我想补充一点。拾西瓜时我也在场,我主张把西瓜吃掉。还和他们争论了好一阵子。还有人主张即使不吃掉西瓜,也不能大热天去还西瓜,还耽误看球赛。我看这些都要写得详细一点才真实。

师:很好。同学们对细节材料的取舍推敲得很认真。

从课堂表现来看,学生是能运用"根据中心取舍材料"的规则进行构思的。但是,学生对这一规则的真正掌握还要经历多次写作构思的练习,直到学生拿到任何一个作文题目都能自觉运用这一规则时,才表明学生已完全掌握。

（二）退位减法的补救教学

在上一节,我们就学生学习退位减法中遇到的问题作了介绍,并对这一学习任务作了认知任务分析,编制了诊断测验。现在假设诊断的结果是学生不能正确执行三位数的连续退位减法,如何针对这一缺陷进行补救教学呢? 在 20 世纪 80 年代,雷斯尼克做了相关研究。①

补救教学的目的是让学生在连续退位减法的两种运算形式之间建立联系:一种是抽象的数字运算;另一种是用积木块直观地进行运算。教学过程中要求学生交替进行这两种形式的运算,从而让学生更清楚地认识到积木块的意义。雷斯尼克将这种教学称为对应教学(mapping instruction)。

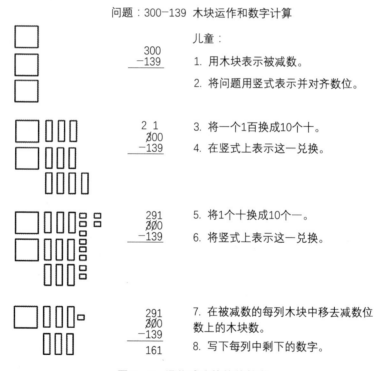

图 8 - 3　退位减法的补救教学

在这种对应教学中,教师先呈现一个问题,如 300－139＝?,然后学生用木块来表示被减数 300,并以竖式的形式写上问题(见图 8 - 3 中的 1—2 步)。接下

---

①　Bruer, J. T. (1993). *Schools for thought*. Cambridge：The MIT Press, pp.96－98.

来,学生运用 10 换 1 的规则将一个大的木块换成 10 个小的木块,并在竖式上将这一行动以退位的方式表示(第 3—6 步)。而后在兑换好的每列积木块中,学生拿去减数中指明的每列数字的块数,并记下每列剩余的块数(第 7—8 步)。经过 40 分钟的教学后,儿童就能独立准确地执行这一程序。随后,教师移去了木块,要求学生只进行竖式计算。

对应教学的效果很明显。教学之后与学生的会谈表明,学生都能理解进行退位减法运算时每一步为什么要这样做的道理,他们也能解释以前的做法为什么是错误的。这说明,补救教学不仅纠正了学生的错误观念和错误程序,还让学生有效习得了正确的计算程序。

(三) 小学生朗诵学习困难的补救教学

小学语文特级教师袁瑢在其教学实践中,对小学生朗诵学习困难的问题进行过诊断和补救教学,其中对学生学业失败的归因训练很有特色。[①]

袁老师遇到的是三位要参加朗诵比赛的男同学。这三位男同学的成绩不理想,他们虽没有落选,但被评为最后一名。在这种情况下,三个人在思想上出现了波折。他们认为:"只有女同学才能读得好,男同学读不好的。"因为他们认为读得好的全是女同学。

三位男同学在朗诵比赛上表现出的问题首先是学习动机问题,他们将自己的失败归因到性别这一因素上,而性别是先天的、稳定的、不可控的因素,与先天的能力属于同一种类型。作出这样归因的学习者,会继续期待失败,并认为自己的努力是徒劳的。因此,从归因的角度看,要解决朗诵学习上的问题,必须对他们的不良归因进行干预,引导他们作出良性归因,即将失败归因于努力这种内在的、个人可控的因素上。袁瑢老师正是这样引导这三位同学的。她针对三位男同学的"男生读不好"的思想分析说:"我的看法跟你们不一样。我听到过女同志朗读得很好的,像演员大姐姐就是。但我也听到过男同志读得跟女同志一样好的。读得好与不好,不在于是男的还是女的,而在于有没有决心刻苦练习。"袁老师的这番话,明确地将三位男同学的失败归因从性别转向努力(即刻苦练习)。

但仅有良性归因,学生愿意付出努力并不能完全解决学生朗诵学习困难的

---

① 该案例源自袁瑢. 让学生学会、会学、越学越聪明. 载杨再隋. *中国著名特级教师教学思想录*(小学语文卷).南京:江苏教育出版社,1996:458 – 460.

问题,根据学习困难的补救原则,动机激发与知识补救要双管齐下,那么,这里的知识因素或三位男同学要努力学习的内容又是什么? 这就需要找出三位男同学在完成朗诵任务时没有掌握的知识,而识别学生在知识掌握上的缺陷又要以对完成朗诵任务的认知任务分析为前提,这里不能苛求袁老师为我们作出这样的认知任务分析,但她接下来对学生的引导却是符合上述分析的思想的。袁老师对三位男同学说:"你们既然知道自己朗读不行,那就老老实实地向好的同学学嘛! 和他们比较一下,作一番分析,看看自己的缺点究竟在哪里。"这三个同学想了想说:"我们有三个缺点:(1) 虽然十分留心,但有些字音还是读不正确;(2) 读得好的同学都是背出来的,而我们没有背出来;(3) 我们读的时候没有表情。"袁老师又告诉他们:"字音读不准,可以注上拼音字母多读,多练习,就会读准读好;读熟很要紧,只有认真读熟,才能深刻领会作品的思想感情,也才能读得生动,有表情"。

袁老师说的这番话达成了三方面的目的：一是引导学生观察分析朗诵做得好的同学；二是引导学生对照榜样,分析自己的缺点；三是针对学生的缺点提出相应的改进建议。可以将这三方面的目的与基于认知任务分析的诊断和补救学习困难的思想作粗略的对应：第一个目的相当于引导学生去做朗诵的认知任务分析,第二个目的相当于由学生对照分析的结果诊断学生学习上的缺陷,第三个目的相当于提出有针对性的补救教学建议。从归因的角度看,袁老师对学生归因的引导并没有止步于努力不足,而是进一步引导学生将自己朗诵的失败归结于没有很好掌握朗诵的相关知识,而知识的掌握是学生个人的、可控的因素,这种归因不仅让学生有付出努力的意愿,而且知晓努力的方向,是一种良性归因,学生在这样的归因引导下会通过努力学习取得进步。

当然,补上缺乏的知识不是一蹴而就的,是需要时间来不断学习、练习、反馈、改进的。第二天,三位男同学向袁老师报告,他们已完成了对朗诵材料的背诵,并要求袁老师对他们给予进一步的指导。袁老师一方面反复琢磨他们的朗读材料,加以辅导;另一方面组织全班同学一块儿来讨论,提意见。在全班同学的关心和帮助下,经过一个星期的苦练,三位男同学终于在正式表演时,获得了一等奖。

第九章

教师的学习

通常认为,在学校教育情境中,学生是学习者,教师通过教学活动来支持、促进和帮助学生的学习。那么,教师支持学生进行有效学习的能力又是如何形成和发展的呢? 要回答这一问题,需要转换视角,将教师作为学习者对待,才能进一步探讨教师支持学生学习的教学能力是什么,这种能力是如何形成和发展的,有什么措施可以促进教师习得这种能力。显然,回答这一问题的思路与教学心理学的研究思路完全一致,本章就按照教学心理学的主体内容框架,以教师作为学习者的视角,探讨教师教学能力的本质以及其习得、促进等有关教师专业发展的问题。

第一节　教师学习的结果

教师的教学质量或教学水平对于一所学校的发展、学生学习与成长的重要性是不言而喻的。教师设计与实施教学的能力并不完全是天生的,主要通过后天学习和练习获得。[①] 那么,教师通过学习获得的这种教学能力到底是什么? 美国学者舒尔曼(L. Said Shulman)提出的具体内容的教学法知识(pedagogical content knowledge, PCK)有助于揭示教师教学能力的本质。

一、具体内容的教学法知识提出的背景

在 20 世纪 80 年代之前,有关教师的研究以"过程—结果"范式为主导,"过

---

① Eggen, P., & Kauchak, D. (2016). *Educational psychology: Windows on classrooms* (10th ed.). Boston: Pearson, pp.25 - 26.

程"主要指教师在课堂上表现出的具体行为，如呈现教学目标、进行内容的讲解、提供练习等；"结果"主要指学生的学习成绩，一般用学生的标准化测验得分表示。这一研究范式意在找出教师的课堂教学行为与学生的学习成绩之间的相关关系或因果关系。一些研究者还依据这类研究的结果开发了课堂观察量表，用来观察、记录和评价教师的教学行为，并据此为改进教师的教学提出意见和建议。

　　但这一研究范式有明显的不足，那就是仅关注教师课堂上表现出的可观察的有效行为（因而这方面的研究有时又被称为"教师行为研究"或"教学有效性研究"），而且这些行为具有跨领域、跨学科的特点，即在不同学科教学的课堂上都能观察到这些行为（如不同学科的课堂上都会有呈现教学目标、组织学生讨论等教师行为）。这种研究范式一方面忽视了教师课堂教学时支配其教学行为的内在的思想，另一方面抹杀了不同学科的教学在具体内容和方式方法上的差异，不同学科教学的特殊性在整齐划一的教学行为量表上很难得到彰显。

　　从20世纪80年代开始，在认知心理学研究的推动下，研究者开始关注教师教学时，其认知、知识、信念等因素对教学的影响。在这一背景下，舒尔曼分别于1986年和1987年发表了两篇文章《智者：教学中的知识增长》（*Those who understand：Knowledge growth in teaching*）以及《知识与教学：新改革的基础》（*Knowledge and Teaching：Foundations of the new reform*），呼吁有关教师的研究应当重点关注教师的认知或教学的知识基础，要重视教师研究长期以来被忽视的教师独有的一种知识，即具体内容的教学法知识。

二、具体内容的教学法知识的含义

　　具体内容的教学法知识是舒尔曼最早提出来的，这一概念后来被广为采用并得到不断发展。

（一）舒尔曼的具体内容的教学法知识

　　舒尔曼提出，具体内容的教学法知识是内容知识与教学法知识的"融合体"（amalgam），[①]其中的内容知识指教师所教学科的具体内容（如物理学科的牛顿运动定律、光电效应，或数学学科的勾股定理、一元二次方程求根公式），其中的

---

　　① Shulman, L. S. (1987). Knowledge and Teaching：Foundations of the new reform. *Harvard Educational Review*, 57, 1-22.

教学法知识又称"一般的教学法知识"(general pedagogical knowledge),指不依赖于特定学科内容的课堂管理与组织的一般原则和策略。两种知识融合的过程就是教师根据教学的要求对内容知识的重新改编,舒尔曼称这一过程为"转换",转换的结果被舒尔曼称为具体内容的教学法知识[①],即教师具备的如何以特定方式教具体内容以便促进学生对内容的学习和理解的知识,这一知识可以将教师(或学科教学专家)与学科专家区分开:学科专家仅具备某一学科的知识,而学科教学专家还具备如何教这门学科的具体内容的知识,因而具体内容的教学法知识是教师独有的。

舒尔曼进一步指出,融合后形成的具体内容的教学法知识包括两种成分。[②]

第一种成分是如何对具体的教学内容进行转换以利于学生理解的知识,包括对具体内容的最有用的表征方式以及最恰当的类比、说明、例子、演示等。如对于"密度"这一概念,物理教师会将棉花压缩前后的状态用透明的玻璃杯展示;对于"磁力线"这一概念,会通过轻敲放在磁铁上面撒满细铁屑的纸板来展示磁力线的形状。又如,有经验的物理教师在教"半导体允许电流单向通过"这一内容时,会根据学生的原有知识经验选择半导体的恰当类比以便让学生理解:对于农村的学生,会用允许气流单向通过的自行车气门芯作为半导体的类比物;对于城市的学生,会用允许人流单向通过的地铁或车站进出站闸机作为类比物。

第二种成分是学生学习具体内容时遇到的困难以及帮助学生突破困难的策略的知识。特定年级的学生在学习某一具体内容前会具有一些与所学内容有关的想法或观念,如果这些想法或观念不准确,与要学习的内容有冲突,那么教师还要具备能有效转变学生的错误观念的策略。如有经验的数学教师在教"异面直线不相交"的定理时,知道一些学生在理解这一定理上会遇到的认知阻碍,那就是学生认为直线就像孙悟空的金箍棒一样可以变粗或变细,因而两条不相交的异面直线各自不断增粗,最后它们就会触碰在一起而相交。对学生基

---

① 国内学者通常将 pedagogical content knowledge 译为"学科教学知识"。舒尔曼以及国外的学者大都用该词指称针对具体内容如何教的知识,指向的是具体的内容(如圆面积公式、力的三要素等)而不是各门学科(如数学、物理、化学等),相比较而言,"具体内容的教学法知识"更准确地表达了该词的含义,故本书不采用"学科教学知识"的译法。

② Shulman, L. S. (1986). Those who understand: Knowledge growth in teaching. *Educational Researcher*, 15(2), 4-14.

于上述错误认识质疑"异面直线不相交"定理正确性的行为,有经验的教师就知道问题的根源在于学生对直线概念的理解有误,他们会将教学的重点放在让学生认识到几何里讲的直线概念是高度抽象的,舍弃了其颜色、粗细、材质等无关的特征。又如数学教师在教分数应用题时,知道对于"男生人数比女生人数多1/3"这句话,小学生会错误地推断出"女生人数比男生人数少1/3"的结论,而且数学教师也知道解决这一误解的关键在于让学生明确所参照的单位"1"是什么。图9-1直观地展示了舒尔曼对具体内容的教学法知识的理解。

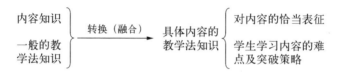

图 9-1　舒尔曼对具体内容的教学法知识的理解

(二) 其他学者对舒尔曼具体内容的教学法知识的发展

舒尔曼在提出具体内容的教学法知识时,认为它是学科内容知识与一般的教学法知识的融合体,后来的一些学者则认为具体内容的教学法知识中融合的知识不止这两种,具体内容的教学法知识中包含的成分也不止舒尔曼提出的那两种。

如格罗斯曼(Pamela Lynn Grossman)认为具体内容的教学法知识融合了内容知识、一般的教学法知识以及教学情境的知识,相较于舒尔曼,新增加了教学情境的知识,这类知识包括教师有关自己任教学校所属学区的知识(如学区提供的机会、期望以及要求)、有关学校情境的知识(如学校的文化、规则以及对教学有影响的学校方面的因素)和有关学生的知识(如学生的家庭情况、兴趣爱好、优缺点等)。此外,格罗斯曼还认为,具体内容的教学法知识中包括的成分不止舒尔曼提出的两种,而是有四种:教特定主题时的策略和呈现方式的知识;学生对这些主题的理解、认识以及错误认识的知识(这与舒尔曼提出的具体内容的教学法知识的两种成分相同);教特定主题的目的的知识;用于教学的课程材料的知识(这是新增的两种成分)。①

一些学者专门对具体内容的教学法知识融合的知识类型提出自己的看法。

---

① [美]帕梅拉·格罗斯曼.专业化的教师是怎样炼成的.李广平,何晓芳,等译.北京:人民教育出版社,2012:5-10.

如科克伦(Kathryn F. Cochran)等人针对具体内容的教学法知识融合的知识类型,扩充了舒尔曼的观点,他们认为具体内容的教学法知识融合了四类知识:教学法知识、学科内容知识、学生特点的知识以及学习环境的知识。学生特点的知识包括学生的能力、学习策略、心理发展水平、态度、动机以及对所学学科的原有观念,学习环境的知识是指教师对影响教与学过程的社会、政治、文化、物理环境的理解。教师在学习这四类知识时就应注意它们之间的联系与整合,这四类知识彼此联系、相互整合的结果就是教师的具体内容教学法知识。[①]

又如特纳-比塞特(Rosie Turner-Bisset)依据舒尔曼 1987 年对教师教学的知识类型划分,提出具体内容的教学法知识是如下八种知识的融合产物:(1) 学科知识,包括某一学科的事实、概念、原理,也包括该学科创建这些事实、概念、原理的方法,还包括有关该学科的信念;(2) 一般的教学法知识,指课堂管理与组织的原理与策略;(3) 课程知识,主要指教某一学科所需的各类课程材料或资源的知识;(4) 教育情境的知识,指学生的学习得以发生的所有场所(如学校、课堂、社区等)的知识;(5) 自我的知识,指教师对自己的教师身份及其职责的认识;(6) 有关教与学的知识,主要指儿童是如何学习以及教师做些什么才能促进其学习的知识;(7) 有关学习者的知识,既包括有关儿童发展的理论性知识,也包括在与儿童互动过程中了解到的特定年龄段的儿童的兴趣、行为举止以及他们知道什么、能做什么、能理解什么等经验性的知识;(8) 教育目的的知识,指教师有关社会、学校以及其本人对教育目的的看法和立场。[②]

还有些学者在对教师访谈的基础上,专门针对具体内容的教学法知识中包含的成分提出了自己的看法。如马克斯(Rick Marks)通过对 8 名五年级数学教师"分数的基本性质"教学的访谈,从中分析出这些教师的具体内容的教学法知识包含如下四种成分:(1) 服务于教学目的的学科内容,包括学习特定内容的理由、教学的重点、学习特定内容需要的前提性知识等;(2) 学生对学科内容的理解,包括学生学习学科特定内容的过程、学生对内容的常见理解和易犯的错误、学生对内容难易程度的感觉等;(3) 学科内容教学的媒体,既包括教科书上的内容组织、对内容的处理以及安排的活动,也包括教科书之外的材料与学生

---

① Cochran, K. F., DeRuiter, J. A., & King, R. A. (1993). Pedagogical content knowing: An integrative model for teacher preparation. *Journal of Teacher Education*, 44, 263-272.

② Turner-Bisst, R. (2001). *Expert teaching: Knowledge and pedagogy to lead the profession*. London: David Fulton Publishers, pp.13-19.

以及教科书的配合；(4) 学科内容的教学过程，包括学习活动、提问、作业、评价、矫正、激发动机、教学策略、课的组织等。①

　　又如费尔南德斯-巴尔博亚(Juan-Miguel Fernández-Balboa)等人在格罗斯曼的具体内容的教学法知识的四种成分基础上，通过对大学教师的访谈，分析出具体内容的教学法知识中包括的五种成分：(1) 学科内容知识，指教师所教学科的内容知识，而且这类知识一直在不断发展变化；(2) 有关学生的知识，既包括对学生基本情况的了解以及通过观察、提问等手段了解到的学生课上学习的情况，也包括根据对学生的了解而采取有针对性的教学措施；(3) 教学策略知识，指教师具有很多教学策略的知识，如营造良好的学习环境、布置课内外作业、讲授、示范、提问、角色扮演、组织讨论、激发动机等；(4) 教学情境的知识，指教师认识到的阻碍其教学的外部因素，如班额大、时间紧、资源少、学生基础和学习态度差、人际支持不足等；(5) 教学目的的知识，既包括向学生展示内容的应用性、现实性来让学生认识到所学内容的重要性，也包括可以提升学生未来生活品质的能力，如解决问题、批判性思考、成为独立的终身学习者等。②

　　从舒尔曼之后的学者对具体内容的教学法知识的发展来看，有两点值得关注。一是舒尔曼最初对具体内容的教学法知识的构想得到了后续学者的认同和坚持。舒尔曼最初构想的具体内容的教学法知识是对内容知识和一般教学法知识的融合，融合后形成的具体内容的教学法知识包括对内容的恰当表征和学生学习具体内容遇到的困难两种成分。后续的学者都认为，舒尔曼的上述构想对理解具体内容的教学法知识而言是十分必要的。③ 二是后续的学者扩充了舒尔曼提出的具体内容的教学法知识的构想，主要体现在三方面：(1) 拓展了具体内容的教学法知识融合的知识类型，有关学生的知识(包括学生特点和学生学习的知识)、教育情境的知识、课程的知识得到了认可；(2) 拓展了具体内容的教学法知识中包括的成分，具体内容的教学法知识中包括的内容不限于舒尔曼最初提出的两种成分，还增加了教具体内容的目的以及教具体内容所用的课

----

① Marks, R. (1990). Pedagogical content knowledge: From a mathematical case to a modified conception. *Journal of Teacher Education*, 41, 3 - 11.

② Fernández-Balboa, J., & Stiehl, J. (1995). The generic nature of pedagogical content knowledge among college professors. *Teaching and Teacher Education*, 11, 293 - 306.

③ Van Driel, J. H., Verloop, N., & De Vos, W. (1998). Developing science teachers' pedagogical content knowledge. *Journal of Research in Science Teaching*, 35(6), 673 - 695.

程材料等成分,从而让具体内容的教学法知识中包括的内容从"如何教"扩展到"为何教"以及"用什么教"上;(3) 充实了舒尔曼提出的一般教学法知识的内涵。如上所述,舒尔曼最初提出的这一概念是指不依赖于特定学科内容的课堂管理与组织的一般原则和策略,后来的学者不再拘泥于课堂管理与组织,将一般性的教学策略也纳入一般教学法知识。图 9-2 直观展示了舒尔曼之后的学者对具体内容的教学法知识的发展。虽然学者们在扩展的内容上还未达成共识,但在具体内容的教学法知识的本质上,学者们的认同程度还是很高的,如不同学者对具体内容的教学法知识的两种不同界定,均表达了同样的含义:具体内容的教学法知识是教师经历长时间的教学实践而形成的关于如何以特定方式教具体内容以便促进学生对内容理解的知识;[1]具体内容的教学法知识是教师在促进学生学习的情境中对学科内容知识进行的解释与转换。[2]

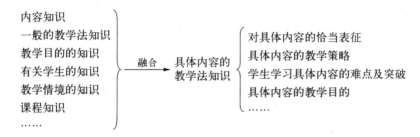

图 9-2　舒尔曼之后的学者对具体内容的教学法知识的发展

三、具体内容的教学法知识的性质

根据舒尔曼及其他学者对具体内容的教学法知识的阐释,可以总结出教师特有的这类知识具有四个特点:融合性、实践性、情境性与内隐性。

(一)融合性

具体内容的教学法知识是教师具备的多种有关教学的知识相互作用、相互融合的产物。舒尔曼最初提出的具体内容的教学法知识融合了学科的具体内容与一般的教学法知识,后来的学者则对此加以扩展,将有关学生的知识、教育

---

①　Loughran, J., Berry, A., & Mulhall, P. (2012). *Understanding and developing science teachers pedagogical content knowledge* (2nd ed.). Rotterdam: Sense Publishers, p.7.

②　Van Driel, J., Verloop, N., & De Vos, W. (1998). Developing science teachers' pedagogical content knowledge. *Journal of Research in Science Teaching*, 35(6), 673-695.

情境的知识、课程的知识等也纳入其中。[1] 具体内容的教学法知识中融入的各类知识，并不是简单的拼凑，相反，融入具体内容的教学法知识的各类知识之间建立了紧密的联系，而且这些联系的知识均指向或服务于具体内容的教学，即在如何表征具体内容以利于学习者理解、如何识别和应对学习者学习具体内容时的困难等这些关键问题上，融入的各类知识都有所贡献。新形成的具体内容的教学法知识既基于融入的各类知识，又借助具体的内容而超越各类知识。这说明，教师表现出的具体内容的教学法知识有强大的知识基础作支撑。对此，特纳-比塞特指出，如果把具体内容的教学法知识比作露出海面的冰山一角，那么沉没在海面之下的冰山主体就是具体内容的教学法知识融合的知识基础。[2]

（二）实践性

具体内容的教学法知识的实践性主要是就其属于实践性知识而言的，体现的是教师的实践智慧。根据斯腾伯格（Robert J. Sternberg）和韦格纳（Richard K. Wagner）的观点，实践性知识是指在个体的日常生活中有用的程序性信息。[3] 这一界定其实指出实践性知识的两大突出特点：（1）实践性知识是程序性知识，体现在个体如何做的行为中；（2）实践性知识与个体的日常生活相关，它既适用于学校之内的情境，也适用于学校之外的情境。从实践性知识的这两大特点来看，具体内容的教学法知识也属于实践性知识。首先，具体内容的教学法知识强调教师对特定的教学内容是如何开展教学的，这种知识支配并体现于教师的实际教学行为中，是一种典型的程序性知识。其次，具体内容的教学法知识还与教师的日常工作紧密相关，也就是说，具体内容的教学法知识是教师在开展教学工作时体现出来的，而且与特定教学内容的教学紧密相连。由于具体内容的教学法知识具备实践性知识的两个特点，体现于教师具体的教学实践中，因而具体内容的教学法知识还具有动态性的特点，会随所教的具体内容的改变而不断发生变化，一些学者甚至倾向于使用"知晓具体内容的教学法"

---

① Loughran, J., Gunstone, R., Berry, A., Milroy, P., & Mulhall, P. (2000). *Science cases in action: Developing an understanding of science teachers' pedagogical content knowledge*. A paper presented at the Annual Meeting of the National Association for Research in Science Teaching, New Orleans, pp.8 - 9.

② Turner-Bisst, R. (2001). *Expert teaching: Knowledge and pedagogy to lead the profession*. London: David Fulton Publishers, p.125.

③ Sternberg, R. J., & Wagner, R. K. (1989). Individual differences in practical knowledge and its acquisition. In P. L. Ackerman et al. (Eds.), *Learning and individual differences: Advances in theory and research*. New York: W. H. Freeman and Company, p.256.

(pedagogical content knowing)而不是更带静态性的词语"具体内容的教学法知识"。[①]

(三) 情境性

具体内容的教学法知识的情境性是指具体内容的教学法知识与特定的情境紧密结合在一起,或者说具体内容的教学法知识对特定情境的依赖性较大。这里的情境主要有两种含义:一是将情境理解成具体的内容,这就是说,教师的具体内容的教学法知识是针对学科的具体内容的,随着学科具体内容的变化而变化。二是将情境理解成学校、课堂的具体条件和学生的具体情况,这就是说,教师的具体内容教学法知识是在学校、课堂的具体条件下,面对特定的学生表现出来的。当上述情况发生变化时,教师的具体内容教学法知识要么发生改变,要么难以在变化了的情境中表现出来。

(四) 内隐性

具体内容的教学法知识的内隐性主要指教师在很多情况下,难以准确、全面、充分地表述其具备的具体内容的教学法知识。这一特点一方面与具体内容的教学法知识的实践性有密切关系。由于具体内容的教学法知识属于实践性知识,而实践性知识又是一种程序性知识,对于熟练的、自动化的程序性知识,执行程序性知识的人通常难以意识到,其他人只能通过其表现出的行为来间接地推断其掌握的程序性知识。另一方面,具体内容的教学法知识的内隐性还与教师使用的职业语言有关。由于具体内容的教学法知识是教育研究者构想的概念,研究者会从自己的专业实践出发,用他们的专业术语来表述教师的具体内容的教学法知识(如内容表征、前概念等),但拥有具体内容的教学法知识的教师在实践中有着自己的语言,他们用自己的语言表述的具体内容的教学法知识有时难以被使用另一套语言的教育研究者理解,甚至也难以被其他学科的教师乃至同一学科的其他教师理解,这样就容易让研究、观察教师具体内容的教学法知识的研究者形成具体内容的教学法知识具有内隐性的印象。[②] 具体内容的教学法知识具有内隐性的特点给其表述、识别和测量带来了一定的挑战。

---

① Cochran, K. F., DeRuiter, J. A., & King, R. A. (1993). Pedagogical content knowing: An integrative model for teacher preparation. *Journal of Teacher Education*, 44, 263 – 272.

② Loughran, J., Berry, A., & Mulhall, P. (2012). *Understanding and developing science teachers pedagogical content knowledge* (2nd ed.). Rotterdam: Sense Publishers, pp.12 – 13.

第二节　教师学习的机制

　　既然具体内容的教学法知识是教师特有的知识，可以据此认为，教师的学习或教师的专业发展主要围绕具体内容的教学法知识展开。于是，教师具体内容的教学法知识的学习问题就成为教师专业发展的核心问题。对这一问题目前还没有满意的答案，这与有关教师学习的研究远不如学生学习的研究丰富有着密切关联。不过，由于教师也是学习者，可以用有关学生学习的研究来阐释教师学习的机制。[①] 本节从上一节揭示的具体内容的教学法知识的含义出发，依据本书第三章介绍的学生学习的一般心理机制，吸收布卢姆认知目标分类学（修订版）的部分思想，参考教师学习尤其是教师具体内容的教学法知识学习的有关研究和论述，结合我国教师研修和学习的经验，描绘了教师具体内容的教学法知识学习的机制。

一、教师的具体内容的教学法知识习得的性质

　　上一节指出，教师的具体内容教学法知识是一种实践性知识，而实践性知识的实质又是与日常生活应用情境紧密结合的程序性知识，因而可以认为，教师的具体内容教学法知识属于技能，可以用技能习得的过程和规律来解释其习得的机制。本书第三章描绘了技能习得的一般过程，将技能习得的完整过程分为前期、中期和后期三个阶段，据此也可以将具体内容的教学法知识的习得过程分为三个阶段。不过，由于具体内容的教学法知识还具有融合性的特点，其习得在总体遵循技能习得三阶段的前提下，还有自身的特殊性。

　　具体内容的教学法知识的特殊性是相对于其他类型的知识而言的。对于学科内容知识、一般的教学法知识等知识类型，教师可以独立地进行学习，从教科书或他人处习得这些知识后可以在新的情境中加以运用，但由于具体内容的教学法知识是多种知识的融合，不能通过某一门单一的课程（如具体内容的教学法课程）而习得，必须在具体内容的教学实践中通过反思将多种知识（尤其是

---

　　① Bransford, J. D., Brown, A. L., & Cocking, R. R. (Eds.) (1999). *How people learn: Brain, mind, experience, and school*. Washington, DC: National Academy Press, p.178.

学科内容知识和一般的教学法知识)予以关联、整合之后才能习得。[①] 但长期以来，由于对教师这方面的学习研究不够，舒尔曼将学科知识与教学法知识的互动融合研究称为"缺失的范式"。[②]

二、教师的具体内容的教学法知识习得的阶段

参照技能习得的一般过程并考虑到具体内容的教学法知识的特殊性，本书将教师的具体内容的教学法知识的习得过程分为三个阶段：习得有关教学的各类知识阶段，各类知识在具体内容教学过程中的融合阶段以及具体内容的教学法知识的熟练与精进阶段。

（一）习得有关教学的各类知识阶段

在这一阶段，教师或准教师要习得舒尔曼等人所称的"教学的知识基础"，这一知识基础从内容或涉及的领域看，有学科内容知识、一般的教学法知识、有关学生学习和特点的知识、课程知识、教育目的知识等。习得这些与教学相关的各类知识，为教师或准教师发展出具体内容的教学法知识奠定了扎实的基础。教师或准教师主要通过三种方式来习得有关教学的各类知识：有意义的接受学习、观察学习以及个人建构。

1. 有意义的接受学习

有意义的接受学习是奥苏伯尔提出的一种学习方式，他认为这是学生在学校学习的主要方式，这一学习方式的有效实施需要三方面的条件：一是要存在有逻辑意义的学习材料；二是学习者要具备与学习材料的意义相关的原有知识；三是学习者要积极主动地将学习材料的意义与其原有知识关联起来。

这一学习方式也是教师或准教师习得有关教学的各类知识的主要方式。首先，有关教育教学的专家要在有关教学的知识基础的具体内容上达成共识并开发出承载这些共识的有逻辑意义的学习材料，如教科书、百科全书、著

---

① Loughran, J., Gunstone, R., Berry, A., Milroy, P., & Mulhall, P. (2000). *Science cases in action: Developing an understanding of science teachers' pedagogical content knowledge*. A paper presented at the annual meeting of the National Association for Research in Science Teaching. New Orleans, p.5.

② Gess-Newsome, J., & Lederman, N. G. (Eds.) (2002). *Examining pedagogical content knowledge: The construct and its implications for science education*. New York: Kluwer Academic Publishers, p.ix.

作、论文等。其次,教师或准教师要具备理解这些学习材料的相关知识,如阅读理解的技能、有关教育教学的经验等。最后,教师或准教师还要通过执行注意、整合、组织等学习活动,积极主动地在学习材料的内容与其相关的知识经验之间建立有意义的联系,从而将储存在外部媒介中的知识转变为个人的知识。不难看出,这种学习方式描述的主要就是师范院校的师范生的学习方式。

对这里的有意义接受学习应作宽泛的理解,即借助这一学习方式,教师或准教师不仅能习得有关教学的陈述性知识,而且可以习得有关教学的程序性知识和策略性知识,因为这些知识都是教育教学专家的共识以及前人经验的积淀,是有待从事教师职业的人习得和继承的。

2. 观察学习

观察学习是指作为学习者的教师或准教师对教师教学的观察、模仿进而习得有关教学的技能或态度。当教师或准教师完全处于学习者的地位时,他会观察给其提供教学的教师并从中习得有关教学的程序、态度等内容。一些教师初登讲台,他们解决面临的教学问题的一种方式就是,用当初他们的老师教他们的方式来教他们所教的学生。当教师从教之后,通常有大量机会来观摩其他教师的教学,很多中小学开展的公开课、教学竞赛等活动都提供了大量观摩的机会。从这些观摩教学中,教师能通过观察学习的方式习得一些如何组织课堂秩序、如何引导学生提问等一般教学法方面的知识。

3. 个人建构

个人建构是指作为学习者的教师依据其已有的知识经验自行建构有关教学的知识。教师建构有关教学的知识可以基于其日常生活经验,也可以基于其已掌握的学科内容知识。建构出的有关教学的知识可以是教学法的知识,也可以是教育目的等方面的知识。优秀的教师除了通过接受学习的方式习得有关教学的知识外,也会自行建构一些教学知识。

如语文特级教师钟德赣从其早年放牛的经历中,获得了有关牛反刍的经验:牛在吃草料时,先把草料粗吞进胃里,再慢慢把胃里的草料反刍到嘴里细细咀嚼,然后再咽下去,充分吸收草料的营养。在他从事语文教学工作时,有关牛反刍的经验就被他用来指导语文教学,如他将语文单元教学的过程看作一个反刍的过程,其中总览是"粗吞",阅读和写说是"细嚼",评价和补漏是"化为养料"。对单元教学的每个步骤也按照反刍的要求区分出自练课、自改课、自结课三种课型,其中自练课是"粗吞",自改课是"细嚼",自结课是"消化吸收"。①

又如物理特级教师陆伯鸿根据物理学有关汽车行驶速度要视路况而定的知识,经类比后提出,教师的课堂教学进度就像开汽车,也要考虑实际的"路况"——学生的学习基础和学生在课堂上的反应。② 语文特级教师张伟等人根据叶圣陶总结的作文"把材料组成一个圆球,才算到完成的地步"的要求(这是语文学科的内容知识),结合自己的教学实践,探索出"球形"阅读教学的方法。③

需要指出的是,一些教师建构的这类教学知识主要源自类比。类比虽有助于促进教师依据其原有相关经验构建出有关教学的知识,但类比并不是严格的推理,类比过程中也有可能出现错误(参见本书第五章对类比法的阐释),因而对以类比方式构建的教学知识,还需要科学的教学研究结果的佐证和教学实践的检验。

(二) 各类知识在具体内容教学中的融合阶段

这一阶段是教师的具体内容的教学法知识初步形成的阶段。具体来说,在习得了有关教学的各类知识之后,接下来教师要用这些知识来做事或解决问题,他们面对的问题是,对于具体的教学内容(如数学教科书中的"平移与旋转"、物理教科书中的"光的折射")确定如何教才能促进学生对该内容的学习,解决这一问题的过程也就是教师的教学实践。在教师教学实践中,上一阶段习得或建构的各类教学知识将围绕具体内容的教学进行融合,融合的结果就是具体内容的教学法知识。这里要特别指出,在这一融合过程中,教师具备的教学情境知识、学生特点知识的重要性,因为这些知识都是关于教师教学实践的实际情境和面对的真实的学生的,一般要在教师教学实践之后才能习得。具体内容的教学法知识中融合的知识不能缺少这些有关真实教学情境的知识,只有融合了这些知识,教师的具体内容的教学法知识才具有情境性,其实践性才能得到保证,这时教师形成的具体内容的教学法知识才是真实的、充分的。由此可以引申出两点结论:一是没有经历教学实践的职前教师是不大可能形成具体内容的教学法知识的;④二是在职教师之所以抱怨接受的培训内容理论性太强,缺乏实

①　钟德赣,等.钟德赣中学语文反刍式单元教学法.济南:山东教育出版社,1999:95-96.

②　陆伯鸿.上海教研素描.上海:上海教育出版社,2017:40.

③　张伟,等.小学语文"球形"阅读教学原理与应用.济南:山东教育出版社,1999:8-9.

④　Van Driel, J. H., Verloop, N., & De Vos, W. (1998). Developing science teachers' pedagogical content knowledge. *Journal of Research in Science Teaching*, 35, 673-695.

践操作性或脱离教学实践，究其原因，一方面是因为培训的内容没有补充教师教学情境的知识，[①]另一方面教师虽具有教学情境的知识，但不会在针对具体内容的教学中将培训的内容与教学情境的知识以及所教的具体内容进行有意识的关联、整合。由此看来，各类有关教学的知识的融合阶段是教师的具体内容的教学法知识发展中最关键也是最难的一个阶段。对于这一阶段的学习，可以从不同的理论视角进行描绘。

1. 问题解决的视角

这一视角将教师在这一阶段的活动看作问题解决活动。正如本书第八章所指出的，问题解决过程涉及问题转译、问题整合、解题方案的计划与监控、解题方案的执行四个阶段，在解题方案的执行这一阶段的认知活动时，需要问题解决者依托多种类型的知识，包括事实性知识、概念性知识、程序性知识、元认知知识。具体到教师这一阶段的学习而言，教师要依托上一阶段习得的各类有关教学的知识，对于如何教具体内容这一问题，在明确问题以及梳理教学内容、教学要求、学生基础等方面知识的基础上，形成一个解决问题的方案（具体体现为教师拟定的教案或教学设计），而后执行这一方案，并通过方案执行效果的分析来对方案的可行性作出判断。问题解决的结果便是教师形成针对具体内容应当如何来进行教学的方案或程序，即教师的具体内容的教学法知识。从这一视角来看，由于具体内容的教学法知识是针对具体内容的教学法，而教师所教学科的具体内容又是在不断变化中，教师的具体内容的教学法知识的形成过程就是教师一个接一个地解决具体内容教学问题的过程，是连续不断的问题解决过程。

2. 布卢姆认知目标分类学（修订版）的视角

从布卢姆认知目标分类学（修订版）的视角来看，教师在这一阶段的学习活动可以用"基于各类知识分析、评价、创造教学方案、策略或程序"来描述。具体来说，教师要基于上一阶段习得的有关教学的各类知识，对教具体内容的策略、程序、方案进行分析（哪些策略适合用于教内容 X？不同的策略以何种方式组织起来可以构成完整的方案？）和评价（依据有效促进学生学习的标准，对教具体内容的各种策略进行判断；依据可行、高效、有益学生学习的标准，对教学程序、方案作出判断）的活动，或者进行创造的活动（构建出一种新的教具体内容的策

---

① Shorrocks-Taylor，D.（Ed.）（1998）. *Directions in educational psychology*. London：Whurr Publishers Ltd.，pp.8 - 9.

略或方案)。分析、评价的结果或创造出来的教具体内容的策略、程序、方案就是教师在这样的学习活动中形成的具体内容的教学法知识。

举例来说,一位高中教师和一位大学教师在其所教课程方面都有丰富的内容知识,而且都习得了一条一般教学法的知识——"对学生学习的内容安排间隔复习有助于学生对该内容的长期保持"。此外,在教学实践中,两位教师分别习得了各自教学情境的知识,高中教师知道自己所教的课程在高中三年都会开设(如英语、数学等),大学教师知道自己所教的课程只开设一个学期。这样,在教具体的内容时,两位教师都基于所掌握的内容知识、教学法知识、教学情境等知识,在对这些知识进行整合后拟定了对所教的具体内容进行间隔复习的方案,间隔期为6个月。而后两位教师还要基于上述知识尤其是教学情境的知识,依据可行性的标准评价拟定的方案。大学教师依据评价标准,结合其了解到的教学情境的知识,得出间隔复习方案对他教的课程不可行的结论;高中教师也依据评价标准,结合他了解到的教学情境知识,得出间隔复习方案可行的结论,并在后续教学实践中予以实施,即每隔6个月安排学生复习之前学习过的内容。两位教师针对各自的教学内容之所以形成不同的具体内容的教学法知识(即对具体内容安排或不安排间隔复习),主要是因为基于的知识和执行的认知过程(评价、创造)有差异。

3. 波斯纳的教师专业成长的视角

波斯纳(George J. Posner)提出了教师专业成长的一个公式:经验+反思=成长。① 经验主要指教师的教学经验,或者更具体地说,是教师针对具体内容的教学经验;反思则是教师将自己教学经验作为认知对象,对其进行分析、思考、提升、改进等活动。波斯纳的这一公式指出,教师要想在专业上有所提高,首先要参与专业实践,即针对具体的内容开展教学活动,其次,在这种教学活动结束后,要有对活动的反思,以完善和改进以后的教学活动。波斯纳指出,没有反思的教学经验是狭隘的经验,至多只能形成肤浅的知识,如果教师仅仅满足于获得经验而不对经验进行深入思考,那么他的专业发展将大受限制。波斯纳的"经验+反思"的主张与问题解决视角下教师发展的具体内容的教学法知识的主张是完全一致的。

_____

① Posner, G. J. (1989). *Field experience: Methods of reflective teaching* (2nd ed.). New York: Longman, p.22.

4. 马克斯的具体内容的教学法知识来源的视角

马克斯(Rick Marks)根据舒尔曼提出的具体内容的教学法知识是学科内容知识与一般的教学法知识融合的思想,提出具体内容的教学法知识如何从这两类知识中得以形成的三种路径。[①] (1) 解释,特指学科内容知识转化为具体内容的教学法知识的过程,即教师对具体的学科内容作必要的转化,使之更易于为特定的学习者所理解,如数学教师在教分数和小数的转化时,就对"1/2 和 0.5 是相等的"这一内容作如下转化:这正如同一个事物可以有不同名称,同一个人可以有不同名字一样。(2) 具体化,特指一般的教学法知识转化为具体内容的教学法知识的过程,主要是指职前教师事先习得了一些一般性的教学法知识,而后在其教学实践中将这些一般性的观念应用于具体内容的教学中。(3) 综合,特指教师将学科内容知识、一般的教学法知识以及先前形成的具体内容的教学法知识加以综合后形成新的具体内容的教学法知识的过程。

综合来看,不同理论视角对教师的具体内容的教学法知识学习过程中这一环节的描述大同小异。在这一阶段,教师要基于前一阶段习得的各类知识,围绕特定内容的教学,分析、评价和创造相应的教学策略、程序或方案并进行反思改进,从而形成与具体内容的教学紧密结合的具体内容的教学法知识。

(三) 具体内容的教学法知识的熟练与精进阶段

作为一种技能的具体内容的教学法知识,其习得也离不开练习和反馈。具体内容的教学法知识习得的第三阶段就是通过不断的练习和反馈来促进其熟练化和完善化。

就练习而言,间隔练习和变式练习是具体内容的教学法知识练习的突出特点。在教师的教学实践中,具体内容的教学往往是随着时间的推进而不断变化的,但这种变化也有一定的循环性,某段内容在某学期初教过,到了下个学期或下个学年,教师还要再次教这段内容,这种教学任务的安排其实为教师创设了间隔练习的条件,即每隔一段时间之后再次进行某段内容的教学,间隔练习对技能的长期保持是有积极作用的。但每隔一段时间后再对同样内容的教学进行的练习并不是机械重复性质的练习,而是一种变式练习,因为相隔一段时间后(相隔的时间可以是半年、一年甚至数年),教师进行的教学练习在内容、条件、

---

① Marks, R. (1990). Pedagogical content knowledge: From a mathematical case to a modified conception. *Journal of Teacher Education*, 41, 3 - 11.

情境等方面都有可能发生变化：学生的特点和知识基础会发生变化；教学的场景会发生变化；随着课程改革的不断开展和推进，教学的内容、方法、目的、要求都会发生变化，相隔一段时间后针对具体内容的教学法知识的间隔练习是在与前次练习有所不同的情况下进行的，是一种变式练习。变式练习的过程需要教师对前次练习形成的针对具体内容的教学法知识根据变化了的情境作出修改、调整，使之更好地适应新的情境。这种修改、调整的活动也是教师的具体内容的教学法知识的提升和精进的过程。

就反馈而言，在这一阶段围绕具体内容的教学法知识的练习仍需要获得反馈信息并用于改进具体内容的教学法知识。反馈的信息主要有三个来源：一是来源于教师的反思，这主要是一种自我提供的反馈；二是来源于学生的反应，既包括学生主观报告的有关其接受的教学的信息，也包括学生课上课下的学业表现（如课上回答问题、作业、考试情况等）；三是来源于同事或专家的指导与建议。但正如有关反馈的研究表明的，反馈的提供是一回事，对反馈信息的加工是另一回事，反馈信息要想发挥促进教师学习的作用，就离不开教师对上述反馈信息的加工，因而就教师的具体内容的教学法知识的精进而言，利用来自多方面的反馈信息切实有效地反思自己的教学实践，才是提升其具体内容的教学法知识水平的关键所在。

第三节 促进教师的学习

正如学生的学习需要教师的教学来引发、支持和促进一样，教师的学习也需要来自教师之外的主体的支持。对于在职教师的学习而言，这种支持的主要形式是在职培训、在职研修或教研等活动。本节依据上一节描述的教师的具体内容的教学法知识学习的阶段，阐释对教师的具体内容的教学法知识学习提供支持的教学活动。

一、促进教师习得具体内容的教学法知识的知识基础

由于教师的具体内容的教学法知识是多种有关教学的知识融合的结果，因而要促进教师发展其具体内容的教学法知识，就不能不让教师习得与教学相关的各类知识。要实现支持教师这方面学习的目的，需要重点解决如下三个问题。

（一）确定需要教师习得哪些有关教学的知识

对于安排教师教育的课程方案来说，具体内容的教学法知识是一个合适的框架。[①] 由于具体内容的教学法知识是对多种有关教学的知识的融合，研究具体内容的教学法知识的学者又列出了这些知识的具体类型，因而按照这些知识类型来为教师提供相应课程，促进教师习得具体内容的教学法知识要融合的各类知识，就为教师的专业发展奠定了良好的知识基础。在这些知识类型中，一些知识要求教师在从教之前习得，如学科内容知识、一般的教学法知识、有关学生学习的知识；另一些知识与教师工作的具体学校、面对的具体学生有关，如有关教学情境的知识、有关所教学生的具体特点（如其学习动机、学习基础等）的知识，则需要在工作过程中和工作情境中习得。

（二）因学科、因人安排教师知识培训的重点

原有知识对学习者的学习有重要影响，这一点对于教师的具体内容的教学法知识的习得与促进也同样如此。在为教师安排培训内容时，要根据教师任教的学科、教师个人的知识基础提供有针对性的培训内容，这就是说，对于构成教师的具体内容的教学法知识的多种知识，不能齐头并进、平均用力地对教师进行培训，对于不同学科的教师、不同类型的教师，在培训内容的安排上应体现其需求或针对具体内容的教学法知识基础的薄弱之处。

如对于语文学科的教师，有必要加强语文学科内容知识的培训。我国语文教学的顽疾"高耗低效、少慢差费"一直以来得不到很好解决，与我们在语文学科的教学内容是什么这一问题上的含糊是分不开的，由此也使得一些执教语文学科的教师语文能力不过关：句子难以写通，文章难以读懂，作文写不顺畅。语文教师在语文所教内容上的含糊和不扎实，直接影响其语文教学的具体内容的教学法知识的发展，因为具体内容的教学法知识是针对具体内容的，语文教学的具体内容的教学法知识首先要明确具体内容之后才有可能发展起来。而明确了语文学科要教的具体内容的教师，往往也会取得良好的教学成绩。如小学语文特级教师丁有宽，在长期的语文教学实践中归纳出记叙文阅读与写作的规律性知识，他称之为"五十个基本功"，并据此编写了相应的语文教材。[②] 明确了

---

① Van Driel, J. H., Veal, W. R., & Janssen, F. J. J. M. (2001). Pedagogical content knowledge: An integrative component within the knowledge base for teaching. *Teaching and Teacher Education*, *17*, 979 - 986.

② 丁有宽,等. *丁有宽小学语文读写结合法*. 济南：山东教育出版社,1999：19 - 21.

语文学科要教的具体内容知识,再加上丁有宽老师的不懈探索,让他在语文教学方面取得了突出的成绩。对语文教师而言,加强语文学科内容知识的培训很有必要,但明确语文学科的内容知识是一项系统工程,还需要相关专家在不断努力和协调的基础上尽快达成共识。

又如,现在有许多拥有硕士、博士学位的毕业生进入中小学执教,这些新进教师在所教学科的专业知识上无疑是很扎实的,但如果他们来自非师范院校,在学期间没有专门学习过有关教学的知识,尤其是一般的教学法知识以及学生特点和学生学习的知识,那么,这对于他们在将来的教学实践中发展具体内容的教学法知识来说是一个不利的因素,因而对这类新进教师加强有关教学法知识以及学生学习方面的培训就很有必要。

(三) 避免无效或低效的教师培训

为教师提供的有关教学的知识的培训,其目的应指向所培训的知识能为教师所习得并在教学实践中融合成具体内容的教学法知识,为此,需要根据教师的具体内容的教学法知识习得的规律来安排培训的方式,避免无效或低效的培训。

首先,对相关知识的培训应致力于让教师达到记忆、理解、运用的程度。在具体的培训实践中,这一目的常常走偏。一些培训的组织者将培训活动看作管理和控制教师行为的手段,他们注重教师参与培训的出席率,强调教师参与培训以获取继续教育的学分,看重教师对培训内容的主观感受和评价,却对教师从培训中习得了哪些与教学相关的知识漠不关心。这样的培训被一些教师视作苦差,其效果也就可想而知了。

其次,教师培训要避免让教师的工作记忆过负。削弱教师培训效果的另一种措施是对教师进行短时间内密集的、理论性的培训,这样的"灌输式"培训完全没有考虑到教师学习时工作记忆容量有限的特点,其结果就是,短时间、大容量的培训内容难以被教师容量有限的工作记忆及时处理,由此使得教师难以发生真正的学习。虽然表面上看来在规定的时间段内完成了规定的培训内容,但是从教师学习的角度看,其学习过程充其量经历了注意的过程,后续的整合、组织、应用等过程并未得到有效执行,相应的有关教学的知识也并未被教师完全掌握。

二、促进教师在教学实践中围绕具体内容的教学融合各类知识

仅仅帮助教师习得构成具体内容的教学法知识的知识成分并不能有效促

进教师的具体内容的教学法知识的发展，教师发展出具体内容的教学法知识的关键在于在围绕具体内容的教学过程中，将各类知识加以融合，从而有效地解决如何教具体内容的问题。其中尤为重要的是，教师要将学科内容知识与一般的教学法知识进行明确的关联和整合，这样具体内容的教学法知识才有可能形成。[1] 以下一些措施旨在推进教师做好各类知识的融合工作。

（一）鼓励教师的教后反思

各类有关教学的知识的融合，至少要指向具体内容的教学法知识的两个组成部分的形成：对内容的最合适的表征以及学生学习具体内容的难点。由于这两部分均与学生的学习紧密相关，具体内容的教学法知识发展的情境离不开帮助学生学习的情境，即教学的实践。但是教学实践效果的知悉以及对实践的改进，离不开教师对其教学实践的反思，教师反思内容的表征是否适合学生，反思学生在具体内容的学习中遇到了哪些困难，对教师的具体内容的教学法知识的发展就至关重要。

教师的反思对其具体内容的教学法知识的发展至关重要，要对教师的教后反思的行为予以鼓励。但除此之外，也要对教师的反思提出相应要求和规范。反思应聚焦对内容的表征和学生学习中的困难。我国教师在准备具体内容的教学时，一般会在其教案中写教学的重点难点之类的内容，其中的难点主要来自教师过往的经验，而不是反思的结果，所以难点的确定不只是教学之前要考虑的，更是教学之后的反思要思考的，这样才能有效地推动教师的具体内容的教学法知识的发展。反思的内容应能体现各类知识的融合，即教师如何运用各类与教学有关的知识来思考和改进对具体内容的表征以及如何识别和纠正学生学习中的困难。肤浅的应付式反思不仅无助于教师的具体内容的教学法知识的发展，而且额外增加了教师的负担。

（二）发挥社会因素的作用

教师的具体内容的教学法知识的发展不完全是教师个人实践＋反思的结果。教师与教师之间围绕具体内容的教学而进行的相互研讨、观摩等研修活动，在教师的具体内容的教学法知识的发展中也有重要作用。这一体现学习的社会文化观的措施，在我国教师专业发展的实践中得到了多种多样的体现，如

---

[1]   Van Driel, J. H., Veal, W. R., & Janssen, F. J. J. M. (2001). Pedagogical content knowledge: An integrative component within the knowledge base for teaching. *Teaching and Teacher Education*, 17, 979-986.

教师的集体备课、同课异构公开课、磨课等教研活动,均为教师提供了解决具体内容的教学问题的社会情境。同对反思的要求一样,这些社会性的教研活动要想促进教师的具体内容的教学法知识的发展,既要聚焦具体内容的表征和学生学习的困难上,也要注重将有关教学的各类知识融合在对教学问题的解决中。

三、促进教师的具体内容的教学法知识的精进

教师具体内容的教学法知识的习得不是在对具体内容的一次教学中一次完成的,而是在对具体内容的多次教学中逐渐精进的。由于学生、教学情境乃至教学内容都会随时间而变化,教师具体内容教学法知识的习得与发展"永远在路上"。为此,应当以长期的视角来看待教师具体内容教学法知识的发展。以下就是一些因应的措施。

(一) 为教师的具体内容的教学法知识的发展提供间隔练习与变式练习的机会

教师的具体内容的教学法知识是教师专业素养的重要部分,将伴随教师的职业生涯的始终,因而让教师习得能长久保持的具体内容的教学法知识就至关重要。由于间隔练习对练习的技能有良好的长期保持效果,教师进行具体内容的教学法知识的间隔练习就显得很有必要。这种间隔练习的条件在教师的职业生涯中很容易得到满足,如每学期、每学年都要教同样内容的教师就是在以学期、学年为间隔进行间隔练习。

教师的具体内容的教学法知识是一项涉及分析、评价、创造的高阶技能,对其要有变式练习的考虑,这种变式练习有助于防止教师的具体内容的教学法知识与特定的学生及特定教学情境捆绑在一起而难以应对新的教学问题。在现实的教学情境中,如果教师长期在某一学校执教,面对学生的特点也相对稳定(如都是优等生)时,就容易出现这种情况。如国家为解决教育均衡发展问题而推出的教师轮岗政策,其有效实施的结果会给教师创设有较大变化的练习情境。教师通过在不同地区、不同学校的轮岗,会遇到不同的教学对象、教学情境,原有的针对某一具体内容的教学法知识在新的情境中就面临调整和修改的要求,这是一个完善教师的具体内容的教学法知识的重要机会。具备更完善的具体内容的教学法知识的教师,其良好的教学效果就不仅仅体现在某所学校的某类学生身上,而是体现在更多学校、更多类型的学生身上,这对于学生的发展和教师的专业发展乃至国家教育事业的发展而言都是很好的愿景。

（二）为教师的教学提供有效反馈

教学管理人员、教学专家、教研员会深入课堂观课评教，为教师的教学提供反馈。反馈作为一种信息也要起到促进教师的具体内容的教学法知识习得的作用，因而在为教师的教学提供反馈信息时，要围绕教师的具体内容的教学法知识的发展这一目标，提供的反馈信息至少需要聚焦具体内容的教学法知识的两种成分：对具体内容的表征以及学生学习具体内容的困难，最好围绕这两个问题给出具体可行的建议，以推动教师达成有效的教学具体内容的目的。在实际观课评教过程中，观课者出于管理的需要会采用课堂观察量表，对教师的教学从教学目标、学习活动的安排、教学方法、教学媒体、作业设计等几个方面给出具体的评分，汇总后反馈给教师。这种反馈方式，相当于给教师提供了等第式的反馈，其中包含的如何进一步改进教学的信息很少，不利于教师的具体内容的教学法知识的发展，因而这类课堂观察量表不宜用来为教师的具体内容的教学法知识的发展提供反馈。

（三）在教师中营造一种教学能力增长观的氛围

教师的具体内容的教学法知识的发展离不开教师对自己教学的反思和他人的反馈。反馈的重要工作是指出教师在具体内容的教学法知识发展上的不足，提出下一步努力的方向或策略。但在实际的教学中，一些教师将上课尤其是上公开课，看作展示自己教学水平的机会，对他人的赞美欣然接受，对他人的批评和建议常常心怀不悦。根据德韦克的观点，这些教师只能听好话的表现与其对自己的教学能力持固定不变的观点有某种联系。这类教师可能认为，教学的能力是天生的或一经形成就保持不变的，公开课就是向他人展示自己高超教学能力的机会，所以容不得别人批评。这种能力信念会限制教师专业能力的进一步提升。德韦克积极倡导更有建设性的能力增长观，这种能力观会认为错误、批评是学习中的正常现象，持有这种能力观的教师会乐于接受别人的批评、建议并用于改进自己的教学，这样具体内容的教学法知识就能得到不断完善和发展。

教师对自己教学能力持有的固定观或增长观也是后天习得的，受其所处环境的影响较大。如果教师所处的学校强调教师与教师之间的横向比较（这是目前很多学校的通行做法），教师就容易形成教学能力的固定观，并在公开课的展示中尽力维护个人教学能力强的形象；反之，如果学校重视教师个人的进步，将教学中表现出的不足看作下一步的增长点，那么教师就易于形成教学能力的增长观,能从错误和他人的批评建议中吸取有价值的信息用于提升自己的具体内容的教学法知识水平。因此,学校若能为教师营造一种有助于教师形成教学能力增长观的氛围,再为教师的教学提供有效的反馈,那么教师的具体内容的教学法知识的发展提高就是情理之中的事情。

参 考 文 献

一、中文部分

〔美〕Eggen, P., & Kauchak, D. *教育心理学：透视课堂*(第六版). 西安：陕西师范大学出版社, 2005.

〔美〕Gagné, E. D., Yekovich, C. W., & Yekovich, F. R. *教学心理学：学习的认知基础*. 岳修平, 译. 台北：远流出版事业股份有限公司, 1998.

〔美〕Gronlund, N. E., & Brookhart, S. M. *设计与编写教学目标*(第八版). 盛群力, 等译. 北京：中国轻工业出版社, 2017.

〔美〕Joyce, B., Weil, M., & Calhoun, E. *教学模式*(第七版)(影印版). 北京：中国轻工业出版社, 2004.

〔美〕Woolfolk, A. *教育心理学*(第十版). 北京：中国轻工业出版社, 2007.

〔美〕安德森, L.W., 等. *布卢姆教育目标分类学修订版——分类学视野下的学与教及其测评*(完整版). 蒋小平, 等译. 北京：外语教学与研究出版社, 2009.

〔美〕奥苏伯尔, D.P., 等. *教育心理学：认知观点*. 佘星南, 宋钧, 译. 北京：人民教育出版社, 1994.

〔美〕班杜拉, A. *思想和行动的社会基础——社会认知论*. 林颖, 王小明, 等译. 上海：华东师范大学出版社, 2001.

蔡道法. *数学教育心理学*. 上海：上海科技教育出版社, 1993.

迟艳杰. *教学论*. 北京：高等教育出版社, 2009.

〔比利时〕德科尔特, E. *教育大百科全书·教育心理学*. 曾琦, 译审. 重庆：西南师范大学出版社, 2011.

〔美〕德里斯科尔, M.P. *学习心理学：面向教学的取向*. 王小明, 等译. 上海：华东师范大学出版社, 2008.

〔美〕迪克, W., 等. *系统化教学设计*(第六版). 庞维国, 等译. 上海：华东师范大学出版社, 2007.

丁有宽, 等. *丁有宽小学语文读写结合法*. 济南：山东教育出版社, 1999.

国家教委师范司. *全国特级教师经验选*(第二集). 北京：人民教育出版社, 1989.

〔美〕加涅, R.M., 等. *教学设计原理*(第5版). 王小明, 庞维国, 等译. 上海：华东师范大学出版社, 2007.

〔美〕加涅, R.M., 等. *教学设计原理*. 皮连生, 等译. 上海：华东师范大学出版社, 1999.

〔美〕加涅, R.M. *学习的条件和教学论*. 皮连生, 等译. 上海：华东师范大学出版社, 1999.

教育部组织编写. *义务教育教科书*(五·四学制)*中国历史第三册*. 北京：人民教育出版社, 2018.

金洪源，等.先行组织者策略和作文能力图式训练法.青岛：中国石油大学出版社,1994.

李定仁,徐继存.教学论研究二十年.北京：人民教育出版社,2001.

李静,王庆欣.(2003).《第一场雪》教案.小学语文教师,3,25-29.

李润洲.(2015).好课如好文——对中小学课堂教学的一种看法.基础教育,1,74-79.

陆伯鸿.上海教研素描.上海：上海教育出版社,2017.

[美]马吉尔,R.A.运动技能学习与控制(第七版).张忠秋,等译.北京：中国轻工业出版社,2006.

[美]梅耶,R.E.应用学习科学：心理学大师给教师的建议.盛群力,等译.北京：中国轻工业出版社,2016.

[美]帕梅拉·格罗斯曼.专业化的教师是怎样炼成的.李广平,何晓芳,等译.北京：人民教育出版社,2012.

潘小明.潘小明与数学生成教学.北京：北京师范大学出版社,2017.

裴娣娜.教学论.北京：教育科学出版社,2007.

皮连生.教育心理学(第四版).上海：上海教育出版社,2011.

皮连生.学与教的心理学(第五版).上海：华东师范大学出版社,2009.

皮连生.智育心理学(第二版).北京：人民教育出版社,2008.

皮连生.智育心理学.北京：人民教育出版社,1996.

乔际平.物理学习心理学.北京：高等教育出版社,1991.

邱学华.邱学华尝试教学课堂艺术.北京：教育科学出版社,2000.

瞿葆奎.教育学文集·教学(下册).北京：人民教育出版社,1990.

邵瑞珍.教育心理学.上海：上海教育出版社,1988.

邵瑞珍.学与教的心理学.上海：华东师范大学出版社,1990.

沈阳师范学院学报编辑部.特级教师笔记.沈阳：辽宁人民出版社,1981.

[美]史密斯,P.L.,雷根,T.J.教学设计(第三版).庞维国,等译.上海：华东师范大学出版社,2008.

[美]斯莱文,R.教育心理学：理论与实践(第十版).北京：人民邮电出版社,2017.

王俊鸣.(2008).说说我的"五子"方针.中学语文教学,9,20-22.

王小明.(1999).学科心理学的过去、现在与未来.宁波大学学报(教育科学版),2,27-32.

王小明.(2002).阅读教学的要义：中外两种阅读教学法的分析与比较.课程·教材·教法,7,74-78.

王小明.(2013).西方教育心理学对建构主义的评析.基础教育,1,97-102.

王小明.(2018).媒体与方法之争及其影响.全球教育展望,12,14-26.

王小明.教育心理学.北京：北京大学出版社,2016.

王小明.学习心理学.北京：开明出版社,2012.

王小明.学习心理学.北京：中国轻工业出版社,2009.

[美]西蒙,H.A.人工科学.武夷山,译.北京：商务印书馆,1987.

徐继存,等.教学论研究.福州：福建教育出版社,2020.

杨小微.现代教学论.太原：山西教育出版社,2010.

叶圣陶.叶圣陶语文教育论集.北京：教育科学出版社,1980.

于漪.语文课的设计.载瞿葆奎,等.语文教学经验与研究.北京：人民教育出版社,1984.

于永正.于永正：我怎样教语文.北京：教育科学出版社,2014.

余文森,林高明,叶建云.名师怎样观察课堂（小学数学卷）.上海：华东师范大学出版社,2009.

袁瑢.让学生学会、会学、越学越聪明.载杨再隋.中国著名特级教师教学思想录（小学语文卷）.南京：江苏教育出版社,1996.

袁振国.当代教育学（试用本）.北京：教育科学出版社,1998.

张贺华.(2010).3—6年级科学教科书中插图的研究：以河北人民出版社《科学》教科书为例.华东师范大学硕士学位论文.

张伟,等.小学语文"球形"阅读教学原理与应用.济南：山东教育出版社,1999.

张志公.语文教学论集.福州：福建教育出版社,1981.

赵恒烈.赵恒烈历史教育选集.北京：人民教育出版社,2005.

郑桂华,王荣生.1978—2005语文教育研究大系：中学教学卷.上海：上海教育出版社,2007.

中华人民共和国教育部.普通高中地理课程标准（2017年版2020年修订）.北京：人民教育出版社,2020.

钟德赣,等.钟德赣中学语文反刍式单元教学法.济南：山东教育出版社,1999.

周莹玉.高考状元的66个高效学习方法.北京：中国时代经济出版社,2007.

二、英文部分

Alderman, M. K. (2004). *Motivation for achievement: Possibilities for teaching and learning* (2nd ed.). New Jersey: Lawrence Erlbaum Associates.

Alfieri, L., et al. (2011). Does discovery-based instruction enhance learning? *Journal of Educational Psychology*, *103*(1), 1 – 18.

Alfieri, L., Nokes-Malach, T. J., & Schunn, C. D. (2013). Learning through case comparisons: A meta-analytic review. *Educational Psychologist*, *48*(2), 87 – 113.

Anderson, J. R. (2010). *Cognitive psychology and its implications* (7th ed.), New York: Worth Publishers.

Anderson, J. R. (2000). *Learning and memory: An integrated approach* (2nd ed.). New York: John Wiley & Sons Inc.

Anderson, J. R., & Schunn, C. D. (2000). Implications of the ACT-R learning theory: No magic bullets. In R. Glaser (Ed.), *Advances in instructional psychology: Educational design and cognitive science*. New Jersey: Lawrence Erlbaum Associates.

Atkinson, R. K., Derry, S. J., Renkl, A., & Wortham, D. (2000). Learning from examples:

Instructional principles from the worked examples research. *Review of Educational Research*, *72*(2), 181 – 214.

Bird, S. (2010). Effects of distributed practice on the acquisition of second language English syntax. *Applied Psycholinguistics*, *31*, 635 – 650.

Bjork, R. A. (1994). Memory and metamemory considerations in the training of human beings. In J. Metcalfe & A. P. Shimamura (Eds.), *Metacognition: Knowing about knowing*. Massachusetts: The MIT Press.

Bransford, J. D., Brown, A. L., & Cocking, R. R. (Eds.) (1999). *How people learn: Brain, mind, experience, and school*. Washington, D C: National Academy Press.

Bruer, J. T. (1993). *Schools for thought*. Cambridge: The MIT Press.

Bruner, J. S. (1966). *Toward a theory of instruction*. London: The Belknap Press of Harvard University Press.

Bruning, R. H., Schraw, G. J., & Norby, M. M. (2011). *Cognitive psychology and instruction* (5th ed.). Boston: Pearson.

Byrnes, J. P. (2008). *Cognitive development and learning in instructional contexts* (3rd ed.). Boston: Pearson Education Inc.

Campione, J. C., & Brown, A. L. (1987). Linking dynamic assessment with school achievement. In C. S. Lidz (Ed.), *Dynamic assessment: An interactional approach to evaluating learning potential*. New York: The Guilford Press.

Centre for Educational Research and Innovation. (2007). *Evidence in education: Linking research and policy*. Paris: OECD Publications.

Chapuis, J., & Stiggins, R. (2017). *An introduction to student-involved assessment for learning* (7th ed.). New York: Pearson.

Clark, R. C., & Mayer, R. E. (2016). *E-learning and the science of instruction: Proven guidelines for consumers and designers of multimedia learning*. New Jersey: Wiley.

Cochran, K. F., DeRuiter, J. A., & King, R. A. (1993). Pedagogical content knowing: An integrative model for teacher preparation. *Journal of Teacher Education*, *44*, 263 – 272.

Davin, K. (2013). Integration of dynamic assessment and instructional conversations to promote development and improve assessment in the language classroom. *Language Teaching Research*, *17*, 303 – 322.

Davin, K. (2016). Classroom dynamic assessment: A critical examination of constructs and practices. *The Modern Language Journal*, *100*(4), 813 – 829.

De Corte, E. (1996). Instructional psychology: Overview. In E. De Corte & F. E. Weinert (Eds.), *International encyclopedia of developmental and instructional psychology*. Pergamon.

De Corte, E. (2007). Learning from instruction: The case of mathematics. *Learning Inquiry*, *1*, 19 – 30.

De Corte, E., Verschaffel, L., & Masui, C. (2004). The CLIA-model: A framework for designing powerful learning environments for thinking and problem solving. *European Journal of Psychology of Education*, *XIX* (4), 368.

Delclos, V. R., & Harrington, C. (1991). Effects of strategy monitoring and proactive instruction on children's problem-solving performance. *Journal of Educational Psychology*, *83*(1), 35 – 42.

Desberg, P., & Taylor, J. H. (1986). *Essentials of task analysis*. Lanham: University Press of America.

Dick, W., Carey, L., & Carey, J. O. (2005). *The systematic design of instruction* (6th ed.). Boston: Pearson.

Dunlosky, J., Rawson, K. A., Marsh, E. J., Nathan, M. J., & Willingham, D. T. (2013). Improving students' learning with effective learning techniques: Promising directions from cognitive and educational psychology. *Psychological Science in the Public Interest*, *14* (1), 4 – 58.

Dweck, C. S. (1999). *Self-theories: Their role in motivation, personality, and development*. Philadelphia: Psychology Press.

Dweck, C. S. (2016). *Mindset: The new psychology of success*. New York: Random House.

Eggen, P., & Kauchak, D. (2001). *Educational psychology: Windows on classrooms* (5th ed.). New Jersey: Merrill Prentice Hall.

Eggen, P., & Kauchak, D. (2016). *Educational psychology: Windows on classrooms* (10th ed.). Boston: Pearson.

Fernández-Balboa, J., & Stiehl, J. (1995). The generic nature of pedagogical content knowledge among college professors. *Teaching and Teacher Education*, *11*, 293 – 306.

Ferrara, A. R. (1987). *Learning mathematics in the zone of proximal development: The importance of flexible use of knowledge*. Ph. D. Thesis, University of Illinois, Urbana-Champaign.

Fiorella, L., & Mayer, R. E. (2015). *Learning as a generative activity: Eight learning strategies that promote understanding*. New York: Cambridge University Press.

Franzoi, S. L. (2009). *Social psychology* (5th ed.). Boston: McGraw-Hill Higher Education.

Gage, N. L., & Berliner, D. C. (1998). *Educational psychology* (6th ed.). Boston: Houghton Mifflin Company.

Gagné, R. M., & Dick, W. (1983). Instructional psychology. *Annual Review of Psychology*, *34*, 261 – 295.

Gagné, R. M., & Rohwer, W. D. Jr. (1969). Instructional psychology. *Annual Review of Psychology*, *20*, 381 – 418.

Gess-Newsome, J., & Lederman, N. G. (Eds.) (2002). *Examining pedagogical content knowledge: The construct and its implications for science education*. New York: Kluwer Academic Publishers.

Glaser, R., & Bassok, M. (1989). Learning theory and the study of instruction. *Annual Review of Psychology*, 40, 631 – 632.

Glaser, R., & Resnick, L. B. (1972). Instructional psychology. *Annual Review of Psychology*, 23, 207 – 276.

Good, T. L., & Grouws, D. A. (1979). The Missouri mathematics effectiveness project: An experimental study in fourth-grade classrooms. *Journal of Educational Psychology*, 71(3), 355 – 362.

Graham, S., & Hebert, M. (2011). Writing to read: A meta-analysis of the impact of writing and writing instruction on reading. *Harvard Educational Review*, 81(4), 710 – 744.

Guthke, J. J. (1992). Learning test. In J. S. Carlson (Ed.), *Advances in cognition and educational practice. Vol. 1, Part A, Theoretical issues: Intelligence, cognition, and assessment*. Greenwich: JAI Press Inc.

Hamers, J. H. M., & Ruijssenaars, A. J. J. M. (1997). Assessing classroom learning potential. In G. D. Phye (Ed.), *Handbook of academic learning: Construction of knowledge*. San Diego: Academic Press.

Hattie, J. (2018, October 1). 250 + Influences on Student Achievement. Retrieved May 2, 2019, from https://www.visiblelearningplus.com/content/research-john-hattie.

Hattie, J., & Timperley, H. (2007). The power of feedback. *Review of Educational Research*, 77, 81 – 112.

Hewstone, M., Stroebe, W., & Jonas, K. (2012). *An introduction to social psychology* (5th ed.). Chichester: The British Psychological Society and John Wiley & Sons Ltd.

Hilgard, E. R. (1996). History of educational psychology. In D. C. Berliner & R. C. Calfee (Eds.), *Handbook of educational psychology*. New York: Simon & Schuster Macmillan.

Horvath, J. C., Lodge, J. M., & Hattie, J. (Eds.) (2017). *From the laboratory to the classroom: Translating science of learning for teachers*. London: Routledge.

Israelite, L. (2015). *More lies about learning*. Alexandria: ATD Press.

Jacobsen, D. A., Eggen, P., & Kauchak, D. (2006). *Methods for teaching* (7th ed.). New Jersey: Merrill Prentice Hall.

Kalyuga, S. (2011). Cognitive load theory: How many types of load does it really need? *Educational Psychology Review*, 23, 1 – 19.

Kalyuga, S., & Plass, J. L. (2018). Cognitive load as a local characteristic of cognitive processes. In R. Z. Zheng (Ed.), *Cognitive load measurement and application* (pp.61 – 62). New York: Routledge.

Kang, S. H. K. (2017). The benefits of interleaved practice for learning. In J. C. Horvath, J. M.

Lodge, & J. Hattie (Eds.) (2017). *From the laboratory to the classroom: Translating science of learning for teachers* (pp.87 – 90). New York: Routledge.

Karpov, Y. (2003). Vygotsky's concept of mediation. *Journal of Cognitive Education and Psychology*, *3*(1), 46 – 53.

Karpov, Y., & Haywood, H. C. (1998). Two ways to elaborate Vygotsky's concept of mediation. *American Psychologist*, *53*(1), 27 – 36.

Keller, J. M. (1987). Development and use of the ARCS model of instructional design. *Journal of Instructional Development*, *10*(3), 2 – 10.

Keller, J. M. (1999). Using the ARCS motivational process in computer-based instruction and distance education. *New Directions for Teaching and Learning*, *78*, 37 – 47.

Keller, J. M., & Kopp, T. (1987). Application of the ARCS model of motivational design. In C. M. Reigeluth (Ed.), *Instructional theories in action: Lessons illustrating selected theories and models* (pp.289 – 320). Hillsdale, NJ: Lawrence Erlbaum Associates.

Lauchlan, F., & Carrigan, D. (2013). *Improve learning through dynamic assessment*. London: Jessica Kingsley Publishers.

Leahey, T. H., & Harris, R. J. (2001). *Learning and cognition*. New Jersey: Prentice Hall.

Lefrancois, G. R. (1999). *Psychology for teaching* (10th ed.). Wadsworth.

Lehmann, A. C., & Ericsson, K. A. (2000). Research on expert performance and deliberate practice. In P. K. Smith & A.D. Pellegrini (Eds.), *Psychology of education: Major themes*. Vol.III. London: Routledge Falmer, pp.406 – 410.

Lesgold, A., & Glaser, R. (1989). *Foundations for a psychology of education*. New Jersey: Lawrence Erlbaum Associates.

Levine, J. M., & Resnick, L. B. (1993). Social foundations of cognition. *Annual Review of Psychology*, *44*, 585 – 612.

Li, K., & Keller, J. M. (2018). Use of the ARCS model in education: A literature review. *Computers and Education*, *122*, 54 – 62.

Linn, R. L., & Gronlund, N. E. (2000). *Measurement and assessment in teaching* (8th ed.). New Jersey: Prentice Hall.

Loughran, J., Berry, A., & Mulhall, P. (2012). *Understanding and developing science teachers pedagogical content knowledge* (2nd ed.). Rotterdam: Sense Publishers.

Loughran, J., Gunstone, R., Berry, A., Milroy, P., & Mulhall, P. (2000). *Science cases in action: Developing an understanding of science teachers' pedagogical content knowledge*. A paper presented at the annual meeting of the National Association for Research in Science Teaching, New Orleans.

Lowyck, D. J., & Elen, J. (1996). Instructional psychology. In E. De Corte & F. E. Weinert (Eds.), *International encyclopedia of developmental and instructional psychology*.

Pergamon.

Marks, R. (1990). Pedagogical content knowledge: From a mathematical case to a modified conception. *Journal of Teacher Education*, *41*, 3 - 11.

Mayer, R. E. (1993). Educational psychology: Past and future. *Journal of Educational Psychology*, *85*, 351 - 353.

Mayer, R. E. (1996). History of instructional psychology. In E. De Corte & F. E. Weinert (Eds.), *International encyclopedia of developmental and instructional psychology*. Pergamon.

Mayer, R. E. (1999). *The promise of educational psychology: Learning in the content areas*. New Jersey: Merrill.

Mayer, R. E. (2001). *Multimedia learning*. New York: Cambridge University Press.

Mayer, R. E. (2003). *Learning and instruction*. New Jersey: Merrill Prentice Hall.

Mayer, R. E. (2004). Teaching of subject matter. *Annual Review of Psychology*, *55*, 737 - 738.

Mayer, R. E. (2005). Conceptual understanding versus computational skill. In J. M. Royer (Ed.), *The cognitive revolution in educational psychology*. Greenwich: Information Age Publishing Inc.

Mayer, R. E. (2005). *The Cambridge handbook of multimedia learning*. New York: Cambridge University Press.

Mayer, R. E. (2008). *Learning and instruction* (2nd ed.). New Jersey: Merrill Prentice Hall.

Mayer, R. E. (2011). Applying the science of learning to multimedia instruction. In J. P. Mestre & B. H. Ross (Eds.), *The psychology of learning and motivation* (Vol.55). San Diego: Academic Press.

Mayer, R. E. (2021). *Multimedia learning* (3rd ed.). Cambridge: Cambridge University Press.

Mayer, R. E., & Estrella, G. (2014). Benefits of emotional design in multimedia instruction. *Learning and Instruction*, *33*, 12 - 18.

Mayer, R. E., Fennell, S., Farmer, L., & Campbell, J. (2004). A personalization effect in multimedia learning: Students learn better when word are in conversational style rather than formal style. *Journal of Educational Psychology*, *96*(2), 389 - 395.

Mayer, R. E., & Gallini, J. K. (1990). When is an illustration worth ten thousand words? *Journal of Educational Psychology*, *88*, 64 - 73.

Mayer, R. E., & Wittrock, M. C. (2006). Problem solving. In P. A. Alexander & P. H. Winne (Eds.), *Handbook of educational psychology* (2nd ed.). New Jersey: Lawrence Erlbaum Associates.

Merrill, M. D. (2013). *First principles of instruction*. San Francisco: Pfeiffer.

Moreno, R. (2006). Does the modality principle hold for different media? A test of the method-affects-learning hypothesis. *Journal of Computer Assisted Learning*, *22*(3), 149 – 158.

Morrison, G. R., Ross, S. M., Morrsion, J. R., & Kalman, H. K. (2019). *Designing effective instruction* (8th ed.). Hoboken, NJ: John Wiley & Sons Inc.

Muijs, D., & Reynolds, D. (2018). *Effective teaching: Evidence and practice* (4th ed.). Los Angeles: SAGE.

Nitko, A. J. (2001). *Educational assessment of students* (3rd ed.). New Jersey: Merrill Prentice Hall.

Nitko, A. J., & Brookhart, M. S. (2014). *Educational assessment of students* (6th ed.). Pearson.

Ormrod, J. E. (2017). *How we think and learn: Theoretical perspectives and practical implications*. New York: Cambridge University Press.

Ormrod, J. E. (2020). *Human learning* (8th ed.). Hoboken, NJ: Pearson.

Pellegrino, J., Chudowsky, N., & Glaser, R. (2001). *Knowing what students know: The science and design of educational assessment*. Washington, DC: National Academy Press.

Pintrich, P. R., et al. (1986). Instructional psychology. *Annual Review of Psychology*, *37*, 611 – 651.

Poehner, M. E., & Lantolf, J. P. (2005). Dynamic assessment in the language classroom. *Language Teaching Research*, *9*(3), 233 – 265.

Posner, G. J. (1989). *Field experience: Methods of reflective teaching* (2nd ed.). New York: Longman.

Pressley, M., & Woloshyn, V. (1995). *Cognitive strategy instruction* (2nd ed.). Massachusetts: Brookline Books.

Proctor, R. W., & Dutta, A. (1995). *Skill acquisition and human performance*. Thousand Oaks: SAGE Publications.

Reed, S. K. (2010). *Cognition: Theories and applications* (8th ed.). Wadsworth.

Reigeluth, C. M., & Carr-Chellman, A. A. (2009). *Instructional-design theories and models* (Vol.III). New York: Taylor and Francis Group.

Reiser, R. A. (1994). Clark's invitation to the dance: An instructional designer's response. *Educational Technology Research and Development*, *42*(2), 45 – 48.

Renkl, A. (2002). Worked-out examples: Instructional explanations support learning by self explanations. *Learning and Instruction*, *12*, 536 – 537.

Renkl, A., & Atkinson, R. K. (2002). Learning from examples: Fostering self-explanations in computer-based learning environments. *Interactive Learning Environments*, *10*(2), 105 – 119.

Renkl, A., et al. (1988). Learning from worked examples: The effects of example variability and elicited self-explanations. *Contemporary Educational Psychology*, *23*, 90 – 108.

Renkl, A. Hilbert, T., & Schworm, S. (2009). Example-based learning in heuristic domains: A cognitive load theory account. *Educational Psychology Review*, 21, 67 – 78.

Resnick, L. B. (1981). Instructional psychology. *Annual Review of Psychology*, 32, 659 – 704.

Resnick, L. B. (1983). Toward a cognitive theory of instruction. In S. G. Paris, G. M. Olson, & H. W. Stevenson (Eds.), *Learning and motivation in the classroom*. Hillsdale, NJ: Lawrence Erlbaum Associates.

Richmond, A. S. (2016). Teaching learning strategies to pre-service educators. In M. C. Smith & N. DeFrates-Densch (Eds.), *Challenges and innovations in educational psychology teaching and learning*. Information Age Publishing Inc.

Roediger III, H. L., et al. (2011). Ten benefits of testing and their applications to educational practice. In J. P. Mestre & B. H. Ross (Eds.), *The psychology of learning and motivation: Cognition in education*. San Diego: Academic Press.

Rohrer, D., & Taylor, K. (2007). The shuffling of mathematics problems improves learning. *Instructional Science*, 35, 481 – 498.

Rosenbaum, D. A., Carlson, R. A., & Gilmore, R. O. (2001). Acquisition of intellectual and perceptual-motor skills. *Annual Review of Psychology*, 52, 453 – 470.

Sawyer, R. K. (2014). *The Cambridge handbook of the learning sciences* (2nd ed.). New York: Cambridge University Press.

Schunk, D. (2020). *Learning theories: An educational perspective* (8th ed.). Hoboken, NJ: Pearson.

Schunk, D. H., Meece, J. L., & Pintrich, P. R. (2014). *Motivation in education: Theory, research, and applications* (4th ed.). Boston: Pearson.

Schworm, S., & Renkl, A. (2007). Learning argumentation skills through the use of prompts for self-explaining examples. *Journal of Educational Psychology*, 99(2), 285 – 296.

Shorrocks-Taylor, D. (Ed.) (1998). *Directions in educational psychology*. London: Whurr Publishers Ltd.

Shulman, L. S. (1986). Those who understand: Knowledge growth in teaching. *Educational Researcher*, 15(2), 4 – 14.

Shulman, L. S. (1987). Knowledge and Teaching: Foundations of the new reform. *Harvard Educational Review*, 57, 1 – 22.

Shute, V. J. (2008). Focus on formative feedback. *Review of Educational Research*, 78(1), 153 – 189.

Slavin, R. E. (2014). Making cooperative learning powerful. *Educational Leadership*, 72(2), 22 – 26.

Slavin, R. E. (2015). Cooperative learning in elementary schools. *Education 3 – 13*, 43(1), 5 – 14.

Slavin, R. E. (2016). Instruction based on cooperative learning. In R. E. Mayer & P. A. Alexander (Eds.), *Handbook of Research on Learning and Instruction* (2nd ed.). New York: Taylor & Francis Group.

Smith, P. L., & Ragan, T. J. (1993). *Instructional design*. New York: Maxwell Macmillan International.

Snel, M. J., Terwel, J., Aarnoutse, C. A. J., & van Leeuwe, J. F. J. (2012). Effectiveness of guided co-construction versus direct instruction for beginning reading instruction. *Educational Research and Evaluation*, *18*(4), 353 – 374.

Snow, R. E., & Swanson, J. (1992). Instructional psychology. *Annual Review of Psychology*, *43*, 583 – 626.

Sternberg, R. J., & Wagner, R. K. (1989). Individual differences in practical knowledge and its acquisition. In P. L. Ackerman et al. (Eds.), *Learning and individual differences: Advances in theory and research*. New York: W. H. Freeman and Company.

Stockard, J., Wood, T. W., Coughlin, C., & Khoury, C. R. (2018). The effectiveness of Direct Instruction curricula: A meta-analysis of a half century of research. *Review of Educational Research*, *88*(4), 479 – 507.

Sweller, J. (1999). *Instructional design in technical areas*. Melbourne: ACER.

Sweller, J. (2010). Element interactivity and intrinsic, extraneous, and germane cognitive load. *Educational Psychology Review*, *22*, 123 – 138.

Sweller, J. (2011). Cognitive load theory. In J. P. Mestre & B. H. Ross (Eds.), *The psychology of learning and motivation* (Vol.55). San Diego: Academic Press.

Sweller, J., Ayres, P., & Kalyuga, S. (2011). *Cognitive load theory*. New York: Springer.

Sweller, J., van Merriënboer, J. J., & Paas, F. G. (1998). Cognitive architecture and instructional design. *Educational Psychology Review*, *10*, 251 – 296.

Tuckman, B. W., & Monetti, D. M. (2011). *Educational psychology*. Wadsworth.

Turner-Bisst, R. (2001). *Expert teaching: Knowledge and pedagogy to lead the profession*. London: David Fulton Publishers.

Um, E., Plass, J. L., Hayward, E. O., & Homer, B. D. (2012). Emotional design in multimedia learning. *Journal of Educational Psychology*, *104*(2), 485 – 498.

van der Kleij, F. M., Feskens, R. C., & Eggen, T. J. (2015). Effects of feedback in a computer-based learning environment on students' learning outcomes: A meta-analysis. *Review of Educational Research*, *85*(4), 475 – 511.

Van Driel, J. H., Veal, W. R., & Janssen, F. J. J. M. (2001). Pedagogical content knowledge: An integrative component within the knowledge base for teaching. *Teaching and Teacher Education*, *17*, 979 – 986.

Van Driel, J. H., Verloop, N., & De Vos, W. (1998). Developing science teachers' pedagogical content knowledge. *Journal of Research in Science Teaching*, *35*, 673 – 695.

Veenman, M. V. J. (2016). Learning to self-monitor and self-regulate. In R. E. Mayer & P. A. Alexander (Eds.), *Handbook of Research on Learning and Instruction* (2nd ed.). New York: Routledge.

Verschaffel, L., Dochy, F., Boekaerts, M., & Vosniadou, S. (Eds.) (2006). *Instructional psychology: Past, present, and future trends*. Amsterdam: Elsevier.

Voss, J. F., & Wiley, J. (1995). Acquiring intellectual skills. *Annual Review of Psychology*, *46*, 155 – 181.

Vygotsky, L. S. (1978). *Mind in society*. Cambridge: Harvard University Press.

Willingham, D. T. (2008). Critical thinking: Why is it so hard to teach? *Arts Education Policy Review*, *109*(4), 21 – 32.

Willingham, D. T. (2009). *Why don't students like school?* San Francisco: Jossey-Bass.

Willingham, D. T. (2012). *When can you trust the experts? How to tell good science from bad in education*. San Francisco: Jossey-Bass.

Wisniewski, B., Zierer, K., & Hattie, J. (2020). The power of feedback revisited: A meta-analysis of educational feedback research. *Frontiers in Psychology*, *10*, 1 – 14.

Wood, D., Bruner, J. S., & Ross, G. (1976). The role of tutoring in problem-solving. *Journal of Child Psychology and Psychiatry*, *17*, 89 – 100.

图书在版编目（CIP）数据

教学心理学：助力学生学习 / 王小明著. — 上海：
上海教育出版社，2024.2
ISBN 978-7-5720-2356-9

Ⅰ.①教… Ⅱ.①王… Ⅲ.①教学心理学 Ⅳ.①
G441

中国国家版本馆CIP数据核字(2024)第030148号

责任编辑　钟紫菱　谢冬华
封面设计　王　捷

教学心理学：助力学生学习
王小明　著

出版发行　上海教育出版社有限公司
官　　网　www.seph.com.cn
地　　址　上海市闵行区号景路159弄C座
邮　　编　201101
印　　刷　启东市人民印刷有限公司
开　　本　700×1000　1/16　印张 17　插页 1
字　　数　278 千字
版　　次　2024年2月第1版
印　　次　2024年2月第1次印刷
书　　号　ISBN 978-7-5720-2356-9/G·2085
定　　价　69.00 元

如发现质量问题，读者可向本社调换　电话：021-64373213